高等职业教育创新型系列教材

客户服务管理实务
（第 3 版）

何润琴　段文海　主编

北京理工大学出版社
BEIJING INSTITUTE OF TECHNOLOGY PRESS

版权专有 侵权必究

图书在版编目（CIP）数据

客户服务管理实务/何润琴，段文海主编．—3 版．—北京：北京理工大学出版社，2021.1
（2023.1 重印）
　ISBN 978-7-5682-9340-2

　Ⅰ．①客… Ⅱ．①何… ②段… Ⅲ．①企业管理-销售服务-高等学校-教材　Ⅳ．①F274

中国版本图书馆 CIP 数据核字（2020）第 253969 号

出版发行 / 北京理工大学出版社有限责任公司
社　　址 / 北京市海淀区中关村南大街 5 号
邮　　编 / 100081
电　　话 /（010）68914775（总编室）
　　　　　（010）82562903（教材售后服务热线）
　　　　　（010）68944723（其他图书服务热线）
网　　址 / http://www.bitpress.com.cn
经　　销 / 全国各地新华书店
印　　刷 / 涿州市新华印刷有限公司
开　　本 / 787 毫米 × 1092 毫米　1/16
印　　张 / 15.75　　　　　　　　　　　　　　　　　　　　责任编辑 / 徐春英
字　　数 / 302 千字　　　　　　　　　　　　　　　　　　　文案编辑 / 徐春英
版　　次 / 2021 年 1 月第 3 版　2023 年 1 月第 3 次印刷　　 责任校对 / 周瑞红
定　　价 / 48.00 元　　　　　　　　　　　　　　　　　　　责任印制 / 施胜娟

图书出现印装质量问题，请拨打售后服务热线，本社负责调换

前　言

当企业在产品质量、售后服务、品牌、价格四大领域的竞争水平相当时，想要在竞争中占有优势，企业需要具有更能吸引客户的特色。尤其是在当下，数字化浪潮在不断重塑企业的客户服务，随着顾客沟通需求呈多元化、线上线下融合化、多渠道跳跃化，以顾客为中心整合无缝式的服务体系，覆盖线下服务、线上服务（PC、WAP、微信、APP）及电话等全渠道，持续满足跨所有实体和数字触点的顾客期望已经成为新选择，企业致力于确保顾客无论以何种方式体验和购物，都能感知到个性化、便捷化的体验。无论是线上还是线下，企业只有通过满意的客户服务，进而培育客户忠诚，开发和提升客户的价值，才能保持和增强企业的竞争优势。客服是一个站在产品和用户之间的连接者：一方面把产品传递的价值，想办法传递给用户，传递了以后用户要么回馈你金钱，要么回馈你时间；另一方面把用户的需求反馈回来，企业收集客户反馈后进一步优化客户服务。因此，客户服务工作人员必须具备较全面的客户服务知识和良好的客户服务意识，才能够更好地传递企业价值，赢得客户价值。

通过对高职学生就业情况进行跟踪调查，我们发现高职高专工商管理类专业学生最初就业岗位大多属于服务型，反过来从用人单位的数据来看，客户服务岗位大专学历员工占到七成，因此，为使学生能够稳就业、再发展，尤其需要他们具备良好的服务意识和专业的服务技能。另外，从我国经济发展的现实需求来看，随着人们生活水平的不断改善和提高，高端服务需求越来越大。对传统消费性服务业高端部分进行升级，引进、催生新型生产性服务业如房地产、咨询、设计、信息、广告等中介行业，体育、文化产业、仲裁、管理、投资、证券、展会贸易行业，法律、建筑师、医师、税务、审计事务所等高端服务业将成为我国服务业发展的主要方向。高端服务业要发展，需要大量的高素质专业人才，为客户提供优质、便捷的服务。基于上述实际情况，我们在广泛吸收国内外最新研究成果的基础上，结合高职高专学生教学的实际工作经验和调研情况，编著了本教材。

本教材的特点在于：学习内容依据客户服务职业生涯进行规划设计。根据不同生涯阶段的工作内容，设置了基层技术岗位、中层管理岗位和高层管理岗位工作项目。项目内容包括学习目标、案例引入、理论知识、任务点、知识链接、企业案例、小思考、拓展知识、项目实训等。在结构上以工作技能训练为起点，在内容的选择和组织上以实践知识为焦点，以理论知识为背景，以拓展性知识为延伸，较好地解决了课程中理论和实践整合的问题。理论知识的学习有助于学生掌握全面的客户服务知识，锤炼客户服务意识；实践体验操作，有助于学生把自己融入课堂中，习得客户服务技能，把感性的体验升华到有意识地、专业地、技巧性地满足客户的需求。

学习课程后学生达到以下的职业能力目标：能熟练运用标准客户服务语言和商务礼仪，具备良好的沟通能力，做好各项客户日常交往业务；能通过电话服务、网络服务、现场服务等方式，进行客户服务和客户关系维护，提高客户满意度；能受理并正确处理客户投诉，留住客户；能建立客户档案，做好客户分级，能对客户信息数据进行整理与分析；能了解服务质量管理的方法，并能解释客户服务流程接触点如何通过客户服务标准实现。

本书的编写工作由何润琴负责，包括全书的内容安排和编写工作的组织。编写具体分工为：张敏怡编写项目三，谭捷编写项目四，张晨编写项目五和项目七，李思彦编写项目八和项目九，其余为何润琴编写，段文海对项目实训内容进行了修改和补充，最后由何润琴进行统稿。

感谢广东南方医药经济研究所标点资讯（集团）有限公司的专家提供了丰富的客户服务实践材料，以及对校企共建"客户服务管理实务"课程的深度支持。同时对其他参与和支持本书出版的所有人表示诚挚的谢意。

特别感谢我的家人的大力支持。

由于编者水平有限，加之时间仓促，书中不足之处，恳请专家、同仁和读者批评指正。

何润琴

目　　录

项目一　客户服务与管理基础 （1）

单元一　认识客户 （4）
一、认识客户的重要性 （4）
二、客户的内涵 （5）
三、客户的类型 （6）

单元二　认识客户服务 （9）
一、服务与客户服务 （9）
二、客户服务的层次 （10）
三、客户服务的内容 （10）
四、客户服务的类型 （15）

单元三　认识客户服务管理 （18）
一、客户服务管理的相关定义 （18）
二、客户关系管理的相关定义 （18）

单元四　认识客户服务职业 （19）
一、客服职业的含义 （19）
二、客服职业概况 （19）
三、客服职业岗位 （19）
四、客户服务普遍存在的问题 （21）
五、互联网时代客户服务发展新趋势 （23）

项目二　客户服务人员的职业化素养 （26）

单元一　客户服务人员的职业道德 （28）
一、爱岗敬业，精通工作内容 （28）
二、强化服务意识和服务态度 （29）
三、遵守规章制度，维护企业声誉 （30）
四、团队合作精神，创造最大效益 （30）

单元二　客户服务人员的品格与心理素质 （31）
一、优良的品格素质 （31）
二、服务心理素质 （34）

单元三　客户服务人员的卓越职业形象 （35）

一、容貌卫生 ……………………………………………………………（35）
　　二、女士妆容 ……………………………………………………………（36）
　　三、职业化着装 …………………………………………………………（37）
　　四、言语、仪态规范 ……………………………………………………（42）
　　五、电话礼仪规范 ………………………………………………………（45）
　　六、名片使用规范 ………………………………………………………（46）

项目三　客服人员有效服务技巧 ………………………………………（49）

单元一　展现有魅力的微笑 ……………………………………………（51）
　　一、微笑的定义 …………………………………………………………（51）
　　二、微笑练习 ……………………………………………………………（52）

单元二　观察客户 ………………………………………………………（54）

单元三　倾听与复述 ……………………………………………………（55）
　　一、倾听 …………………………………………………………………（55）
　　二、复述 …………………………………………………………………（58）

单元四　表达技巧 ………………………………………………………（59）
　　一、讲好第一句话 ………………………………………………………（59）
　　二、提问 …………………………………………………………………（65）

单元五　运用销售技巧帮助客户 ………………………………………（67）
　　一、专业地介绍产品或服务 ……………………………………………（67）
　　二、客户服务常见问题 …………………………………………………（68）

项目四　客户服务沟通 …………………………………………………（75）

单元一　客户需求分析 …………………………………………………（76）
　　一、马斯洛需求层次理论 ………………………………………………（76）
　　二、客户需求类别 ………………………………………………………（78）
　　三、客户需求预测的方法 ………………………………………………（81）
　　四、用行动满足客户需求 ………………………………………………（82）

单元二　客户形态和行为模式分析 ……………………………………（83）
　　一、典型客户四种形态 …………………………………………………（83）
　　二、客户行为模式 ………………………………………………………（87）

单元三　客户接待 ………………………………………………………（89）
　　一、接待客户 ……………………………………………………………（90）
　　二、理解客户 ……………………………………………………………（92）
　　三、帮助客户 ……………………………………………………………（92）
　　四、及时服务 ……………………………………………………………（92）

单元四　处理客户异议 …………………………………………………（95）

一、客户异议 ……………………………………………………………… (95)
　　二、拒绝客户 ……………………………………………………………… (97)
　单元五　特殊客户应对 ………………………………………………………… (100)

项目五　客户投诉处理 …………………………………………………………… (109)
　单元一　客户投诉的识别 ……………………………………………………… (111)
　　一、正常投诉与非正常投诉 ……………………………………………… (111)
　　二、了解客户投诉产生的原因 …………………………………………… (111)
　　三、识别客户投诉的目的 ………………………………………………… (113)
　　四、有效处理客户投诉的意义 …………………………………………… (115)
　单元二　处理客户投诉的原则 ………………………………………………… (116)
　　一、投诉处理的原则 ……………………………………………………… (116)
　　二、应对客户生气的原则和方法 ………………………………………… (118)
　单元三　处理客户投诉的流程 ………………………………………………… (119)
　　一、处理客户投诉的一般流程 …………………………………………… (119)
　　二、处理客户投诉的技巧 ………………………………………………… (126)
　　三、异常事件处理 ………………………………………………………… (128)

项目六　客户满意度管理 ………………………………………………………… (131)
　　一、客户期望管理 ………………………………………………………… (133)
　　二、客户满意度管理 ……………………………………………………… (137)
　　三、客户服务创新管理 …………………………………………………… (148)

项目七　客户忠诚度管理 ………………………………………………………… (155)
　单元一　客户忠诚度管理 ……………………………………………………… (157)
　　一、理解客户忠诚 ………………………………………………………… (157)
　　二、忠诚客户计划 ………………………………………………………… (161)
　　三、客户忠诚实施途径 …………………………………………………… (165)
　单元二　客户数据库管理 ……………………………………………………… (169)
　　一、客户资料收集 ………………………………………………………… (169)
　　二、客户资料分类整理 …………………………………………………… (173)
　　三、客户数据整理分析 …………………………………………………… (174)
　　四、市场情况分析 ………………………………………………………… (175)
　　五、客户资料利用 ………………………………………………………… (176)

项目八　客户分级管理 …………………………………………………………… (181)
　单元一　客户分级 ……………………………………………………………… (182)
　　一、客户分级的必要性 …………………………………………………… (182)

二、客户分级的方法 …………………………………………………………… (187)
　　三、客户金字塔 ………………………………………………………………… (189)
　　四、各类客户管理法 …………………………………………………………… (192)
　　五、客户分级管理配套措施 …………………………………………………… (196)
　单元二　大客户服务 ……………………………………………………………… (196)
　　一、大客户的内涵 ……………………………………………………………… (196)
　　二、构建大客户服务体系 ……………………………………………………… (197)

项目九　高级服务管理 ……………………………………………………………… (210)
　单元一　服务质量管理 …………………………………………………………… (212)
　　一、服务质量的内涵和特性 …………………………………………………… (214)
　　二、服务质量差距分析 ………………………………………………………… (216)
　　三、提高服务质量的策略 ……………………………………………………… (220)
　单元二　客户服务体系设计 ……………………………………………………… (221)
　　一、客户服务体系 ……………………………………………………………… (222)
　　二、客户服务组织结构设计 …………………………………………………… (224)
　　三、客户服务流程设计 ………………………………………………………… (228)
　　四、制定服务标准 ……………………………………………………………… (231)

参考文献 ……………………………………………………………………………… (242)

项目一　客户服务与管理基础

学习目标 <<<<<<<<<<<<<<<<<<<<<<<<<<<<<<<<<<<<<<<<<

知识目标
1. 客户的定义、内涵、类型；
2. 客户服务的定义、类型；
3. 客户服务管理的定义、作用；
4. 客服职业的定义、岗位、互联网+新趋势。

能力目标
1. 全面把握客户服务及其管理新形势；
2. 结合自身情况，主动培养服务理念；
3. 探索胜任服务产业时代新要求。

项目导学 <<<<<<<<<<<<<<<<<<<<<<<<<<<<<<<<<<<<<<<<<

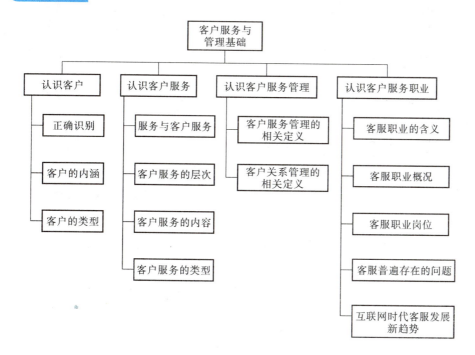

案例引入

支付宝，知托付

目前，第三方支付市场已经形成支付宝、财付通两大巨头垄断的市场格局，两者市场份额共计93.8%，在C端（即个人用户端）市场占据绝对优势。2019年支付宝以98.665的评分高居互联网服务品牌榜首。2013—2017年的第三方支付主要在线上服务场景驱动阶段；2017—2019年移动支付引领发展，线下扫码支付全面增长，线上线下支付规模达93 626.2亿元，C端流量见顶；在互联网热潮的推动下，航空、旅游、教育、保险、零售、金融、物流、民生等众多服务产业进行互联网转型，产业互联网快速崛起，物资流、资金流和信息流的线上化促使形成百万亿规模的产业支付市场，2019年开始进入产业支付驱动增长阶段。

支付宝（中国）网络技术有限公司是国内的第三方支付平台，致力于提供"简单、安全、快速"的支付解决方案。公司从2004年建立开始，始终以"信任"作为产品和服务的核心。支付宝与国内外180多家银行以及VISA、MasterCard国际组织等机构建立战略合作关系。自2014年开始成为当前全球最大的移动支付商。至2019年6月，支付宝及其本地钱包合作伙伴已经服务超12亿的全球用户。

支付宝一开始主要面向淘宝网提供担保交易，解决淘宝网发展的支付瓶颈问题。支付需要在某个应用场景下发生，人们不会无缘无故使用支付宝的服务。在电子商务迅速发展的驱动下，支付宝首先切入网游、航空机票、B2C等网络化较高的外部市场，支付宝独立支付平台的身份也开始被外界所接受。至2008年8月，支付宝用户数突破1亿，超越淘宝网的8 000万用户。

2009年支付宝继续拓展应用行业，与携程、芒果网达成合作，随后又与友邦保险合作共同拓展电子商务保险销售渠道。启动"聚生活"战略，从"缴费服务"向"整合生活资源"进行战略转型，实现市县级的水电煤缴费、信用卡还款、缴纳罚款、学费、行政类缴费以及网络捐赠等多项服务。

2010年12月，支付宝获得央行颁布的首批第三方支付牌照，支付宝业务范围涵盖货币汇兑、互联网支付、移动电话支付、预付卡发行与受理（仅限于线上实名支付账户充值）、银行卡收单等。

2011年7月，支付宝推出手机条码支付，进军线下支付市场，消费者和商家之间通过支付宝条码进行交易。

2012年5月,支付宝获得基金第三方支付牌照,开始对接基金公司。2013年余额宝服务正式上线。

2016年5月,支付宝与深圳人社局合作上线医保移动支付平台。

2016年支付宝已与欧洲12个主权国家金融服务机构签署合作协议,为赴海外旅游的中国消费者提供服务。2017年5月,支付宝宣布推出香港版电子钱包——支付宝HK,正式为香港居民提供无现金服务。

2017年10月,支付宝宣布上线信用租房平台,在上海、北京、深圳、杭州等8个城市率先推广芝麻信用租房,可以免押金、房租可以月付。

2018年3月,全国12315官方小程序"登陆"支付宝,消费者可以24小时进行投诉举报。

2019年1月,全国已有442座城市(含县级市和省直辖县)将政务服务搬上了支付宝平台。

2020年2月,支付宝在新冠肺炎疫情期间推出健康码服务,用户可以通过登记信息生成健康码,进行健康状态查询,作为复工复产、日常出行防疫参考。

2020年3月,举行的支付宝合作伙伴大会上,支付宝宣布从金融支付平台升级为数字生活开放平台。

(资料来源:编者根据艾瑞咨询《2020年中国第三方支付行业研究报告》和百度百科相关资料整理)

启发思考

支付宝洞悉用户需求,依托蚂蚁金融服务集团整体的技术战略,积极探索前沿科技在支付业务中的应用,进行多行业场景覆盖,包括金融、资金往来、购物娱乐、教育公益、旅游出行、充值缴费等。升级打造的数字生活开放平台,聚集服务业数字化,让居民生活更便利,帮助更多商家拥抱数字化红利。平台通过商业合作、项目支持政策中心、开发平台、用户解决方案、资料文档中心、开发者社区等模块,将阿里巴巴商业操作系统的获客、经营、物流、小程序、会员管理、支付金融、地理位置推荐等能力,全部开放,服务小微企业和消费者,通过实现无数小微企业和用户的价值为自己创造价值。支付宝从满足淘宝用户的交易担保需求开始,到整合生活资源的"聚生活"服务平台,再到数字生活开放平台,始终追求为用户提供更好的服务。

素材1

你想进一步理解产业支付与个人支付的内容吗？

> 新视野1-1
>
> ## 产业支付与个人支付
>
> 产业支付是支付机构面向不同规模、不同产业的企业提供集支付、财务管理、资金管理、营销等服务于一体的产业解决方案的支付商业模式。
>
> 与产业支付相对的是个人支付，产业支付与个人支付在服务对象、服务内容、支付产品、业务开展所需关键能力等方面均存在差异。业务的本质差异导致两者的市场发展呈现出迥然不同的竞争局面，个人支付市场寡头且日趋饱和，而产业支付市场割据、拓展空间尚存。

单元一　认识客户

一、认识客户的重要性

我们知道，要做成一件事，首先要选择做正确的事，然后再想办法去把它做成，否则就会越做越糟。同样的道理，如果企业没有选好客户，或者选错了客户，那么建立起良好的客户关系可能难度就比较大、成本也会比较高。企业会感到力不从心，很难为客户提供相应、适宜的服务。另外，客户这边也不领情，不会乐意为企业买单，到头来企业吃力不讨好。所以，企业服务代表在实施客户服务管理时，必须先正确地识别客户，这是进行客户服务的第一步。

素材2

PPT也精彩

项目一PPT

1. 认清组织使命、服务理念与个人工作职责的关系是认识客户的前提

组织的使命一般是从客户、社会、环境、股东和员工等几个方面进行表述的，首先是以客户的需求和利益而考虑的，因此在建立客户服务管理前，必须制定明确的、激励性和实现性强的使命，在此基础上，再延伸制定出服务理念以及具体的为客户提供服务的管理方法、内容、形式、程序等。只有以客户需求为中心，在实现客户利益的前提下实现企业的利益，才能实现服务价值；作为服务代表需要了解自己，了解自己在整个组织结构中的位置，了解组织的使命，这样不仅有利于提高个人的能力，改善与客户的关系，还可以让你获得更新的观点来看待你所做的一切。

2. 正确理解企业和客户之间的相互关系

现在有很多企业讲，"客户和企业是命运共同体"，或者讲，"客户利益第一，客户至上"等，这些认识和观念都不错，但是，作为企业和客户来讲，更应该清晰地认识企业和客户的关系到底是什么，应该认识企业和客户之间的作用和反作用的关系。具体来讲，分以下两方面：

（1）客户对于企业来讲：

①客户是考评企业售前、售中、售后服务人员绩效的主考官。

②客户是企业产品和服务质量的总评官。

③客户是企业后续产品最具作用的推销员。

④客户是影响企业形象最具说服力的宣传员。

（2）企业对于客户来讲：

①企业是稳定客户实现正常运营的后援、即时保障。

②企业是持续增强客户服务社会竞争力的技术支撑。

③企业是促进客户创新经营和服务的引导者、推动者。

④企业是促进客户与客户之间健康竞争、共同发展的推动者。

二、客户的内涵

现代客户管理中的客户是指任何接受服务或可能接受服务的人或组织。只要有服务关系的存在，就有客户关系的存在。组织所有的服务对象构成组织的客户群，包括所有者、股东、员工、顾客、合作者、社区居民、政府官员和供应商。为了确切地理解客户的内涵，请注意：

1. 客户是由服务关系决定的

以个体为基础的客户的资料详尽地掌握在组织的数据库中，并由专门的客户服务代表来提供服务。

2. 客户不只是购买了产品或服务的用户

对处于供应链下游的企业来说，他们是上游的客户，是"一级批发商、二级批发商、零售商"，而最终的接受者是消费产品或服务的个人或机构，直接消费或使用这些产品和服务的是用户。但是客户的范围还包括了社区居民、政府机构这样的外部公众。

3. 客户不一定在组织之外

股东、员工是企业的基本客户，企业各职能部门间亦互为客户，甚至不同工序之间也是一种典型的客户关系。企业内部虽没有直接的产品的流动，不存在直接买卖的关系，但它们总是相互提供着服务，通过服务完成企业内部的协作关系。以"服务"为链接方式，一线员工为客户服务，中层主管为一线员工服务，高层主管又为中层主管服务。

主题讨论1-1

素材3

请你分析，这些高管的做法说明了什么？

高管的做法——管理即服务

安泰保险集团马来西亚分公司总经理每周一下午4:00～5:00去员工俱乐部为员工冲咖啡，提供服务。美国星巴克咖啡位于西雅图的一家连锁店，由于周末顾客很多，店长向总部申请人手帮忙，最后时任星巴克首席执行官（即CEO）的吉姆·唐纳德率领一众高级管理人员到店里端咖啡、倒垃圾。中国平安保险公司董事长兼总经理马明哲提出"管理即服务""领导即服务"的新理念，而且身体力行，亲自与一线营销人员共进英雄宴。马明哲为内部客户服务，内部客户为外部客户服务。有人甚至宣称内部服务先于外部客户服务。

请你分析，这些高管的做法说明了什么？

三、客户的类型

客户是所有接受或有可能接受服务的个人或组织的统称。不同的客户与企业的关系不同，要求服务的内容和方式也不同。提供优质服务的前提是对客户的类型和特点进行系统的分析。

1. 内部客户和外部客户

内部客户相对于外部客户（人们通常所称的"客户"）而言，是指提供产品或服务的公司员工。在一个企业内部，各部门都是分工协作的，每个员工既是服务者又是顾客，并不仅仅是有买卖关系才构成客户，只要存在着服务和被服务的可能，就构成了客户关系。企业中每一个人都要寻找其服务对象并为其提供真诚的服务，如果找不到服务对象，就失去了在企业存在的意义，就意味着该离开公司了。例如，你是设计师，工程师就是你的内部客户；你是工程师，厂长就是你的内部客户；你是财务部经理，公司高层领导、其他部门经理就是你的客户。总之，本部门或其他部门的同事，不管你是否认识他们，只要存在服务和被服务的关系，他们就是客户。内部客户有各自独立工作，如遇困难则互相帮助的水平支援型；也有自己工作完成后，转给下一位员工的上下源流型；还有一个团队共同协作完成一项工作的小组协作型。与外部客户服务一样，内部客户服务的真谛是建立信任，即服务者与被服务者之间应确立信任互动关系。几乎所有外部客户服务技巧都同样适用于内部客户服务，如一站式服务、个性化服务。而内部客户服务的三要素是关怀、合作和沟通。

大体上讲，凡是不属于企业内部人员的客户都可以称为外部客户。我们通常所说的客户就是指外部客户，外部客户可能是个人，也可能是团体或企业。

2. 潜在客户、临时客户、一般客户、忠诚客户

（1）潜在客户。潜在客户是针对现实客户而言的，是可能成为现实客户的

人或组织,但目前尚未与企业或组织发生交易关系。这类客户具有以下特征:①目前预算不足,或不具有购买能力;②具有购买能力,但可能没有购买需求;③具有消费能力,又有购买欲望,但缺乏商品信息和购买渠道。潜在客户是组织争取的对象,是客户管理关注的重点之一。

(2) 临时客户。临时客户实际上有很多,他们一般没有明确的购买目的,没有很强的品牌忠诚度,对商品的选择性很强,随意性也强,如果他对产品有兴趣,或因为服务态度好,或因当时气氛影响,都有可能成为购买者。临时客户的购买率比较低,吸引购买的成本也相对较高,是维系一个老客户的 5~6 倍,但却是企业客户关系管理的起点。

(3) 一般客户。一般客户又称常规客户,占企业客户总量的 80%,属于经济型的客户,消费具有随机性,讲究实惠,看重价格优惠,常常在企业和竞争企业之间来回选择,具有不稳定性,是企业与客户关系的最主要部分,可以直接决定企业短期的现实收益。这部分客户如果对企业的产品或服务满意,其中的一部分会在将来成为企业的大客户和忠诚客户。

(4) 忠诚客户。忠诚客户是指不会因为企业服务不佳而失去的客户。忠诚客户是企业竞争优势的一个来源,因为他们更倾向于购买企业产品并可能进行重复性购买,还有可能成为企业的宣传员,是企业忠实的拥护者,在有些情况下也会成为企业的合作者。客户对企业的忠诚会使企业花较少的成本就可以获得丰厚的回报,忠诚客户是企业生存的基石,也是客户服务管理的最终目标。

3. 中间客户、终端客户和公利客户

(1) 中间客户。中间客户购买企业的产品或者服务,但是他们并不是直接的消费者,中间客户典型的例子是销售商和批发商。企业流通过程存在着相当多的中间环节,意味着企业中间客户经常存在;任何一个中间环节既是前一个环节的客户,又是下一个环节的供应商;对于企业来说,既不能忽视中间客户,又不能忽视最终客户;所有的中间客户一旦视为供方,都应把客户满意特别是最终客户满意作为自己工作的出发点,而不能把任务推给中间客户。

(2) 终端客户。终端客户是企业产品或者服务的直接消费者,又称"消费客户"。他们对产品或服务质量最有发言权,他们的判断、取舍和选择具有权威性。一旦失去了他们的满意,无论内部客户和中间客户的满意度如何高,也是没有意义的。在一般情况下,所谓的客户满意,本质上就是指终端客户的满意。

(3) 公利客户。公利客户代表公众利益,向企业提供资源,然后直接或者间接从企业获利中收取一定比例费用的客户。典型的例子是政府、行业协会、媒体。

4. 关键客户和普通客户

(1) 关键客户。关键客户也就是我们俗称的大客户,也称作 VIP。他们被

视作企业的生存之本、发展之源,因为和他们建立起了一种长久信赖的关系,所以企业从他们身上获得了很高的利润回报。各个行业都可以看到大客户的身影,从股市的大客户室、中国电信大客户事业部,到航空公司的头等舱,衡量一个客户价值的标准不只是看客户的社会地位和身份,更重要的是看客户对公司利润贡献的大小。因为越来越多的企业或商家,认识到80%的收入是由20%的大客户带来的,有些甚至90%的盈利是由不到10%的客户创造的。所以,从某种意义上来讲,少数大客户创造了企业收入的绝大部分,关键客户的价值支撑了企业的价值。大客户不仅仅是看他一次购买的数量,而是从一个相当长的时间来考察和评判,因为时间越长,客户和企业之间的关系就越紧密,日积月累,对企业的贡献就越大。

(2)普通客户。普通客户是指除了关键客户之外的80%的客户。此类客户对企业完成经济指标贡献甚微,消费额占企业总消费额的20%左右。由于他们数量众多,具有"点滴汇集成大海"的增长潜力,所以企业应控制在这方面的服务投入,按照"方便、及时"的原则,为他们提供大众化的基础性服务,或将精力重点放在发掘有潜力的"明日之星"上,使其早日升为关键客户。

新视野 1-2

人工智能构建升级版帕累托

许多高绩效组织至今依然热衷于意大利工程师、经济学家维尔弗雷多·帕累托(Vilfredo Pareto)的犀利言论,信奉他的80/20效率法则,即80%的结果(如销售额、收益等)是由20%的原因(如产品、员工等)产生的。但是,机器学习和AI算法创新使得分析学发生改变,AI与机器学习将重新定义组织运用帕累托法则的方式,超越传统分析,以数字途径推动盈利创新,以下有三种重要方法。

1. 智能帕累托

第一,数据量更大、更多样,使算法系统能够得到所需要的智能培训。数字网络因此成为帕累托平台,引导各种变量产生新的价值。例如,创新工作场所分析,平台升级的哪20%创造了80%的影响?客户体验的哪20%造成了80%的客户满意度或不快?

2. 顶级帕累托

第二,数据分布已经与以往大相径庭。在大数据影响下,帕累托的80/20法则沦为一种过时的经验。越来越多热衷分析的公司看到,帕累托法则的比例由80/20变成10/90、5/50、2/30,乃至1/25。甚至会出现1/50、5/75和10/150这样的比例。帕累托的"重要的少数"变成了"重要的更少数"。极值分布超越并主宰了行业。例如,10%的饮酒者贡献了一半以上的烈酒销量。还有更极端的情况,不到0.25%的手游玩家贡献了游戏内购收入的一半。

组织也须找出帕累托倾向。例如，某家数十亿欧元的工业设备公司，SKU 超过 2 000。该公司认定，不到 4% 的品类贡献了 1/3 的销售额和近一半利润。但把分析拓展到服务和维护方面，结果显示约 100 个产品贡献的利润超过 2/3。这样的结果促使公司从根本上重新制定价格和捆绑销售战略。更精细的帕累托分析，不仅能减少成本，还会大大优化用户体验，进而在发展壮大的细分顾客群体中获得更高的份额。

3. 超帕累托

第三，数据变得越来越颗粒化，算法也更智能，帕累托组合管理也发生了改变。过去，流程所有者、产品管理者和销售团队着重对自己的核心帕累托比例进行优化，现在他们开始寻找试探其他人的帕累托比例。明智的管理者和高管会打破分析孤岛。他们发现，自己的帕累托比例可以通过分析与公司各个部门的帕累托比例产生交集，重组以提高效率。

对某个帕累托比例进行反思和更新，最可靠的方式是与另一个帕累托比例联系起来，由此将会产生崭新的帕累托组合。某全球电信公司的各种帕累托分析，都已经从描述性、预测性和规律性发展为具体的预测、规避和最小化（客户）流失的举措。流失管理团队成功地识别并留住了几百万个快要流失的客户，然而在回报上收效甚微，公司绩效陷入停滞。流失管理团队开始思考如何向上销售，而非单纯的保留客户。他们不再强调客户满意度、投诉及服务方面的帕累托洞见，转而发觉销售和市场营销上的帕累托数据集，注重向上销售，关注贡献了 80% 新服务购买量的 20% 客户，以及购买了 75% 新服务或套餐的 25% 客户。最终流失管理团队向上销售和市场营销的创新组合大大提升了客户满意度和净推荐值，同时降低了客户流失率，实现了多方共赢。

（资料来源：编者根据迈克尔·施拉格（Michael Schrage）发表在哈佛商业评论的论文整理）

单元二　认识客户服务

一、服务与客户服务

1. 服务

服务，就是为一定的对象工作。对于社会组织而言，服务就是为其他组织或个人的某种利益或需要提供支持与帮助。社会组织分为两大类：一是经济组织，即以营利为目的的企业；二是非经济组织，如政治组织、政权组织、群众组织等。社会组织性质不同，对外提供服务的性质也不同，前者提供的服务属于企业行为，因而为有偿的服务，如客户服务；后者提供的服务不具有经济性质，因而为无偿的服务，如"为人民服务"。

2. 客户服务

客户服务，是指企业通过其员工提供产品和服务以满足客户需要的行为。客户服务工作是一项与人打交道的工作，通过这个工作去了解、挖掘客户的需求，把产品卖出去，从中获取企业利润。随着人们消费心理的日益成熟，市场机制的日益完善，产品市场的日益丰盛，服务工作面临着越来越大的挑战。在现代的商品经济环境中，客户为什么需要服务？主要表现在满足了解情况的需要，以消除疑问；满足了解企业、产品、服务的需要，满足客户购买前咨询、购买中服务的要求；解决客户使用中的技术、安装、使用与维修的问题及客户抱怨和不良情绪的处理。

二、客户服务的层次

真正的客户服务是根据客户本人的喜好使其获得满足，最终使客户感觉到其受到重视，把这种好感铭刻在其心里，成为企业忠实的客户。服务产品是无形的，而普通意义上的产品是有形的，要把无形产品变为有形产品，就要通过客户服务人员，通过服务的环境，通过各种方便服务的方式。所以从某种意义上说，客户服务是有形与无形的统一体，是一个奉献与获取的统一体。客户服务是获得客户的满意与信任，锁定竞争优势的有力武器。客户服务不是简单的微笑，而是一项复杂的系统工程，它需要硬件的支撑和软件的推动，它更需要"价值"的提升。确切地说，它应该包含三个层次：

（1）"硬"服务，一个企业要为客户提供更好的"硬服务"就需要拥有一些优越的物质设施，购置一些技术先进的硬件。

（2）"软"服务，是指客户服务人员服务的态度、技巧，提供服务的多样化、便利，服务流程高效等。

（3）价值服务，即能给用户带来经济、文化、生活、社会价值的服务。价值服务是服务的真正核心所在。客户服务应该是什么？客户远不止是要购买东西的消费者。企业要做的事只有一件：像朋友一样，帮助客户购买他们需要的东西。实际上客户需要的是获得帮助，希望和熟悉业务的人打交道，与懂业务的人打交道，喜欢和能作决定的人打交道。客户希望以他需要的方式来对待他，希望他的身份地位得到尊重，希望企业公司能够了解他真正的需求，能让他产生一种获得服务的满足感。根据不同的客户需求提供不同的服务，做到服务与需求相匹配，做到以客户需求为中心、为导向，给客户意外的惊喜。记住，帮助客户解决了问题，就等于为自己解决了问题。

三、客户服务的内容

满足客户需要，要体现在为客户服务的每一个阶段。每一个阶段连接起来就体现为客户服务的全过程。对于任何一个企业来说，只要存在产品或服务的销售行为，那么就需要在销售活动之前、销售过程中以及销售完成之后对客户进行相应的服务。所以在这里主要从售前服务、售中服务和售后服务三方面来分析。

1. 售前服务

售前服务一般是通过广泛的市场调查来研究分析客户的需求和购买心理的特点，在向客户销售之前，采用多种方法来吸引客户的注意和兴趣，激发客户的购买欲望而提供的一系列服务。举例来说，如果你是保险从业人员，那么保险售前服务，主要是为潜在的消费者提供各种有关保险行业、保险产品的信息、资讯及咨询，协助客户进行风险规划、为客户量身设计保险保障等服务，主要包括在选取准客户的基础上，充分了解风险保障的需求，有针对性地进行相关的专业咨询和保障计划设计。

售前服务对于企业吸引顾客的注意具有重要意义，虽然一些企业对于这一服务环节没有在理念上加以注意，但是在具体的经营管理活动中，大多数企业实际上都在有意无意地实施着销售前的服务活动。比如，超市在顾客到来之前就按照一定的秩序将商品摆上货架，广告宣传人员为客户传递相关信息，企业努力树立品牌形象等，这些其实都属于售前服务的范畴。

售前服务的目的十分明确，即以提供服务方便客户为手段，刺激客户对商品产生购买欲望。基于这样的目的，各企业依据具体情况选择和开拓服务的内容和方式。最常见的售前服务主要有以下几种：

1）适度的广告宣传

广告宣传之所以成为企业一项销售前的服务，主要是因为许多客户要通过企业的广告宣传来了解企业及其产品和服务的具体信息和品质，如果一个企业不进行必要的广告宣传，那么就意味着拒绝告诉客户自己的存在，以及企业的相关产品和服务信息。

企业案例1-1

"友邦保险"广告

"友邦保险"以"每一刻、为更好"为核心的新广告，通过生活中似曾相识的一幕幕来消除用户对于保险品牌的距离感。从"跨出人生的第一步开始"到"100个人有100种努力方式"，对人生中的每一次努力给予肯定，每一次的努力尝试，都是人们对于美好未来的一次探索。广告通过用户的视角，诠释了人们对于美好生活的向往和追求，进而延伸到品牌业务层面，以人为本，给予保险业务全新的定义。对于每一个用户而言，无论是给父母购买的"健康险"，还是给子女购买的"助学险"，这一切都是用户对于自己家庭和家人的一种期望，期望父母健康长寿，期望子女学业有成，期望家庭幸福美满……每一份保险都包含着一位用户对于美好生活的向往和追求。"友邦保险"将每一单业务都定义为一次"期望",而自身则是这些期望的"守护者",非常契合"百年友邦,用心守护"的品牌理念。短片中的一个个片段和瞬间,感动用户的同时,也让用户记住了这个品牌。

拓展知识1-1

MDRT 是什么?

MDRT是百万圆桌会(Million Dollar Round Table,MDRT)的简称,象征着全球顶尖保险及财务策划专才的最高殊荣。全球80个国家及地区,仅约1%的保险从业人员能获取"百万圆桌"的会员资格。友邦是目前拥有最多"百万圆桌会"会员的金融机构。

2)环境布置

客户在购买商品时不但重视产品本身和销售人员的服务,对销售环境的要求也不断提高,希望能在舒适、卫生的环境中购买商品。销售场所的环境卫生、通道设计、铺面风格、招牌设计、内部装饰、标志设置、灯光色彩、商品摆放、营业设备等因素综合而成的购物环境会给客户留下不同的印象,由此引发客户不同的情绪感受,这种情绪将在很大程度上左右客户的购买决策。创造一个便捷的购物环境是商家为顾客提供的一项非常重要的售前服务,它最直接地体现出企业的经营管理状况。除了商场、餐厅、酒店等服务性行业应在购物环境方面努力外,一些制造性企业还需要配合用户做好准备工作、提供样品等。

3)提供多种方便

客户购买商品不只是看重产品实体本身,还非常重视由此享受到的便利服务。你越是为客户考虑得周到,客户便越有可能购买你的商品。现代人的生活节奏不断加快,人们的闲暇时间越来越少。如何在越来越少的闲暇时间里获得最大限度的休息和放松成为人们要思考的问题之一。相应地,人们对销售主体所能提供的方便条件也就越发重视,便利服务从而成为人们做出购买决策时要权衡的一个重要因素。因此,销售主体应尽可能地为客户提供方便,如工厂为客户提供技术培训、免费咨询指导等,商店设立问讯处、服务台、试衣室、休息室、自动存取款机,为客户免费供应热水等。这一方面让客户感到舒适方便,另一方面也节约了客户的采购时间,提高了采购效率。

4)开通业务电话和网络销售渠道

企业能直接触及的市场领域毕竟是非常有限的,企业只能在有限的地区设立分销处或派遣销售人员,对有些地区则鞭长莫及,由此丧失了许多销售机会。开通业务电话、提供电话订货和网络销售渠道等服务,可以使企业的触角伸到原本未进入或难以进入的市场,挖掘潜在客户,扩大企业占据的市场份额,并增加产品的销量,抓住更多的销售机会。

5）提供咨询

客户在购买商品之前一般都会收集尽可能多的商品信息和资料，在此基础上权衡得失，从而做出购买决策。一般来说，客户不会购买不甚了解的商品。为了向客户介绍商品的性能、质量、用途，向潜在客户宣传介绍商品，回答客户提出的疑难问题就显得尤为重要。企业应派遣有专业知识的人员在销售场所开设咨询服务台，或在外出销售时为客户提供各种咨询服务，以加深客户对商品的了解，并增强客户对商品和销售人员的信任。

售前服务的方式可以说不拘一格、层出不穷，且发展和创新的空间无限。企业应开拓创造性思维，不断创新，以适应整个市场的变化和消费者的需求。售前服务居于整个企业服务流程的第一环节，做好这一环节的工作对于企业以后各项活动的开展具有重要的意义。

2. 售中服务

当企业在售前服务这一环节当中通过种种手段把客户吸引到企业当中时，企业的客户服务工作迎接一个崭新的开始，在这个崭新的环节当中，客户的需求由上一环节的产品信息需求等转变成了更具体的态度需求、技能需求、知识需求以及环境需求等，能够满足客户多种需求的售中服务可以使客户在消费过程中感到更加满意和舒适，顾客的这种满意感和舒适感无疑有利于整个销售活动的顺利开展，也有利于企业实现和维持良好的客户关系。

企业在销售过程中为客户提供的服务实际上是一个使客户价值得到增值的有效途径。销售过程中所提供的服务主要包括以下几项内容：

1）与客户进行充分的沟通

销售人员在向客户销售产品的同时，必须与客户进行充分的信息沟通。服务人员不仅要向客户介绍有关产品的性能、质量、用途、造型、品种、规格等方面的知识，还要充分了解客户的特点和各种不同的需求。服务人员与客户之间的交流有利于营造良好的销售氛围，形成和谐的人际关系，因此也有促进销售的作用。

2）操作示范表演

操作示范表演能让商品现身说法，真实地体现出商品在质量、性能、用途等方面的特点，引发客户的兴趣，并激起客户的购买欲望。这种方式还能使服务人员的说法进一步得到证实，更有说服力，增加客户对其的信任。

3）帮助客户挑选商品，当好参谋

客户在购买产品时心态不仅受自身因素影响，如客户的需求、社会地位、文化程度、购买习惯、消费知识和经验等，而且更重要的是受外部因素的影响。外部因素包括商品的价格、质量、用途、广告、购物环境等。其中，客户对商品知识的了解，绝大部分是从销售人员现场的介绍中获得的。当客户向服务人员询问商品的价格、质量、性能、用途及商品的优点和缺点时，服务人员如能根据客户的需求心理进行介绍，正确地引导客户，当好参谋，就能使客户按理想的方式来权衡利弊，从而有利于促成交易的最终实现。

4）提供代办业务

售中服务不仅对普通消费者非常重要，而且也受到批发零售商、生产企业这类客户的重视。向这类客户提供的售中服务主要包括代办托运、代购零配件、代办包装、代办邮寄等。这些服务为客户带来了更大的便利，不仅可以吸引更多的客户促成交易，密切产需关系，还能增强客户对其的信任感，从而提高企业的竞争力，甚至与客户达成长期的合作伙伴关系。

3. 售后服务

售后服务是指在商品出售以后企业所提供的服务。售后服务既是一种促销手段，又是扩大企业影响、树立企业良好形象的方法，必须予以足够的重视。随着市场经济的发展，多种经济形式的出现，企业之间的竞争日益激烈，售后服务已发展成关系到企业生死存亡的大事。它不仅是一种强有力的促销手段，而且承担着"无声"宣传员的义务，而这种无声的宣传比那些夸夸其谈的有声宣传要高明得多，它是客户最可信赖的广告。

售后服务不限于行业，也不拘泥于一种形式，它有着广泛的内容和未被开拓的领域。就当前发展来看，主要包括以下几个方面：

1）送货上门

对购买较笨重、体积庞大、不易搬运的商品，或一次性购买量过多、携带不便，或有特殊困难的客户，有必要对其提供送货上门服务。其形式可以是自营送货，即企业用自己的设备送货，也可以采取代管送货的形式，由企业代客户委托有固定关系的运输单位统一送货。送货上门服务对于企业来说并不是很困难的事，但却为客户提供了极大的便利，能提高客户的重复购买率。

2）安装服务

随着科学技术的发展，商品中的技术含量越来越高，一些商品的使用和安装也极其复杂，客户依靠自己的力量很难完成，因此就要求企业提供上门安装、调试的服务，使客户一旦购买就可以安心使用。这种方式解决了客户的后顾之忧，大大方便了客户。

3）包装服务

商品包装也是客户服务中不可缺少的项目。商品包装不但使商品看起来美观，而且还便于客户携带。许多大中型和有声望的企业在包装物上印刷本企业的名称、地址、标志，起到了广告宣传的作用。

4）售后维修和检修服务

企业若能为客户提供良好的售后维修和检修服务，就可以使客户安心地购买、使用商品，从而减轻客户的购买压力。有能力的企业应通过在各地设立维修网点或采取随叫随到的上门维修方式为客户提供维修服务。企业也可抽样巡回检修，及时发现隐患，并予以排除，让客户感到放心、满意。

5）电话、网络回访和人员回访

客户购买商品以后，企业应按一定频率以打电话、发信息或派专人上门服务的形式进行回访服务，及时了解客户使用产品的情况，解答客户提出的问题。

6）提供咨询和指导服务

客户在购买产品后，还不熟悉产品的操作方法，或不了解产品一旦出现故障应如何予以排除。因此，企业应为客户提供指导和咨询，帮助客户掌握使用方法和简单的维修方法。

7）建立客户档案，完善客户信息数据

建立客户档案的目的是为了与客户保持长期的联系。通过这种方式，一方面可以跟踪客户所购买的商品的使用和维修状况，及时主动地给予相应的指导，以确保商品的使用寿命；另一方面还可以了解到客户的喜好，在出现新产品后，及时地向可能感兴趣的客户推荐。除此之外，销售人员还可以利用客户档案，以上门拜访、打电话、寄贺年卡等形式，与客户保持长期的联络，提高客户的重复购买率。

8）妥善处理客户的投诉

无论企业和销售人员的售后服务做得如何尽善尽美，总难免会招致一些客户投诉。企业和销售人员应尽可能地减少客户的投诉，但在遇到投诉时，要运用技巧，妥善处理，使客户由不满意转变为满意。

四、客户服务的类型

客户服务要具备一定的条件才能落到实处，这些条件就是服务设施（服务的硬件）、服务规范和服务技巧（服务的软件）。服务设施就是指企业的"硬服务"，即企业拥有的优越的物质设施和先进的服务技术；服务规范是指企业关于服务方面的各种规章制度和程序；服务技巧是指由服务代表直接向客户提供的"软服务"，它包括服务代表的知识、能力、态度和技巧等。这三者加在一起，就构成了一个企业客户服务的基本特性，根据这三种要素的不同结合，可以把目前的客户服务划分为四种类型。

1. 漠不关心型

其主要特征为：

（1）在硬服务和软服务两方面都较弱。

（2）在服务规范方面不规范、不一致、不方便。

（3）服务代表服务态度冷淡、疏远，缺乏服务意识和敬业精神。

（4）传达的信息是：我们不关心客户。

漠不关心型的客户服务程序非常混乱。例如，买的东西坏了，需要维修，结果发现，根本就没有一个标准的维修时间，应该多长时间，应该谁来维修，打电话询问此事，杳无音信，石沉大海，根本就没人给回复。

2. 循规蹈矩型

其主要特征为：

（1）在硬服务方面比较强，但软服务方面较弱。

（2）服务规范正规、统一，有一定效率。

（3）服务代表工作严格按照规章制度进行，反应机械、僵化，态度缺乏热情。

（4）传达的信息是：客户要守规矩。

这种服务类型首先肯定你只是一个客户，对客户有基本的尊重，但要求每个客户都要遵守规矩，不能搞特殊化。如客户很着急，那也得排队，这是规矩。例如，客户说："明天就要出差了，能不能提前修理一下？""那不行，按规定就是3天以后才能取，今天就不能取。"这就是循规蹈矩型。

3. 热情友好型

其主要特征为：

（1）软服务方面比较强，硬服务方面比较弱。

（2）服务规范和程序方面存在无组织、慢、不一致、不方便、混乱的情况。

（3）服务代表个人方面表现热情、友好，有着良好的沟通技巧。

（4）传达的信息是：我们很努力，但是对不起，我们做不到。

这种服务类型在个人服务能力和技巧方面比较强，而在规范程序方面很弱。客户服务代表态度特别好，很热情，也很友好，特别会沟通。可惜企业没有一个很好的客户流程，很混乱。结果是：我们没办法，我们确实很理解您，理解您的难处，知道会给您带来不便，但我们实在没办法。

4. 优质服务型

其主要特征为：

（1）硬服务和软服务两方面都很强。

（2）服务规范，服务程序及时、有效、正规、统一。

（3）服务代表热情、友好，有着良好的沟通技巧，真正做到让客户满意。

（4）传达的信息是：我们重视客户，满足客户。

这是最好的客户服务类型。不仅要求企业有相对优质的服务设施，还要求客户服务人员有着很好的素质，关心客户，理解客户，体贴客户，能够很好运用客户服务的技巧，从心理上让客户真正感觉满意。

令人感动的服务绝不仅仅是微笑能涵盖的，它融合在每一个工作的细节里。如果去衡量的话，衡量的标准便是：你是否在与顾客交往的每一个环节上都细心地为顾客的方便与顾客的利益着想了。我们应该明白的是，在如今技术高度发展、产品趋同的形势中，一个企业如果想存活并发展，就一定要有超越产品的、让顾客愿意为之捧场的理由。只有乐于把方便给予他人，把利益给予他人，把温暖给予他人，把服务给予他人，才能塑造出企业独特的魅力，赢得客户的心。

主题讨论 1-2

给客户八个惊喜服务的饭店——北京海底捞火锅

素材 4

根据案例，请试分析海底捞火锅体现的客户服务发展之路。

从南到北吃过很多饭店，说实话，能给人留下深刻印象的不多。而这家"海底捞"的饭店却让人真正感受到了不一般。说的这个"不一般"不在于他家饭菜出众，这个"不一般"是来自于服务以及员工表现出来的快乐、体贴和认真。

当有客户需要等待时，服务员早为他们准备了免费的炸虾片、橙子和茶水，就算客户再有火气着急，都没辙，谁让服务员的态度这么和蔼呢，吃人家嘴短啊，慢慢等着吧。这是给人的第一个惊喜，他们居然知道在客户等待的过程中提供人性化服务。

在就餐的过程中，服务员一直在身边照顾你，不像有的餐厅，一旦点菜完毕就再也见不到服务员的影子。等所有的菜上齐了，火也点上了，服务员给每人递上一条围裙，以防止油汤溅到衣物上，这般体贴，这个围裙算作是第二个惊喜吧，有点与众不同。

汤开了，服务员居然还会给长头发的顾客一人一根皮筋，说让把头发扎起来，吃饭方便。这一切都太周到了，又是一个惊喜。

吃饭期间，难免接接电话，发发短信，然后就将手机置于桌上。这时服务员拿来一个小塑料袋子，把顾客的手机放到里面告诉你说防止油溅上弄脏了，这么细心的服务，这是第四个惊喜了！

看见服务员跑来跑去的为顾客服务，一脸很开心、很认真的样子，想到这个饭店的员工都是有股票和分红的，在餐饮业关于持股计划很少见，这个可以算是第五个惊喜吧。

好的绩效管理方法确实能激励员工并培养快乐的员工，而快乐的员工会让顾客更加满意。

在上厕所时又发现一个惊喜。卫生间外面洗手的地方站着一个服务员，向顾客礼貌地打着招呼。等顾客洗完手，会帮客户取好面巾纸并送到手里，这简直就是五星级酒店的标准，这就是惊喜！

当顾客结账时，服务员又送来了一个惊喜：给戴眼镜的人每人一块擦眼镜布！

最后还为顾客提供另外两项超值服务且是免费的，即免费擦皮鞋和修指甲。这就是给顾客八个惊喜的饭店——海底捞火锅。

问题：根据案例，请你试分析海底捞火锅体现的客户服务发展之路。

单元三　认识客户服务管理

一、客户服务管理的相关定义

客户服务管理是指组织为了建立、维护并发展客户关系而对客户服务实施进行的管理，其目标是建立并提高顾客的满意度和忠诚度，创造服务价值。

客户服务是一个过程，是在合适的时间、合适的场合，以合适的价格、合适的方式向合适的客户提供合适的产品和服务，使客户合适的需求得到满足，价值得到提升的活动过程。

客户服务管理是了解与创造客户需求，以实现客户满意为目的，企业全员、全过程参与的一种经营行为和管理方式。它包括营销服务、部门服务和产品服务等几乎所有的服务内容。

客户服务管理的核心理念是企业全部的经营活动都要从满足客户的需要出发，以提供满足客户需要的产品或服务作为企业的义务，以客户满意作为企业经营的目的。客户服务管理通过认识市场、了解客户现有与潜在的需求，并将此导入企业的经营理念和经营过程，最大限度地使客户满意，使企业在市场竞争中赢得优势，获得利益。

二、客户关系管理的相关定义

客户关系管理（Customer Relationship Management，简称 CRM），是指企业利用相应的信息技术以及互联网技术来协调企业与客户间在销售、营销和服务上的交互，从而提升其效率，向客户提供创新式的、个性化的客户交互和服务的过程。其最终目标是吸引新客户、保留老客户以及将已有客户转为忠实客户。

CRM 是一种先进的营销管理思想。它强调通过处理更多的客户信息以服务更多的客户。CRM 四大领域包括客服、销售、营销和电商。

对客户关系管理应用的重视来源于企业对客户长期管理的观念，这种观念认为客户是企业最重要的资产并且企业的信息支持系统必须在给客户以信息自主权的要求下发展。

成功的客户自主权将产生竞争优势并提高客户忠诚度，最终提高公司的利润率。客户关系管理的方法在注重 4P［产品（Product）、价格（Price）、渠道（Place）、促销（Promotion）］关键要素的同时，也要反映出在营销体系中各种交叉功能的组合，其重点在于赢得客户。这样，营销重点从客户需求进一步转移到客户保持上，并且保证企业把适当的时间、资金和管理资源直接集中在赢得客户和保持客户这两个关键任务上。

素材 5

你知道现代服务业怎么分类吗？

单元四 认识客户服务职业

一、客服职业的含义

致力于使客户满意并使客户持续购买企业产品与服务的一切活动的执行人员都可以称为客服人员。例如，企业的前台接待人员、售后服务人员、技术支持人员、客户经理等。服务业务包括的内容有技术支持、答疑、远程桌面协助、语音服务、安排维修、数据收集、核实、过滤、销售、回访、投诉、催收、调查、通知、生活服务、信息查询、客户维护与关怀……可以说现在的客服已经融入了所有领域。服务方式则分为电话方式；网络方式，如全媒体、邮件等；现场方式，如上门来访、门店等。

二、客服职业概况

一个优秀的企业，离不开一支高素质的队伍。目前，有的企业的客服人员总体素质和职业能力不尽如人意，大部分没有受过正规培训，理论知识缺乏系统性，服务能力有限，服务方式简单、陈旧。企业的客服管理不尽如人意，无形中给企业带来很大的经济损失。我国经济每年都在高速发展，企业间竞争日趋激烈，这都对客服管理人员提出了更高的职业能力要求。提供高品质服务，已经成为越来越多有追求的企业获得竞争优势的新路径。

目前，多数客服管理人员在企业的市场一线，从事服务和管理工作。第一产业农业，侧重于市场策划、销售等部门管理工作；第二产业工业，分布于市场部、销售部、客户服务部等部门管理岗位，以及市场总监、营销总监等领导岗位；第三产业服务业，包括全行业所有市场策划、销售、前台服务、客房服务、客户服务中心等部门管理，以及客服总监、副总经理等领导岗位。

在客户服务广义化和立体化的今天，对客服人员的培训，在世界上广受重视，也较为普遍。欧美发达国家企业，客服人员基本都要持证上岗，对上述人员的培训已有数十年历史，德国在20世纪70年代就已经开始。在市场经济环境中，客服职业与企业同时生存、共同发展，而且随着市场化程度的提高，客服工作在企业中的重要性及从业人数比重会越来越大。良好的客户服务有利于企业市场能力和竞争力水平的提高。

三、客服职业岗位

1. 客服专员

（1）客服专员岗位描述。通过提高产品和服务满足客户的需要，完成交易，并对交易现场的客服活动及相关事宜实施管理。

（2）客服专员职业能力。在为客户服务的过程中，必须体现"专业、敬业、尊重、包容、理解"五个方面。这也是衡量一名客服专员是否合格的重要指标。具体来讲，客服专员任职要求包括：拥有良好的服务态度和意识；拥有让客户觉得可以信赖的服务形象和礼仪；拥有足够的行业知识和经验；具有较强的语言表达、理解能力、沟通能力和临场应变能力；能洞察客户心理并加以引导的能力；具有良好的心理素质，能够进行自我调适、自我激励和自我监督；具有团队合作精神；熟练操作计算机、各种工作软件、App 等技能。

2. 客服主管、客服经理

（1）客服主管、客服经理岗位描述。客服主管、客服经理主要的工作就是根据公司的情况，做好客服工作的日常管理，带领下属客服专员为客户提供最好的服务，指导客服专员解决工作中遇到的困难，不定期对客服专员进行相关业务的培训，对客服专员的业务水平进行考核，与相关部门做好有效沟通。客服主管、客服经理的一般工作内容分配比例是 30% 处理业务、30% 辅导下属、40% 管理。

（2）客服主管、客服经理职业能力。客服主管、客服经理的工作就是对客户服务的日常管理、对客服专员的培训和提升等，因此客服主管除了要具备客服专员的素质和能力外，还要具备：一定的规划能力，能够根据市场变化，了解竞争对手，制订部门行动计划；一定的组织、协调能力，进行组织分工，落实各项具体任务，把自己管辖范围内的人力、物力和财力进行统筹安排，及时进行信息沟通，减少内耗；一定的指挥、领导能力，培养下属的责任心和使命感，激发下属的最大潜能；一定的评估和创新能力，对客服专员和服务系统进行定期评估，以采取改进措施，根据需求变化，时刻创新服务，提升服务竞争力。

3. 客服高级经理、客服总监

（1）客服高级经理、客服总监岗位描述。客服高级经理、客服总监是企业进行客户关系管理的负责人，根据公司的工作要求制订客服部门工作计划及各项内部管理制度，全面主持客户服务管理日常工作；组织部门员工建立并保持、提升公司形象、服务环境、服务质量及服务效率等。

（2）客服高级经理、客服总监职业能力。客服高级经理、客服总监的职业能力包括：熟悉产品知识和行业知识，具有丰富的客服处理技巧和经验，熟悉客服运作流程，熟悉各种考核评判指标；良好的领导能力及良好的心理承受能力；良好的商业意识和战略意识，数据分析能力强，有较强的文字语言表达能力及分析判断能力；有全局观念，善于做整体规划，有一定预见性，能应对突发事件并及时提出有效方案，具有解决问题的能力。

美国西南航空公司的招聘

美国西南航空公司在全美拥有最多旅客,是美国 2018 年最大的国内航线承运商,在福布斯联合航空航天工程与研究协会推出的最快航空公司排名中排名第二。西南航空在 1971 年起推行廉价航空,创造了一个精简、低成本、低票价的营运模式,影响了全世界无数航空公司。为了保持低成本,西南航空只有一种机型;机上只有花生、没有正餐,也没有划位,座位先到先得,公司也选择在比较不热门的机场起降。西南航空很快地在 1973 年开始获利,此后 33 年连续盈利,这在美国航空业是无与伦比的成就。美国西南航空创始人 Herb Kelleher 曾言他最自豪的事情是西南航空从来没有解雇过一个员工。作为最快乐的航空公司,因为规模庞大,因此招聘人员十分得多。他们在招聘过程中由于应聘人员太多,就把 20 人分成一组,每人上台讲 3 分钟,介绍自己叫什么、做什么的、有什么长处,每个人讲完后,他们在每组挑 3~4 个人进入下一轮面试。他们是怎么挑选候选人呢?是看上台讲演的能力与水平吗?自信心吗?仪容仪表吗?都不是,他们其实是在看有人上台讲演的时候台下人的表现,因为西南航空是一家提供服务的企业,他们在前面的面试过程中,主要是挑选具有强烈服务意识的人进入下一轮面试。也就是说,有人在台上,你在下面是不是专心听讲,是不是表现出一种强烈的服务意识,一种强烈的尊重人的意识。

四、客户服务普遍存在的问题

在信息流量巨大、变化迅速的今天,商品经济时代正在向服务经济时代过渡,"以产品为导向"的企业逐步向"以客户为导向"的思维转变。目前,许多企业在客户服务中逐渐加强使用信息技术手段,越来越重视客户服务,但是客户服务依然存在着很多的问题。

1. 硬件的完善不能弥补软件的缺陷

硬件是指为客户提供的服务设施,软件是指客户服务的流程和客服人员的服务技能。有些企业从硬件来看,比过去好多了,但是客户服务的流程效率、客服人员的服务热情和服务技巧没有太大提高。因此,光是硬件的完善是远远不够的,客服人员的素质得不到有效提升,企业同样做不好客户服务工作。

2. 企业各部门之间缺乏沟通协调,导致服务效率低下

不少企业普遍存在以下问题:企业员工之间不能协同处理,服务过程不连贯,容易脱节。例如,客户服务部门和维修部门之间,如果协同沟通不好,就会产生矛盾。客户产品坏了，很着急，要维修，客服人员想尽早帮客户修好，但是维修部门压力特别大，需要排队，这样就可能导致客户抱怨。缺乏沟通协调导致服务效率低下的情况是普遍存在的，有时候还涉及财务部门、其他管理部门等与客户服务部门之间的沟通协调问题。

3. 客服人员缺少专业的客户服务技巧

有些企业的客户服务人员没有受过什么专业的培训和训练。他们不清楚什么是真正的客户服务，也不知道如何给客户提供很好的服务。在这一点上，企业无论投入多少钱去完善硬件都无法弥补。互联网时代的高知识、高技术含量的现代服务业从业人员，整体上的高学历、高职称、高薪水人力资本特征，让服务已经有了新的内涵与外延。从简单的表面服务迈向深度服务，服务的对象涵盖了产品整个生命周期的参与者，包括员工、客户、合作伙伴、股东、供应商等，服务由被动转为主动，这些都需要企业形成服务新思维，传统的服务技巧必然不能满足客户的服务要求，对目前的客服人员进行职业培训，提高他们的职业能力，势在必行。

4. 客服人员缺乏服务意识和敬业精神

虽然客户服务整体水平在不断提升，但还是有很多客户服务人员不是站在客户立场上思考问题的，而是站在自己或者站在自己企业的角度思考问题。当有客户表示不满意的时候，不能敏感地意识到客户是在隐晦地表达自己的需求，进而对客户答非所"问"，不能引导客户。这都是没有真正客户服务意识的表现。这种客服人员缺乏服务意识的状况，在很多行业普遍存在。由于客服工作属于一线基层工作，工作内容重复单调、较为烦琐，很多从业人员没有长远的职业计划，耐不住这种磨炼，就表现为敬业精神缺乏。虽然也会说"您好"，也会说"谢谢"，可是这是公司规定他们这么说的，是不得已的，服务热情欠缺，服务水平就不能始终如一了。

企业案例 1-3

贵都酒店灵活的部门协调

贵都酒店位于北京二环以内，离天安门和西单仅有几公里距离，周边有很多北京本地居民。贵都酒店用平民价格、五星级环境和服务把周边居民变成了自己的常客和回头客。

贵都酒店附近有一家宣武医院，平日里医院时常会在贵都酒店组织行业会议。有一次，医生提出送外卖的要求，当时酒店餐饮总监李海燕是拒绝的：堂堂的高端酒店，怎么能做外卖呢？几次过后，李海燕考虑到，对方是老客户，如今客户有需求，酒店应该满足客户。结果外卖生意越做越大。那么，只有24人的贵都餐饮后厨团队，能应对吗？李海燕自信的表示：人员方面一点问题都没有，早有一套完善的流程在运转。那就是贵都酒店的"1-8-2制度"，即1位员工，8个小时，2个岗位。贵都酒店规定，员工在正常工作8个小时的基础上，额外时间可以来协助其他需要的部门工作，获得有偿补贴。因此，只要酒店某个业务部门临时需要人手，只要在群里发个消息，几分钟内就会有其他部门的员工赶来帮忙，看起来堆积如山的外卖餐盒，不一会儿就会归类分装好。不但员工积极响应，其他部门的经理总监也会跟员工一起赶来帮忙。贵都酒店有一支33名党员组成的服务队，一旦遇到大型翻台，党员同志们会全力协助。有一次，餐饮部接到一个小时内把384人的宴会厅翻台的任务，时间紧急，浩浩荡荡上来了30多名帮工，上至总监，下至实习生，都穿上了统一标志的衣服，热火朝天地搬桌子扛椅子，齐心协力翻台。40分钟后，他们提前完成任务。"这样可以有效降低成本，体现团队协作，保证服务质量"，李海燕说，"包括平常集中忙时，我们也不用外面的小时工，而是按小时工的价格补贴给当天休息而来帮忙的同事，因为小时工并不了解贵都，只有对酒店更了解，才能更好地服务顾客，才能有更好的用户体验。"

五、互联网时代客户服务发展新趋势

1. 客户服务新内涵

新技术和新媒体的广泛应用推动着商业模式的创新，改变着消费者的消费习惯，必将推动着客户服务方式也发生深刻的变化。客服中心已经从过去的向客户提供服务支持的单一模式向客户行为分析、客户心理把握、客户需求感知全方位转变。麦肯锡在《信息技术引领未来商业模式10大趋势》第四项中提出"一切皆服务"，认为"购买和销售由实体产品延伸而来的服务，这一商业模式的转变正在加速"，提升和完善客户服务方式，从而使客户服务成为面向用户的完整行为过程，通过情感服务、信息服务、实体服务和全媒体通信服务无缝融合，采用多主体、互为补充的服务为客户呈现完善的服务价值链。客户服务体现出专业化、个性化、差异化和综合化的新内涵。

2. 服务渠道和服务方式的变化

从电话渠道过来的客户语音服务需求会减少，基于在线客服、微信、微博等社交媒体的客户服务将会大量增加。举个例子，小米的商业模式无疑是成功的，小米微信公众账号后台客服人员有9名，这9名员工每天回复100万粉丝的留言。小米开发的微信后台可以自动抓取关键词回复。过去小米做活动主要是通过群发短信，100万短信发出去，就是4万元的成本。微信使小米的营销、客户关系管理成本降低。所以从这点来看，社交媒体将会成为客户服务一个重要的渠道。

3. 客户服务的频度、服务的周期、服务内容、服务要求的变化

互联网的发展使人与人交往的空间不再成为障碍，移动互联网的发展使得时间不再成为我们社交的障碍。随着社交媒体等新媒体进入客户服务系统，客服中心除了满足客户服务的需求外，由于社交媒体的特性，客户黏度会大大增强，这必将带来客户服务的频度、服务的周期、服务内容、服务要求的变化。客户服务需求的频度会增多，交互会越来越频繁，持久沟通联系的客户会越来越多，这样客户感觉服务就在身边，触手可及，客户的忠诚度和信赖度将会大大增强。随着移动互联网的发展，客户基于不同服务场景的服务需求将会使沟通内容的广度和深度与过去不可同日而语，越来越多样化。

4. 客户服务针对性更强、更贴心

基于场景的、支持体验式感受的、满足移动互联和社交媒体的客户服务系统将会占据主流，客户随时随地的服务需求会得到满足。系统从简单的客户资料管理、业务流程管理向客户数据分析和挖掘转变，通过对CRM系统积累的巨大的数据进行分析和挖掘，实现对客户行为的分析、对客户心理的把握、对客户需求的感知，为企业运营决策、市场营销、客户服务流程优化提供依据。精确分类的客户服务系统，使得客户服务更加有针对性，客户才能得到一对一的贴心服务。

5. 客户知识管理越来越重要

客户知识管理越来越被重视。客户信息采集、客户知识获取和客户知识运用的不断完善，将推动企业从以产品为中心向以客户为中心的转变。构建客服人员统一的知识工作环境，客户服务统一的知识信息管理平台，要集知识库管理、知识发现、积累与挖掘、知识发布、共享于一体，为客户服务提供完善的知识管理支撑。很明显，一个企业不充分利用客户知识管理工具，是难以有效地建立客户关系的。

素材6

请你举一个全渠道服务企业的成功例子。

主题讨论1-3

全渠道服务

随着电子商务、移动终端和社交媒体的快速发展，很多企业都意识到要开拓线上渠道以服务消费者、吸引消费者。然而如何同时开展线上线下全渠道战略，并传递给消费者无缝对接的客户体验是巨大的挑战。

请你举一个全渠道服务企业的成功例子。

实践运用

[实训项目一] 企业客户服务管理调查

一、实训目的

通过对企业客户服务管理的调查，了解企业员工对服务理念的理解、执行

情况，让学生了解和掌握客户服务理念的实质内涵。

二、实训要求和内容

（1）由学生自愿组成小组，每组 4~6 个人，利用课余时间选择 1 家知名企业进行调查与访问。

（2）调查内容包括：体验客户服务，以及从服务硬件、服务流程和服务技巧三个方面对所体验的服务进行分析。

素材 7

项目一实训作业模板

三、实训成果与检测

（1）每组写出一份简要的调查访问报告。

（2）调查访问结束后，组织一次课堂交流与讨论。

（3）通过分析服务差距存在的原因，提出改进服务的措施与方法。

项目二　客户服务人员的职业化素养

学习目标

知识目标

1. 了解客服人员应具备的职业道德并能树立客户服务意识；
2. 明确客服人员的品格要求；
3. 提高客服人员的心理素质；
4. 掌握客服人员仪容、仪表、仪态的基本要求；
5. 熟悉与客服人员有关的服务礼仪要求。

能力目标

1. 客服人员仪表、礼仪呈现的职业形象符合工作标准和规范；
2. 客服人员内在的服务意识、品格素养胜任工作要求。

项目导学

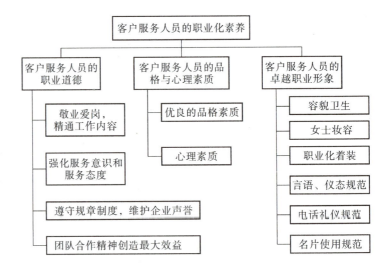

你真的了解电商客服吗?

提到电商客服,你最先想到的是什么?是神秘的阿里客户体验事业群,和他们的阿里小蜜、店小蜜?还是,科技感满满的京东 JIMI 智能客服、无人客服?或是,众多个性化、智能化的自营电商客服?

在电商领域,很多人理解的客服就是前期的简单推广以及后期处理麻烦,把产品推到用户面前,争取用户的点击和成交。处理后期客户遇到的问题,包括商品问题、物流问题等。随着电商行业的不断发展,客服行业也开始精细化,客服不再是以只处理麻烦为主体。客服是一个站在产品和用户之间的连接者,一方面把产品传递的价值,想办法传递给用户。传递了以后用户要么回馈你金钱,要么回馈你时间。另一方面把用户的需求反馈回来,因为需求从来不是一成不变的,产品只有在不断的迭代中,才能保持生命力。我们需要从运营、产品以及心理学的角度去看待客服。

1. 从运营角度看

一般而言,客服跟用户运营一样在企业中都拥有双面身份。

对外:他们面向用户,为用户提供咨询、收集用户意见和反馈(以优化产品)、对用户进行售前消费引导和售后服务支撑。

对内:他们要发现线上 bug 并跟进、收集功能优化建议、丰富用户档案体系,支撑市场公关工作。

2. 从产品角度看

客服工作每天会和大量的顾客进行沟通,在这个过程中,不仅可以了解客服部门自身存在的问题,还可以了解其他部门需要协调或解决的问题,对于优化产品提供非常重要的信息反馈。客服工作制度也对产品销售有影响,每周主推产品计划和销售话术需要不断优化。客户售前沟通过程中答应顾客的特殊需求要有日清检查,避免后续被动情况。

3. 从心理学角度看

在和客户沟通过程中需要具备优良品格和较好的心理素质。能够较好地判断客户的需求,总是能超出客户的预期。

启发思考

如果想成为一个全能型的电商客服,不光要懂运营,需要有运营人的耐心细致,还要懂销售,需要有像销售一样的狼性,更要有像产品一样的严谨,同时加以敬业和热情。只有具备全面的职业素养,这才组合成为一个客服高手,才能善用服务去引导用户，用心地领悟客户的心境，真正赢得客户的满意乃至感动，创造出全新的客户服务价值。

素材1
PPT 也精彩

项目二 PPT

单元一 客户服务人员的职业道德

职业化是一种工作状态的标准化、规范化、制度化，即在合适的时间、合适的地点，用合适的方式，说合适的话，做合适的事。职业化是一种精神、一种力量，是对事业的尊重与执着的热爱，是对事业孜孜不倦地追求的精神。员工拥有一种职业化的职场道德、职业意识、职业心态、职业规范和职业技能的价值观与态度，我们称之为职业化素养。职业化塑造让员工从角色认知、价值观、职业能力等方面完成从自由人到社会人、职业人的转化。

作为一名客户服务人员，其所要遵循的职业道德，是指其在客户服务活动及对活动实施管理的过程中应遵循的道德准则、道德情操与道德品质的总和。美国著名的《哈佛商业评论》评出了职业人士应该遵守的职业道德是：诚实、正直、守信、忠诚、公平、关心他人、尊重他人、追求卓越和承担责任。

结合职业道德的内涵，客户服务人员须具备的职业道德表现为以下四个方面：

素材2
职业化素养 Plus

一、爱岗敬业，精通工作内容

作为一种职业情感，热爱本职工作是职业道德的基本要求，同时也是实现个人理想的基本要求。一个人素质的提高需要多方面的锻炼，通常需要经历一个长期而缓慢的过程，对工作缺乏耐心，想要投机取巧，只会影响正常心态，最终导致心态失衡，怨天尤人。所以，对于渴望成功的人，热爱本职工作，精通工作内容，培养一种踏实、勤奋的工作作风，才是个人理想得以实现的基石。

作为客户服务人员，必须拥有扎实的专业知识，只有对专业了解，才能正确地解答客户提出的问题，满足客户的要求。必须具备的专业知识，包括以下两个方面：

1. 对企业的产品和服务项目有深入的了解和认识

产品知识：包括硬件部分、软件部分、使用知识、交易条件、周边知识、价格价值、客户利益等。服务项目：客户服务人员要熟知企业能够提供给客户的售前、售中、售后服务项目。只有客户服务人员掌握产品知识和服务项目，才能赢得客户，才能给企业带来效益。例如，客户想买一件衣服，咨询客服："这是什么料子做的？"客服人员礼貌地回答："您看一下衣服面料标签说明吧，上面写着呢！"客户对商品缺乏了解，想通过服务人员的介绍让自己更清楚，谁知不能得到有效的帮助，这样的服务怎能让人满意呢？

2. 熟知业务规则及业内流行事件

对行业和业务上的问题及解决方案要有深入细致的了解，并了解客户的业务特点，学会使用他们的术语。对外部事件表现出兴趣，多阅读专业报纸期刊、新闻报道和行业报告，对行业现状、发展和趋势保持开阔的视野，这样才能更好地为客户提供服务。

二、强化服务意识和服务态度

我们每一个人在与其他人交往中所体现出来的为他人提供热情、周到、主动的服务的欲望和意识，即服务意识。它发自服务人员内心，是服务人员的一种自觉主动做好服务工作的观念和欲望。

服务意识是人类文明进步的产物。服务意识的萌生，通常最早来自家长的教育。家长越早教育孩子应该尊重别人，礼貌待人，那么，孩子就能够越早建立起服务意识。服务意识有强烈与淡漠之分，有主动与被动之分。这是认识程度问题，认识深刻就会有强烈的服务意识；有了强烈展现个人才华、体现人生价值的观念，就会有强烈的服务意识；有了以公司为家、热爱集体、无私奉献的风格和精神，就会有强烈的服务意识。

文明礼貌对待客户，热情周到服务，这是客户服务的基本要求，也是最高境界。凡是在客户那里有口皆碑的企业和个人都是文明服务的典范。文明服务让客户感受到了企业的真诚，企业也会因此赢得客户的忠诚。服务意识是服务人员的一种本能和习惯，它是可以通过培养、教育训练形成的。服务意识有三种境界：

1. 具备较高的服务意识

具备较高的服务意识的人，能够把自己的利益建立在服务别人的基础上，能够把利己和利他行为有机协调起来，常常表现出"以别人为中心"的倾向。拥有较高服务意识的人，常常会站在别人的立场上，急别人之所急，想别人之所想；为了别人满意，不惜自我谦让、妥协甚至奉献、牺牲。但这些都只是表象，实际上，多为别人付出的人，往往得到的才会更多。

2. 有待提高的服务意识

在与别人交往和相处中，"得失心"较重，往往比较在乎自己的付出和回报是否成正比，这是绝大部分人的正常反应。有句老话说，"施恩不望报"，只有你对别人的服务没有回报的诉求的时候，你才会有更好的心态去服务别人，同时会得到别人的服务。毕竟，古话也教导我们说，"滴水之恩，涌泉相报"。

3. 缺乏服务意识

缺乏服务意识的人，会表现出"以自我为中心"的自私自利的价值倾向，把利己和利他矛盾对立起来。从本质上说，这违背了人与人之间服务与被服务关系的规律，也违背了人与人之间团结互助之义。在这些人看来，要想满足自己的需要，只有从别人那里偷来、抢来或者骗来，否则，别人不会主动为自己付出。这种人越多，社会就越不和谐。

三、遵守规章制度，维护企业声誉

规章制度是在经过科学的论证和不断总结经验教训加以完善的基础上制定的，因此，有其合理性，作为企业员工，应该自觉遵守公司的各项规章制度。另外，看一个企业是否规范，通常也会看该企业的员工对公司规章制度的遵守程度。在许多知名的公司里，常常是从上到下的人员都绝对遵守公司的规章制度。所以，遵守规章制度，还起到了维护企业声誉的作用。

每个行业都有其从业人员需要遵守的规章制度，对于客户服务人员来说，需要遵守的工作素质要求有以下几条：

1. 严格遵守企业和各部门的各项规章制度

严格执行企业的相关规定，依据有关规章制度，对客户提出的疑问做好细致、明确的回答。

2. 建立完整的客户资料信息库

及时反馈客户意见和市场信息，为销售部门开展业务做好辅助工作。定期向客户提供本企业新的业务项目和服务项目，与客户保持良好的合作关系。根据当天的工作情况，把与客户接触的各种情况以工作报表的形式详细登记，并向部门主管或经理汇报。

3. 正确对待客户投诉

应知悉客户投诉的真正原因及想要得到的解决结果，不得与客户争辩，不得对用户做出夸大其词的承诺，或运用某些权威机构的名义对客户施压等。

四、团队合作精神，创造最大效益

公司经营绝不是个人行为，一个人的能力毕竟有限，只有大家齐心协力合作，才能事半功倍。所以，要充分发挥团队合作精神。那么，如何充分发挥团队精神，创造最大效益呢？这就需要发掘团队成员的才能和技巧、给予员工被尊重和被重视感、鼓励坦诚、避免恶性竞争，鼓励大家为了一个统一的目标、愿景承担应该承担的责任或风险。作为客户服务人员，应当具备多种技能，灵活运用多种技巧，能够巧妙处理工作中遇到的各种棘手问题及其导致的冲突，成为具有娴熟的专业技能的团队成员。总的来说，需要掌握的技能包括：

（1）与客户进行有效需求沟通，并使客户信服的技巧。

（2）把握客户心理和性格的技巧。

(3）把握异议处理技巧。
(4）掌握为客户提供优质服务的技巧。
(5）提高客户满意度的技巧。

单元二　客户服务人员的品格与心理素质

一、优良的品格素质

作为客户服务人员，外在呈现出来的东西，必须要有一种内在的精神做支持，而这种内在的精神就是品格素质。品格，是人性中真、善、美的综合体现，所以品格具有独特的魅力，能够影响人、团结人、调动人。在服务工作中，专业知识和服务技巧固然重要，但更重要的是高尚的品格。品格魅力是赢得别人的帮助和支持，从而成就伟大事业的内在原因。客户服务人员应该从以下六个方面加强对品格素养的锻炼。

1. 诚信

客户服务人员应该注重承诺，履行自己的诺言。诺言就是责任，说到就要做到。没有人愿意和不讲信用的人打交道。日常交往中都是如此，对待客户更是如此。优秀的客服人员一定是责任感极强的人，是诚信的人。优秀的客服人员会建立电话跟踪、客户回访等工作时间表，以做到履行诺言。客服人员在工作中不要轻易许诺，有事说事，当时合理解决最好。随便答应客户做什么的话，由于工作量大、节奏快等原因，这样很可能无法履行诺言，给工作造成被动。

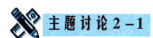

主题讨论2-1

真诚感动顾客

乔·吉拉德被誉为世界上最伟大的推销员，他在15年中卖出13 001辆汽车，并创下一年卖出1 425辆（平均每天4辆）的纪录，这个成绩被收入《吉尼斯世界大全》。他讲过这样一个故事：记得曾经有一次，一位中年妇女走进我的展销室，说她想在这儿看着车打发一会时间。闲谈中，她告诉我她想买一辆白色的福特车，就像她表姐开的那辆，但对面福特车行的推销员让她过1小时后再去，所以她就先来这儿看看。她还说这是她送给自己的生日礼物："今天是我55岁生日。""生日快乐！夫人。"我一边说，一边请她进来随便看看，接着出去交代了一下，然后回来对她说："夫人，您喜欢白色车，既然您现在有时间，我给您介绍一下我们的双门式轿车，也是白色的。"我们正谈着，女秘书走了进来，递给我一打玫瑰花。我把花送给那位妇女："祝您长寿，尊敬的夫人。"显然她很受感动，眼眶都湿了。"已经很久没有人给我送礼物了。"

素材3
乔·吉拉德推销的秘诀是什么？

她说，"刚才那位福特推销员一定是看我开了部旧车，以为我买不起新车，我刚要看车他却说要去收一笔款，于是我就上这儿来等他。其实我只是想要一辆白色车而已，只不过表姐的车是福特，所以我也想买福特，现在想想，不买福特也可以。"最后她在我这儿买走了一辆雪佛兰，并写了一张全额支票，其实从头到尾我的言语中都没有劝她放弃福特而买雪佛兰的词句。只是因为她在这里感受到了重视，于是放弃了原来的打算，转而选择了我的产品。

问题：乔·吉拉德推销的秘诀是什么？

2. 宽容

有时，在客户服务过程中可能会面对一些"不讲理"或者脾气暴躁的客户，这时要能够理解他，学会做到换位思考，把问题解决作为目的。忍耐与宽容是面对无理取闹客户的法宝。真正的客户服务是根据客户本人的喜好使他满意。客户的性格不同，人生观、世界观、价值观也不同。这个客户可能在生活中不可能成为你的朋友，但在工作中他是客户，是你的服务对象，这时候就应该用专业的态度去面对他，因为这就是客服人员的工作。

3. 谦虚

谦虚是美德，能帮助我们做好工作。一般而言，专业的工作人员比客户更熟悉产品和服务项目，这时候谦虚的心态就很重要了。如果客服人员不具备谦虚的心态，就有可能在客户面前炫耀自己的专业知识，表现出对客户见解的不屑，给客户难堪，导致和客户沟通失败。客服人员应当具有丰富的专业知识和服务技巧，但不能去卖弄。

4. 同理心

同理心就是要站在客户的角度去想问题，这样才能真正地理解客户的想法和处境。简单来说，就是将心比心。擅长表达同理心的人，在服务工作中往往会更受欢迎。可采用以下同理心增强技巧：

（1）养成仔细观察对方面部表情的习惯。比如愤怒的时候会皱眉，咬牙，紧绷双唇；惊讶的时候会高高挑起眉毛，嘴巴和眼睛大大张开等。

（2）要练习主动倾听和复述观点的能力。常用的示范用语包括"我这样理解对吗？""您刚才表达的是这个意思吗？"也可以去尝试反馈和确认对方情绪，比如"您很生气，是吗？"通过复述肯定客户的情绪，有助于进一步沟通。

5. 热情

什么是服务工作的首要条件？不是服务技能，而是服务的愿望，即热情。服务技能可以培养，服务的热情需要一个人真正热爱自己的职业，才能迸发出巨大的动力和热情，才能在平凡的岗位上做出不平凡的事业。热情的态度会传递给周围每一个人，会营造出温馨融洽的氛围，让客户对你顿生好感。客户永远喜欢与能够带给他快乐的人交往。

6. 团队精神

客户服务强调的是一种团队合作。企业的客服人员，需要互相帮助，必须要有团队精神。团队合作精神强的队伍特别有凝聚力，每一个人不是为了表现自己，争取自己的利益，而是为了把整个企业的客服工作做好。每一个客服人员都是团队的一分子，从我做起，当每一个人都首先在思考"我可以给团队带来什么"的时候，这就是一个特别有凝聚力的团队了。

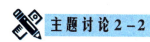主题讨论 2-2

素材 4

看了这个故事以后，你可以理解什么是同理心吗？你能举一个例子说明吗？

同理心

在美国，曾经发生过这样一件事情：

有一位小学学童，因为身体感觉不适，经医师详细检查后，确认他患了癌症。接踵而来的，是一连串更详细的检查与治疗。当然其中也包括了人人闻之色变的化学治疗。在不断地使用化学针剂治疗之后，癌细胞的蔓延受到了控制。但化学治疗强烈的副作用也伴随着产生，这位小病童的头发开始大量掉落，一直到他的头上不留一根头发。随着出院的日子一天天接近，小病童的心中除了欣喜之外，更有着一丝隐隐的担忧——考虑自己是否应该戴上假发回学校上课，一则为了自己光秃的头而自卑，再则也怕自己光头的新造型吓坏了同学。

回学校那天，母亲推着轮椅，送他走进教室那一刻，母亲和他不禁张大了口，惊喜得发不出声音来。只见全班同学全都理光了头发，连老师也顶着大光头，热烈地欢迎他回来上课。我们的小病童一把扯去假发，大叫大笑，从轮椅上一跃而起。

据说，这是一则真实的故事。同时也像一则温馨的现代寓言。

故事中病童的同学和老师，真正展现了最高境界的安慰艺术。最好的关怀与抚慰，绝对不仅在言语之间，更重要的是能设身处地站在对方的立场，细心体会受抚慰者实际的需要。

借着这种深具同理心的关爱，不但能安慰对方不安甚至沮丧的心情，使之得到舒缓，同时，更能进一步燃起他心中爱的力量，从而激励起无限的潜能。

真正的关怀且能付诸行动，是超越仅用言语所阐释的境界之上的。故事中的老师和同学们，他们确实做到了这一点，同时也给了我们一个很好的方向及目标。

客户服务人员要记得多付出我们真诚的关爱，并基于同理心的基础上，用实际的行动表达出来。

二、服务心理素质

服务心理是指服务人员在工作过程中的心理活动。它包括服务人员是否能正确认识自己的工作性质、是否尊重并热爱这份工作、是否愿意为客户提供服务、是否能精力充沛地工作、工作中是否积极主动、当情绪低落时是否可能将自己不愉快的心情带给客户等，所有这些都能体现服务人员自身的素质。

1. 客户服务人员应具备的心理素养

（1）主动。主动服务是指客服人员从友善愿望出发，真心诚意地为客户服务。这种服务心理是可以通过培养形成的。增强主动性的技巧有：细心观察客户的身体语言，主动服务；主动沟通，了解客户的消费习惯。通过合适的交流发现客户的特点、兴趣和爱好，才能有针对性地推介产品和服务项目，才能突出某项产品和服务的优越性，供客户参考，引导客户做出理性选择；自觉主动积累服务内容相关知识，给客户更全面的解答，客户的问题往往超出客服人员本身的职责和经验范围，因此需要平常主动多积累。

（2）耐心。耐心是服务的基础，表现在对本职工作的热爱，对客户提出的各种各样的要求能尽力满足。面对背景差别很大的客户，不能千篇一律去应对，唯有耐心是互通的基石。不管我们的服务对象是谁，他们做的是对还是错，他们的态度是好还是坏，我们都应该做到耐心。只有耐心，客服人员才能真正了解客户的需求，为他们提供满意的服务，获得更多的信赖，创造更高的忠诚度。

（3）周到。服务在于细节，注意细节，全方位地为客户着想。从细节打动客户，于微小处感动客户，给客户更真实的情感体验，这是服务发展的方向。

2. 客户服务人员情绪调控

常见的情绪包括爱、感恩、同情、幸福、快乐；愤怒、失望、沮丧、难过、抑郁、无奈；担心、焦虑、害怕、恐慌；痛苦、怨恨、悲伤等。每个人都有压力，每个人都要学会情绪调节。学会情绪调节的核心是去掉非理性的、不合理的信念，建立正确的信念，从而获得积极的情绪。减轻压力的基本原则可以从以下几个方面去把握：

（1）多从积极正面角度去思考问题。当自己情绪的主人，不要被负面的想法牵着鼻子跑。

（2）时时把自己当人看。不要把自己当成是机器。要适时脱离电脑或网络，建立规律的生活作息，自我控制饮食和体重，多到户外亲近大自然。

（3）要有自己的社会支持系统。除了工作外，还有健康、家庭、朋友和灵魂，这些我们都该给予重视。当每个人都有情绪沟通的渠道时，无论喜怒哀乐都有人与你分享或听你倾诉，就不会觉得心灵上孤独无助。

（4）培养放松自己的技巧。人可以由训练而掌握放松的技巧，如通过自我催眠、瑜伽、腹式呼吸法、肌肉放松训练法等来学习放松，有些人练书法、浇花、养鱼，也可以达到放松的目的。无论放松技巧如何，重点都在于经过一段时间的沉静，自己有机会反思、整合、再充电。

可以试试以下方法：

①在桌上摆放一些自己喜欢的漫画和幽默笑话故事书，随时翻阅能够提起精神。

②一些香味可以引发令人放松的脑电波，起到镇静作用。不妨闻一闻薰衣草或绿苹果等。

③为了使颚部或颈部紧张的部位得到放松，可以嚼一嚼口香糖，吃些苹果等。

④闭上双眼，让思绪飘向自己喜爱的地方——海滩、高山、森林。想象暖和的阳光、轻拂的微风、摇曳的树叶，重温美丽的景色和惬意的感觉。当你再一次睁开双目时，一定会感到心旷神怡，格外放松。

⑤走动、运动有助于恢复能量。进食或者咖啡因或许能提供暂时能量，但30分钟后会感到更紧张，致使精力下降。

⑥为了减轻压力，减轻紧张，总想独自一人待着。其实，如果有别人在场，特别是身边有那些承受类似压力的人，你会发现自己能更好地应付压力。

⑦掌握一种放松的技巧。例如，沉思、适当放松肌肉（从脚趾头依次放松身体的每一个部位）、自我催眠术等。实验表明，每天做一套放松操，两个星期坚持下来必定会效果显著——肌肉面对压力时能得到放松，导致压力增加的激素释放将被遏制。

⑧摒除杂念，努力学会彻底放松。倘若发现自己满脑子装的都是失败，不妨幻想一下通往成功的那一刻的精彩场景。

单元三　客户服务人员的卓越职业形象

客户在接受客服人员的服务时，他通常是通过这位客服人员的外表形象来进行初步判断的，这是服务有形度的重要体现。也就是说，他会通过一个人的外表来判断给他提供服务的人员是否是专业的。一个优秀的客户服务人员，往往具备得体的着装、优雅的气质，处处显得干净利索、恰到好处，会给人留下美好的印象。

一、容貌卫生

对于客服人员来说，对外貌适当地修饰十分重要，它体现的是良好的精神面貌和积极乐观的工作态度。

1. 发型

发型的基本要求是庄重、整洁、大方。注意头发的卫生，经常清洗，保持良好的卫生习惯，使头发干净发亮，身上没有脱落的头发和头屑。男士鬓角不超过耳部，头发前额不触及眉眼，脑后不触及衣领，不可留长发、怪发，不宜剃光头，要经常修理头发。女士头发不能太长，不要使用颜色太鲜艳的发夹；染发接近黑色，女士的头发应视身高、年龄、职业而异，一般以短发和盘发较为适宜。

2. 面容

保持面部的洁净，进行适当的外貌修饰，使人感到大方、端庄、有活力。男士应每天修面，不可留大胡子，鼻毛也应剪短；女士化淡妆，坚持自然、淡妆的原则，不得浓妆艳抹或使用气味太强烈的化妆品。保持眼部清洁，室内不可戴墨镜。无论男女，在干燥的季节里还要特别注意面部的保养，以保持面部的滋润和清洁。

3. 指甲

保持指甲的清洁，必须经常修剪和清洗，男士不能留指甲，女士指甲的长度以自己张开手，从手心这一面看不到指甲为宜，不能涂色彩太浓的指甲油。

4. 个人卫生

素材 5

自我检查：公众场合你有这些不良习惯吗？

个人卫生是个人精神面貌的体现，个人卫生方面要做到"三勤"，即勤洗澡、勤换衣服、勤漱口；注意口腔卫生，坚持刷牙，刷牙最好做到"三个三"，即每天刷三次，饭后三分钟进行，刷牙用时三分钟；忌吃葱、大蒜、韭菜、臭豆腐等能引起口臭的食品，口腔有异味的人员应采取适当的方法克服，可以含茶叶或嚼口香糖以除异味。不要在人前"打扫个人卫生"，如剔牙齿、掏鼻孔、挖耳屎、修指甲、搓泥垢等，这些行为都应该避开他人进行，否则，不仅不雅观，还不尊重他人。

二、女士妆容

1. 化妆

化妆是运用化妆品和工具，采取合乎规则的步骤和技巧，对人的面部、五官及其他部位进行渲染、描画、整理，增强立体印象，从而达到美容目的。

对于从事服务工作的女性来说，化妆要少而精，强调和突出自身具有的自然美部分，减弱或掩盖容貌上的缺陷。一般以淡妆为宜，不能浓妆艳抹，并避免使用气味浓烈的化妆品。

（1）化妆色彩要与自己的肤色相协调，色彩要淡雅、和谐统一，给人以美的享受。女士一般希望面部化妆得白净一点，但不可在化妆后明显改变自己的肤色，应与自己原有肤色恰当结合，这样才会显得自然、协调。

（2）化妆区域应与自己的脸型相协调。脸宽者，强调五官时可适当集中一些，描眉、画眼、涂口红、拍腮红要尽量集中在中间，以收拢缩小面部，使脸形显得好看些；脸窄者，修饰五官时可适度放宽，比如眉心距离可以适当拉大一些，着重强调外眼角等。

（3）化妆浓淡应根据时间、场合来定。妆面一般可分为浓妆和淡妆两种。白天多为工作和学习时间，适宜化淡妆，显示出青春活力和淡雅的气质；而晚上多为休闲和社交时间，可以根据场合选择浓妆，在暗淡的灯光下更显出健康的肤色和美丽。

2. 化妆的基本步骤

化妆可分为基础化妆和重点化妆。基础化妆是指整个脸面的基础敷色，包括清洁、滋润、收敛、打底与扑粉等，具有护肤的功用。步骤如下：

（1）洗面。用适合自己皮肤的冷霜或洗面奶彻底清除脸部污物、油垢。

（2）拍收缩水（化妆水）。将其轻轻拍于面部，给皮肤补充水分和营养，软化角质，使细小皱纹收敛。

（3）涂抹营养霜。按不同肤质选用营养霜，但用量宜少，让皮肤透气。

（4）涂抹粉底。涂抹少许粉底霜或粉底液在面部，均匀涂抹，调整肤质和肤色。

（5）定妆。轻扑香粉于脸上，但一定要薄，似有似无。

重点化妆是指眼、睫毛、眉、颊、唇等器官的细部妆扮，通过化妆，能增加容颜的秀丽并呈现立体感。

眉：修眉、画眉时，眉毛要强调自然美，眉形的设计要适合眼睛的形状才会相得益彰。化淡妆时，脸型和眼睛形状较好时可不画。化浓妆时，用蓝色、灰色、黑色或棕色的眼线膏，将眼皮外眼角描得面积宽些，越向上描得越淡，逐渐消失；眼皮薄者描浓些、深些会显得更有精神。

眼：在睫毛上下根部用眼线笔画出细长线，眼睛会显得大而精神。

腮红：涂腮红要因人而异，不可千篇一律。长脸形适宜横涂，宽脸型宜直涂，瓜子脸型则以面颊中偏上处为重点，然后向四周散开。腮红的颜色，白天宜选用玫瑰红或粉红，晚间宜选用曙红。

口红：涂口红可增加唇部的血色感。一般宜选用接近嘴唇的颜色，如淡紫红色，既真实又鲜明，增加活力和美感。黑色或紫色唇膏对于从事服务工作的女士来说是不可取的。

整体检查：检查化好的妆面是否干净、是否对称。

三、职业化着装

1. 色彩搭配

除了整体着装和配饰的要求外，配色也是很重要的细节问题。例如，领带和外套的搭配、服饰和鞋子的搭配等，要讲究配色，要体现出品位和优雅，具有整体性。如果条件允许的话，在企业的第一线窗口服务的人员应该统一着装，让客户第一眼可以看到，专业感会更强。真正重视服务的企业一般都统一着装，这些方面从细微处反映了企业的精神。

新视野 2-1

生活中的色彩

不同颜色代表不同的意义，不同颜色的服饰穿在不同人的身上会产生不同的效果。

红色是一种强烈的色彩，它是暖色调中的代表，给人火一样的印象，表达着丰富充沛的精力和热情奔放的感情。作为一种色彩，它具有刺激人并使之兴奋的能力。

黄色意味着健康、单纯、轻快、亮丽，耀眼明丽的黄色容易使人产生健康明朗、温暖素净的感觉。中国古代封建社会只有皇帝才可以穿黄袍。

蓝色是一种容易令人产生遐想的颜色，属于冷色调。这种同大海、天空一样的色彩，将人引入深邃与宁静，集中精力看这种颜色，会给中枢神经以沉静的效果。从感觉上讲，深蓝色宁静、深邃，严肃认真，淡蓝色柔和并有甜美的感觉。

绿色充满希望与生机，浅绿色娇嫩而富有生气，深绿色则给人安逸、稳重之感，总之，绿色能带来生气、平静、优雅和希望。

黑色显露出庄重、沉闷以及高贵的气质，同时也是一种消极压抑的颜色。在视觉效果上它同白色正好相反，紧缩、沉重，黑色具有吸收、隐匿一切的特性。

紫色属于冷色调，它往往在不经意间带来一丝冷淡而又高贵的格调，有些民族与某一时代用它象征权力的高贵，但也有某些民族视紫色为一种有毒（恶）的象征。因为紫色具有神秘感、诗意及高贵气息，而备受女性偏爱。然而，紫色在感觉上又表示缺乏判断力，是一种浪漫但不成熟的象征。

白色令人联想到纯洁、朴素和神圣，但它在视觉效果方面会令人产生膨胀之感。

灰色是一种温和色，几乎同任何色彩都不冲突。但它所表现的温和缺乏一种活泼性质，是一种没有鲜明个性以及活力的颜色。

没有不美的色彩，只有不美的搭配。服装要讲究色彩搭配，服装配色包括同类配色、相似配色和衬托配色。

（1）同类配色。同类配色是一种最简便、最基本的配色方法。同种色是指一系列的色相同或相近，由明度变化而产生的浓淡深浅不同的色调。同种色搭配可以取得端庄、沉静、稳重的效果，适用于气质优雅的成熟女性。但必须注意同种色搭配时，色与色之间的明度差异要适当，相差太小、太接近的色调容易相互混淆，缺乏层次感；相差太大、对比太强烈的色调易于割裂整体。同种色搭配时最好深、中、浅三个层次变化，少于三个层次的搭配显得比较单调，而层次过多易产生烦琐、散漫的效果，如红色调的同种色搭配，可由玫瑰红呢料裙、驼红色羊毛衫、深紫红色皮鞋、石榴红耳环及淡妆组成。

（2）相似配色。所谓相似色系是指色环大约在90度以内的邻近色，如红与橙黄，橙红与黄绿，黄绿与绿，绿与青紫等，都是相似色。相似色服装搭配变化较多，且仍能获得协调统一的整体效果，颇受女性青睐。相邻配色是利用色谱上相邻近的色彩进行搭配的一种方法，比如白色和浅灰色的搭配。

（3）衬托配色。衬托配色的特点是服色搭配上以其中一种颜色衬托另外一种或两种颜色，各种颜色不失各自的特点，相映生辉。理想的配色有：绿色－黄色、粉红－浅蓝、深蓝－红色、深蓝－灰色、黑色－浅绿、黄褐－白色、橄榄绿－红色、橄榄绿－骆驼灰。

一般来说，黑、白、灰是配色中的安全色，它们最容易与其他颜色搭配并取得良好的效果。

服装色彩的运用还能使人产生错觉，收到令人满意的效果。例如，浅色服装有扩张作用，瘦人穿用可产生丰满的效果；深色服装给人以收缩感，适宜胖人穿用。

2. 服装选择

（1）制服。制服是标志一个人从事何种职业的服装，穿着醒目的制服不仅是对宾客的尊重，而且便于宾客辨认，故又称岗位识别服，同时也使穿着者有一种职业的自豪感、责任感和可信度，是敬业、乐业在服饰上的具体表现。穿着制服必须做到以下几点：

一是清洁。工作中所穿着的制服难免会被弄脏，这没什么大不了，应该注意的是要时刻留意制服的干净整洁。一旦发现有地方被弄脏了应当及时换洗。总的来说，对制服定期或者不定期地换洗，应该成为每一位商务人员维护自我形象的自觉行为。

二是整齐。由于各制服的面料不同，并非所有的制服都能够线条笔直、悬垂挺阔。但是制服外观不该有皱皱巴巴的明显痕迹，这对于所有的员工来说是必须做到的。无论从何角度来说，身穿一套褶皱明显的制服，都很难赢得他人的尊敬，只能赢得窝囊邋遢、消极颓废、懒惰不堪、不修边幅之类的评价。

三是规范。要使制服真正发挥出其特有的功效，穿着者必须认真地依照着装规范行事。一些人虽然按规范穿了制服，但是却是随便乱穿。比如敞胸露怀、不系领扣、高卷袖筒、挽起裤腿、乱配鞋袜、不打领带、衬衫下摆不束起来等。如此种种做法，都有损制服的整体造型。客观地讲，这些做法的危害性并不亚于不穿制服。

（2）便服。着任何便服都应做到简朴典雅、和谐统一，并注意四个协调。

其一，穿着要和年龄协调。不同年龄的人有不同的穿着要求，一套深色的中山装，穿在中老年人身上会显得成熟和稳重，穿在青少年身上则会显得老气横秋。少女穿超短裙会显朝气蓬勃、热情奔放，少妇穿超短裙则不免有轻佻之感。

其二，穿着要和体型协调。不同的人，身材有高有矮，体型有胖有瘦，肤色有深有浅，穿着要因人而异、扬长避短。

其三，穿着要和职业协调。政府机关干部是人民的公仆，穿着打扮宜大方朴素；教师有为人师表的职责，不宜穿奇装异服和打扮得花枝招展。

其四，穿着要和环境协调。在喜庆场合不能穿得太古板，在庄重场合不能穿得太随便，在悲伤场合不能穿得太刺眼，平日居家穿着可以随意一些。

（3）西装。男士西装是社交场合的重要穿着，不仅表现出个人的品位和气质，而且是自尊与尊重对方、体现自身修养，特别是礼仪修养的充分展现。人们常说："西装七分在做，三分在穿。"穿西装的要求有：

一是要拆除衣袖上的商标。

二是要熨烫平整，使其显得平整而挺括，线条笔直。

三是要扣好纽扣。西装有单排扣、双排扣之分。双排扣西服一般要求把全部纽扣系上或全部敞开，以示庄重或潇洒。单排三粒扣习惯上系中间一粒或第一、二粒扣；两粒扣的只系第一粒扣，或全部不系。如在正式场合，则要求把第一粒纽扣系上，坐下时方可解开。

四是穿西装时，一定要悉心呵护其原状，不卷不挽。在公共场所，千万不要当众随心所欲地脱下西装上衣，更不能把它当作披风披在肩上。无论如何，都不可以将西装上衣的袖挽上去。一般情况下，随意卷起西裤的裤管是不符合礼仪的表现。

五是要慎穿毛衫。西装要穿得有"型"有"味"，除了衬衫与背心之外，在西装上衣之内，最好不要再穿其他任何衣物。如寒冷难耐，可在西装上衣之内穿上一件薄型"V"领的单色羊毛衫或羊绒衫。但千万不要去穿色彩、图案十分繁杂的羊毛衫或羊绒衫，也不要穿扣式的开领羊毛衫或羊绒衫，更不能同时穿上多件羊毛、羊绒衫、背心，甚至再加一件手工编织的毛衣。

六是要巧配内衣。西装的标准穿法，是衬衫之内不穿棉纺或毛织的背心、内衣。穿西装不穿衬衫而以T恤衫直接与西装配套的穿法是极不符合礼仪规范的。

因特殊情况必须在衬衫之内加穿背心、内衣时，必须注意：数量以一件为限；色彩必须与衬衫的色彩相仿；款式上应短于衬衫，其领型以"U""V"领为宜；留心别使内衣的袖管暴露于别人的视野之内。

七是为保证西装在外观上不走样，应当在西装的上衣、背心、裤子、内衣等口袋里少装东西，或者不装东西。西装上衣左侧的外胸袋除可插入一块用以装饰的真丝手帕外，不准再放其他任何东西，尤其不应当别钢笔、挂眼镜。西装上衣内侧的胸袋，可用来别钢笔、放钱夹或名片夹，但不要放过大或过厚的东西或无用之物。西装外侧下方的两只口袋，原则上以不放任何东西为佳。

八是与鞋、袜配套。正式场合和工作场合穿西服一定要穿皮鞋，不能穿旅游鞋、轻便鞋、凉鞋和雨鞋，也不能穿白色袜子或色彩鲜艳的花袜子，切忌穿半透明的尼龙或涤纶丝袜。俗话说："鞋袜半身衣。"就是说，光有好看的衣着是不够的，还要配上合适的鞋袜，穿着才算完美。男子穿黑色皮鞋、深色袜子，显得庄重大方，鞋跟不要超过3厘米，也不得赤足穿凉鞋；女子穿中跟皮鞋显得精神和健美，鞋跟一般不要超过4厘米，穿的袜子袜口不能露在衣裙之外。皮鞋要上油擦亮，袜子要经常换洗。有脚汗的人更要注意自己鞋袜的干净，以免产生异味，令人讨厌。

目前，有很多公司都要求员工穿着整齐的制服。但是，还应该注意到配套的皮鞋、发型等多个方面，才能体现出整体性。例如空中服务人员，基本上都梳着相似的发髻，看起来神采奕奕、整洁清爽，给乘客舒适、愉快的感觉。

3. 首饰佩戴礼仪

饰物佩戴的目的是提升人的气质，增加美感，达到"锦上添花"的效果。首饰的种类很多，为人们所熟识的首饰主要有戒指、项链、手镯、胸花等。近年来，佩戴首饰已成为服饰中的重要组成部分。需要注意的是，首饰的佩戴，绝不应一味地堆砌，认为多多益善，而应考虑诸多方面的问题，遵循一定的礼仪要求。佩戴首饰应注意以下礼节：

素材6

服务规范形象图示

（1）应当遵从有关的传统和习惯，在社交场合，最好不要靠佩戴首饰去标新立异。

（2）不要使用粗制滥造之物。在社交场合中，不戴首饰无所谓，要戴就应戴质地、做工俱佳的。

（3）佩戴首饰要注意场合，上班期间应不戴或少戴首饰。运动、旅游、出门拜访时不宜戴太多的首饰。只有在交际活动中佩戴首饰才最为合适。

（4）佩戴首饰必须考虑性别差异。一般情况下，女士可以戴两种或两种以上的首饰，而男士只宜佩戴结婚戒指一种。

（5）佩戴戒指的原则。首饰中，戒指的戴法最有讲究。戴在不同的手指上传递着不同的信息，表示不同的寓意。

4. 服饰的礼仪要求

（1）适体性原则。要求仪表修饰与个体自身的性别、年龄、容貌、肤色、身材、体型、个性、气质及职业身份等相适宜和相协调，力求反映一个人的个性特征。选择服装因人而异，着重点在于展示所长，遮掩所短，显现独特的个性魅力和最佳风貌。

（2）TPO原则。TPO是英文中Time、Place、Object三个单词的英语字母缩写。"T"指时间，泛指早晚、季节、时代等；"P"代表地方、场所、位置；"O"代表目的、目标、对象。TPO原则是目前国际上公认的衣着标准，遵循这一着装原则，就是合乎礼仪的。

（3）整体性原则。要求仪表修饰先着眼于人的整体，再考虑各个局部的修饰，促成修饰与人自身的诸多因素之间协调一致，使之浑然一体，营造出整体风采。正确的着装，能起到修饰形体、容貌等作用，形成和谐的整体美。服饰美就是从多种因素的和谐统一中显现出来。

（4）适度性原则。要求仪表修饰无论是修饰程度，还是在饰品数量和修饰技巧上，都应把握分寸，自然适度，追求虽刻意雕琢而又不露痕迹的效果。

四、言语、仪态规范

1. 站姿

要求：自然，轻松，优美，挺拔。

要领：站立时身体要端正、挺拔，重心放在两脚中间，挺胸，收腹，肩膀要平，两肩要平、放松，两眼自然平视，嘴微闭，面带笑容。平时双手交叉放在体后，与客人谈话时应上前一步，双手交叉放在体前。女士站立时，双脚呈"V"字形，双膝及脚后跟均应紧靠。男士站立时，双脚可以呈"V"字形，也可以双脚打开与肩同宽，但应注意不能宽于肩部；站立时间过长而感到疲劳时，可一只脚向后稍移一步，呈稍息状态，但上身仍应保持正直。

注意：站立时不得东倒西歪、歪脖、斜肩、弓背、O型腿等，双手不可叉腰，也不能抱在胸前或插入口袋，不可靠墙或斜倚在其他支撑物上。

2. 坐姿

在接待客户时，坐姿要求如下.

坐姿要端正稳重，切忌前俯后仰、半躺半坐、上下晃抖腿，或以手托头，俯伏在桌子上。不论哪种坐姿，女性都切忌两腿分开或两脚呈八字形；男士两腿可略为分开，但不要超过肩宽。若需侧身说话，不可只转头部，而应上体与腿同时转动面向对方。

3. 走姿

要求：充满活力，自然大方，神采奕奕。

要领：行走时，身体重心可稍向前倾，昂首，挺胸，收腹，上体要正直，双目平视，嘴微闭，面露笑容，肩部放松，两臂自然下垂摆动，前后幅度约45度，步幅要适中，一般标准是一脚踩出落地后，脚跟离未踩出脚脚尖的距离大约是自己的脚长。行走路线前进，女员工走一字线，双脚跟走成一直线，步子较小，行如和风；男员工行走双脚跟走成二条直线（尽量靠近），迈稳健的大步。行走时路线一般靠右行，不可走在路中间。行走过程遇客人、上司时，应自然注视对方，点头致意，并主动让路，不可抢道而行。如有急事确需超越时，应先向客人、上司致歉后才加快步伐超越，动作不可过猛；在路面较窄的地方与同事、客人相遇时，应将身体正面转向客人；在前面引导来宾时，要尽量走在宾客的侧前方。

注意：行走时不能走"内八字"或"外八字"。不应摇头晃脑、左顾右盼、手插口袋、吹口哨、慌张奔跑或与他人搭肩搂腰。

4. 蹲姿

要拾取低处物品时，不能只弯上身，跷臀部，而应采取正确蹲姿。下蹲时两腿紧靠，左脚掌基本着地，小腿大致垂直于地面，右脚脚跟提起，脚尖着地，微微屈膝，移低身体重心，直下腰拿取物品。

5. 手势

要求：优雅，含蓄，彬彬有礼。

要领：在接待、引路、向客人介绍信息时，要使用正确手势，五指并拢伸直，掌心不可凹陷（女士可稍稍压低食指）。掌心向上，以肘关节为轴。眼望目标指引方向，同时应兼顾客人是否明确所指示的目标。

注意：不可只用食指指指点点，而应采用掌式。

6. 言谈

在社交场合，语言是最便捷的信息传递手段。它在现代社会交际中的重要性越来越明显，作为客服人员，更要注意言谈的基本技巧和礼仪要求。

（1）要注意语境。语境指言语交谈时的个体环境，既包括时代、社会、地域、文化等宏观层面，也包括沟通双方当时的地位、处境等微观层面。与人交谈时，第一要看对象，了解对方身份、地位、背景、文化传统、经历及性格等因素，讲话也要符合对方的特点；第二要看场合，不同场合有不同的说话方式；第三要注意气氛调节，尽量谈一些双方都感兴趣的话题。

（2）注意谈话内容。谈话内容合乎礼仪。不探寻他人隐私，不谈论荒诞离奇的事情，不谈论国家内政和民族宗教信仰等，要言而有信，不轻易打断别人谈话，尊重每个人，涉及对方反感的内容要善于转移话题。

（3）要注意谈话形态。与人交谈时，应有礼貌地坐着或站着，目光和表情也要热情和专注。不要显示出不耐烦的样子。

（4）要注意谈话的艺术。第一要注意语调，要展示语调的真诚、自然、稳重、轻柔；第二用词要文雅。客服人员对外交往中要多用礼貌用语。

（5）要正确运用身体语言。交际中，恳切、坦然、友好、坚定、宽容的眼神，会给人亲近、信任、受尊敬的感觉。而轻佻、游离、茫然、阴沉、轻蔑的眼神会使人感到失望，有不受重视的感觉。

7. 客服人员言谈举止注意事项

（1）在办公区内行走或工作，遇同事、客人应得体、礼貌地打招呼、问好。

（2）注视客人的眼神应是热情、礼貌、友善和诚恳的，不能用涣散呆滞的眼神或直盯对方；客人经过以后，不能一直盯着客人的背影，而应用眼角的余光观察客人。

（3）要对所有的人一视同仁，不能以种族、肤色、宗教信仰、衣着打扮、相貌取人，不得讥笑、议论、指点身体有缺陷的人，应主动提供特别服务。但如同事、客人不愿意接受特殊照顾时，亦不要勉强。

（4）与客人、上司同乘电梯，应主动按住电梯，让他们先进，并侧身站在电梯内靠近门的位置，替客人用手指轻按电梯键，严禁用锁匙、雨伞等物件按电梯按钮。出电梯时，让他们先出，其中女士优先，切不可抢门而出，以免发生撞挤现象。电梯口遇熟悉客人要进入电梯时，应主动替客人按电梯，待客人进入电梯，门关闭后才离去。

（5）进出门遇到上司、客人时，应站立在一旁，先让上司、客人进出，如果方便的话，还应为上司、客人拉门。

（6）上下楼梯时，应端正头部，挺胸，弯膝，伸直脊背，轻移脚步，与客人或上司同上楼梯，客人或上司在前，下楼时，客人或上司在后，多人同行时，应让客人或上司走在中间，以便随时提供服务；乘扶手梯时，应靠右站立，以便等待行人在左侧行走。

（7）进入上司或客户的办公室时，应先用右手的食指和中指的中关节轻敲门二至三声，一般情况下，应问"我可以进来吗"，待应允后方可进入。不论何种情况，如果上司、客人正在接电话或会客，在客人未示意留下时，应主动退出门外等候。不论门是开着还是闭着，均应敲门，不得随便鲁莽闯入；不可乱翻动上司、客人的物品、文件等。事毕后尽快离开，并把门轻轻带上。

（8）接受或交还同事、客人的物品，均应用双手承接、奉还。

（9）应避免在公众场合吐痰，如需吐痰时，应将痰吐在纸巾里，包好后扔在垃圾桶里，不能直接向垃圾桶吐痰。

五、电话礼仪规范

对于客户服务人员来说，电话服务包括多种情况，下面会给出每种情况下应该怎么做和不应该怎么做。

1. 重要的第一声

声音清晰、亲切、悦耳，使用礼貌用语。如："你好这里是××"，应有"我代表公司形象"的意识。

不允许接电话以"喂，喂"或者一张嘴就不客气地说"你找谁呀""你是谁呀""有什么事儿啊"的情况出现，像查户口似的。

接听电话是个人素质的直接体现，维护企业形象，树立办公新风，让我们从接听电话开始。

2. 微笑接听电话

声音可以把你的表情传递给对方，笑是可以通过声音让对方感觉到的。

3. 清晰明朗的声音

打电话过程中不可以吸烟、吃零食、打哈欠，如果你弯着腰靠在椅子上，对方也能听出你的声音是懒散的、无精打采的。

通话中不可以与别人闲聊，不要让对方感到他在你心中无足轻重。

给予任何人同等的待遇，一视同仁、不卑不亢，这种公平的态度，容易为自己赢得朋友，也有利于公司良好待人接物形象的宣传。

4. 迅速准确地接听电话

在听到电话响时，如果附近没有人，我们应该以最快的速度拿起话筒。这样的态度是每个人都应该有的，这样的习惯也是每个办公室工作人员都应该养成的。

电话最好在响三声之内接听，长时间让对方等候是很不礼貌的行为。

5. 认真做好电话记录

上班时间打来的电话都是与工作有关的，所以公司里每一个电话都很重要，即使对方要找的人不在，切忌只说"不在"，应做好电话记录。

电话记录牢记 5W1H 原则，即 When 何时，Who 何人来电，Where 事件地点，What 何事，Why 原因，How 如何做。电话记录既简洁又完备，有赖于 5W1H。

不要抱怨接到的任何电话，哪怕与你无关，做好记录是对同事的尊重，对工作的负责。

永远不要对打来的电话说："我不知道！"这是一种不负责任的表现。

如果电话是在响了五声后才接起，请别忘记先向对方道歉："不好意思，让您久等了。"

6. 挂电话的礼仪

通电话时，如果自己正在开会、会客，不宜长谈，或另有电话打进来，需要中止通话时，应说明原因，告知对方"一有空，我马上打电话给您"，免得让对方认为我方厚此薄彼。

中止电话时应恭候对方先放下电话，不宜"越位"抢先。一般下级要等上级先挂电话，晚辈要等长辈先挂电话，主叫等被叫先挂电话，不可只管自己讲完就挂断电话，那是一种非常没有教养的表现。

如遇上不识相的人打起电话没完没了，不宜说"你说完了没有？我还有事呢"，最好委婉、含蓄，不要让对方难堪，应讲"好吧，我不再占用您宝贵的时间了""真不希望就此道别，不过以后希望有机会与您联络"，等等。

7. 接到拨错的电话处理方法

如果接到拨错的电话如何处理？要保持风度，切勿发脾气、耍态度。

确认对方打错电话，应先自报家门，然后告知电话打错了。

如果对方道了歉，不要忘了说"没关系"，不应教训人家或抱怨。

六、名片使用规范

初次相识，往往要互呈名片。呈名片可在交流前或交流结束、临别之际，视具体情况而定。初次见到客户，首先要以亲切的态度打招呼，并报上自己的公司名称，然后将名片递给对方，名片夹应放在西装上衣内侧的口袋里，不应从裤子口袋里掏出。递、接名片时最好用双手，遇用单手时应用右手，名片的正面应向着对方，让客户易于接受。如果是事先约好才去的，客户已对你有一定了解，或有人介绍，就可以在打招呼后直接面谈，在面谈过程中或临别时，再拿出名片递给对方，以加深印象，并表示保持联络的诚意。接过对方名片后要点头致谢，不要立即收起来，也不应随意玩弄和摆放，而是认真轻读一遍，要注意对方的姓名、职务、职称，以示尊重。对没有把握念对的姓名，可以请教一下对方，然后将名片放入自己手提包或名片夹中，不宜放入衣服口袋。

名片除在面谈时使用外，还有一些妙用。如去拜访客户时，对方不在，可以将名片留下，客户回来后看到名片，就知道你来过了。向客户赠送小礼物致意时，如让人转交，则随带名片一张，附几句祝福恭贺之词，无形中关系又深了一层。

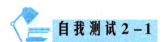

自我测试 2-1

服务潜能测试与改进计划

通过对客户服务潜能的测试，评价自己在客户服务方面的潜能，并设计针对提升自己的服务素养的行动计划表。

(1) 请参与者先做一份服务潜能测试，测试表见表2-1。

表2-1　客户服务人员的服务潜能测试表

我多数情况下能够控制自己的情绪	10 9 8 7 6 5 4 3 2 1	我很难控制自己的情绪
我能高兴地面对对我冷淡的人	10 9 8 7 6 5 4 3 2 1	如果别人对我不好，我当然不高兴
我喜欢大多数人并乐意与别人相处	10 9 8 7 6 5 4 3 2 1	我很难与别人相处
我乐意为别人服务	10 9 8 7 6 5 4 3 2 1	每个人都应该自力更生
即使我没错，我也不介意表示道歉	10 9 8 7 6 5 4 3 2 1	我没有错，就不应该道歉
我对自己善于与别人沟通感到自豪	10 9 8 7 6 5 4 3 2 1	我情愿以书面形式与别人交往
我善于记住别人的名字和面孔，并在与客户初次见面时努力提高这种本领	10 9 8 7 6 5 4 3 2 1	如果不会再见到某个人，为什么要用心去记住他的名字和面孔呢
我的微笑是自然流露的	10 9 8 7 6 5 4 3 2 1	不苟言笑是我的性格
我喜欢看到别人因为我而心情愉快	10 9 8 7 6 5 4 3 2 1	我没有取悦他人的天性，特别是那些我不认识的人
我常保持清洁，并喜欢装扮和修饰自己	10 9 8 7 6 5 4 3 2 1	我不喜欢"描眉画眼"，而喜欢随随便便

(2) 服务潜能测试是给自己的一个评分。这张客户服务潜能测试表，既可以由客户服务员工自己来填，也可以由客户服务经理来给员工填。填写时需要注意：不要把自己作为一个客户服务人员来看待。比如说你作为一个一般的人来讲，是不是应该控制自己的情绪。比如说你在日常生活当中，即使自己没错，也不介意道歉，如果是，就说是。填写这个测试表的时候，一定注意：自己生活当中是什么样子，就怎么填写。希望填出来之后它很真实。填完这个表格以后把总分相加，再评价自己在客户服务方面的潜能。

素材7

你当前的服务潜能是属于何种状态呢？

(3) 设计自己的行动计划。

在工作中优秀的客服代表是：根据自身情况，将上表中列出的每个条目分别填入下表中。

如果你在一项技巧上需要很大的改进，那么将它填入这一行	
如果你在一项技巧上熟练程度一般，那么将它填在这里	
填入这一行里的是你掌握的最好的技巧，它们是你工作的财富	

写出你的行动计划：_____

实践运用

[实训项目二] 客户电话回访训练

一、实训目的

通过对客户进行电话回访，加强与客户的沟通与联系非常重要，能为企业提供有效的信息支持。

二、实训要求和内容

（1）由学生自愿组成小组，每组 3~4 个人，利用课余时间选择 1~2 家知名企业或店铺进行调查与访问。

（2）内容：①针对具体的知名企业制订回访方案。

②进行电话回访。

③填写回访记录。

④制作回访报告表，更新客户信息资料。

三、实训成果与检测

（1）每组提交回访视频。

（2）调查访问结束后，组织一次课堂交流与讨论。

项目三 客服人员有效服务技巧

学习目标

知识目标

1. 掌握微笑服务的内涵及要求；
2. 了解察言观色的必要性，掌握察言观色的内容；
3. 掌握倾听的原则和步骤；
4. 掌握服务有关说话技巧；
5. 掌握服务有关销售话术。

能力目标

1. 能够在服务中准确运用微笑和赞美；
2. 能够读懂客户的身体语言；
3. 善于运用倾听、复述和提问技巧；
4. 能够熟练运用表达技巧；
5. 能够熟练运用销售话术。

项目导学

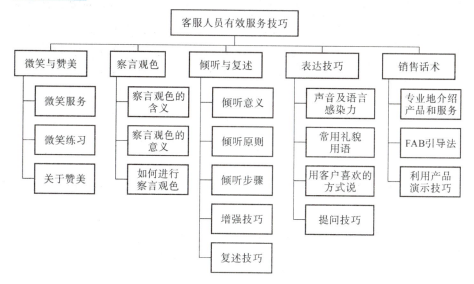

素材 1

新客服系统践行图示。

素材 2

你认为作为一名客服人员，需要哪些基本功？

案例引入

未来十年客服发展

我不想再听到"人工座席正忙"；

我是特殊的，我渴望定制化；

不要我讲出来，希望你们懂我；

我希望客户服务随叫随到；

黑科技客服似乎很不错……

中国市场正从"忠诚度"进入"关联度"时代。83%的中国 CEO 表示，客户期望受关联度体验的影响正越来越大，打造超高消费者关联度是实现企业可持续增长的关键。要想提高关联度，企业需要能及时地感知客户需求，并能以敏捷的身段持续满足不断变化的客户需求。新客服以数字化、智能化技术作为核心驱动力，打通用户、服务、业务之间的链接，重构服务价值链，服务管理模式全面升级，实现用户价值最大化。金融、零售电商、旅游出行等行业是新客服重点细分领域。

新客服要为客户提供更加智能化、人性化、个性化的服务体验，需要一整套完备的业务体系支持，我们可以将新客服业务体系归纳为三个核心（源头、端、人工解决）、两大枢纽（服务预测、服务调度）、两套体系（产品体系、数据体系）和一个闭环，并需要辅之以相应的客服组织形态助推整个业务体系运行。数智驱动的新客服通过技术手段更准确扫描客服运营全景并预判、识别客户服务诉求，使得客户中心资源的调配使用更加精确，业务受理更加高效，降低了客户等待时长，并提升了自助服务占比和人工服务接通率，这使得客户和企业的投入双双降低。新客服使优质服务从少数人的体验感受，变成普惠式的客户价值，真正实现了客户服务触手可及。预测及调度体系可智能化分流客户诉求至自助，让企业能以有限的资源服务更多的客户。

从生活场景到客户需求，再到项目产品，服务正日益深入到客户的真实生活。与此同时，从售前到售后，客服中心的职能定位也日益复杂，这就对客户服务提出了新的高要求。新客服将客户体验延展到客户业务全价值链及客户生命周期，并运用数字化手段深入到客户真实生活场景中，为客户提供更好的服务。新客服系统中 AI 客服极大地提高了客服中心的效率，客服岗位人员急需丰富自己的能力，基础业务能力包括客服服务全过程需求的沟通技巧、销售技巧、纠纷投诉处理要点等；客服管理能力则包括了人员招聘、绩效管理、服务质量管理等。

启发思考

这份报告告诉我们,运用数字智能化手段洞察客户意图,具备熟练的业务技能和丰富的管理者知识,将智能决策与人工决策相结合,才能够胜任新客服理念下的工作。身处客户交互最前沿,具备服务、运营、产品、数据、业务能力的新客服人,面带微笑,主动服务,说好第一句话,想客户所想,做客户所盼,才能为客户打造高关联度的服务体验。

(资料来源:编者根据埃森哲和蚂蚁金服联合发布的《2019新客服白皮书》整理)

素材3
PPT也精彩

项目三 PPT

单元一 展现有魅力的微笑

客户服务人员沟通基本功包括看、听、说、笑、动。看,就是要学会对客户察言观色;听,即是学会倾听客户的心声;说指的是在与客户交谈的时候学会委婉的表达,并且善于询问发现客户的需求点,善于促成交易;笑,就是指面带微笑,主动服务;动,是指实际行动。这五项基本功环环相套,是一个有机整体。

脸部表情除了眼神,经常保持微笑也是非常重要的。俗话说,"微笑是打开人们心扉的世界通用语言",是社交的通行证、人际交往的润滑剂,它可以马上拉近人与人之间的距离。有时一个微笑只是一瞬间,但人们对它的记忆却是永恒。

一、微笑的定义

微笑是轻轻地笑,带有笑容,动作不显著、不出声的一种笑,双唇轻启,牙齿半露,眉梢眼角上推,脸部肌肉向上向后舒展。在大多数情况下,它表示的是友好、愉悦、欢迎、甜美、满意,也可以用来表示赞赏、请求、领会、乐意、同意、同情,有时也会用来表示谢意、致歉、拒绝、否定。微笑是在各种语境中被广泛使用的表情语言。

有魅力的微笑是天生的,但依靠自身的努力也完全可以拥有。

1. 眉开眼笑

当人生气的时候,有一种气使眉毛皱起,这种气俗称怒气。总是看到有些人愁眉苦脸、紧锁眉头或者面若冰霜,他们的表情给人冰冷、阴沉、紧张、刻薄的感觉。哪里会有人喜欢这种感觉呢?这种表情会拒人于千里之外。

当人喜笑颜开时,有一种气使脸上的肌肉多处膨起,这种气俗称喜气。经

素材4
做一做

常微笑的人的面相与神态给人温暖、幸福、宽容、吉祥的感觉,会很容易拉近彼此的距离,因而人们愿意去接近他们,也愿意为他们提供更多的帮助,使他们拥有更多的机会。所以微笑吸引着幸运和财富。

心理学家发现:最有魅力的微笑,不是咧开嘴,露出八颗牙就行了,最关键的是眼睛放出愉悦光彩的那种迷人的笑。

2. 嘴角上翘

嘴角上翘表示:喜、乐、欢愉、满足等。嘴角下垂表示:哀、怒、讨厌、生气等,应尽量避免。

微笑的基本要领:摆出"一"字的口型,用力抬高嘴角两端,下唇迅速与上唇并拢到不要露齿的程度。

现在很多服务行业都在强调微笑服务,相对做得比较好的是民航业。我们搭乘飞机时总会感受到空姐的亲切笑容,她们的笑容为我们削减了旅途的烦闷和疲劳,让我们的心情增添了一份愉悦和灿烂!可是你知道吗,这貌似简单的笑容,却是经过专业训练得来的呢!

当然,真诚的微笑应该是发自内心的,要口到、眼到、心到、情到,从心眼里把对方当成自己最诚挚的朋友,这样的笑容才是最美、最打动人心的!

素材5
做一做

素材6
什么样的微笑最迷人?

素材7
请你分析一下,乔·吉拉德的女儿被录用的原因是什么?

企业案例3-1

微笑是一种态度

乔·吉拉德的女儿——葛瑞丝曾经参加联合航空公司一项工作的面试,不靠关系,不靠牵线,她完全凭自己的本事很意外地得到了那项工作。

在面试的时候,她知道自己的工作大部分是通过电话进行的,特别是有关预约、取消、更换或确定飞机航班的事情。

很令人惊讶的,在面试期间,当主试讲话的时候,总是故意把身体转过去背对着她。他后来告诉她说,这不是因为他不懂礼貌,这样做是为了听她声音里面的微笑,因为在她要从事的这项工作中,微笑是很重要的。他要去感觉她的微笑,他说:微笑一定要成为工作中最大的资产。他告诉葛瑞丝,她被雇用最主要的理由就是因为她会微笑。

没有太多的人会看见她的微笑,但他们通过电话,可以知道她的微笑一直都在那里。

二、微笑练习

笑脸中最重要的是嘴型。面部肌肉跟其他的肌肉一样,使用得越多,越可以形成正确的移动。干练而有生机的微笑是客户服务人员的第一张名片。通过练习掌握微笑的技巧。

1. 准备

从低音到高音一个音一个音地充分进行练习，放松肌肉后，伸直手掌温柔地按摩嘴周围。

2. 嘴唇肌肉增加弹性练习

形成笑容时最重要的部位是嘴角。如果锻炼嘴唇周围的肌肉，能使嘴角的移动变得更干练好看，也可以有效地预防皱纹。如果嘴边儿变得干练有生机，整体表情就给人有弹性的感觉，所以不知不觉中显得更年轻。伸直背部，坐在镜子前面，反复练习最大地收缩或伸张。

张大嘴。张大嘴使嘴周围的肌肉最大限度地伸张。张大嘴能感觉到颚骨受刺激的程度，并保持这种状态 10 秒。

使嘴角紧张。闭上张开的嘴，拉紧两侧的嘴角，使嘴唇在水平上紧张起来，并保持 10 秒。

聚拢嘴唇。在使嘴角紧张 2 秒的状态下，慢慢地聚拢嘴唇，出现圆圆的卷起来的嘴唇聚拢在一起的感觉时，保持 10 秒。

保持微笑 30 秒。反复进行这一动作 3 次左右。用门牙轻轻地咬住木筷子。把嘴角对准木筷子，两边都要翘起，并观察连接嘴唇两端的线是否与木筷子在同一水平线上。保持这个状态 10 秒。在第一状态下，轻轻地拔出木筷子之后，练习维持那个状态。

3. 形成微笑

这是在放松的状态下，根据大小练习笑容的过程，练习的关键是使嘴角上升的程度一致。如果嘴角歪斜，表情就不会太好看。练习各种笑容的过程中，就会发现最适合自己的微笑。

小微笑。把嘴角两端一齐往上提。给上嘴唇拉上去的紧张感。稍微露出 2 颗门牙，保持 10 秒之后，恢复原来的状态并放松。

普通微笑。慢慢使肌肉紧张起来，把嘴角两端一齐往上提，给上嘴唇以拉上去的紧张感。露出上门牙 6 颗左右，眼睛也笑一点。保持 10 秒后，恢复原来的状态并放松。

大微笑。一边拉紧肌肉，使之强烈地紧张起来，一边把嘴角两端一齐往上提，露出 10 个左右的上门牙，也稍微露出下门牙。保持 10 秒后，恢复原来的状态并放松。

4. 保持微笑

一旦寻找到满意的微笑，就要进行至少维持那个表情 30 秒的训练。尤其是照相时不能敞开笑而伤心的人，如果重点进行这一阶段的练习，就可以获得很大的效果。

5. 修正微笑

虽然认真地进行了训练,但如果笑容还是不那么完美,就要寻找其他部分是否有问题。但如果能自信地、敞开地笑,就可以把缺点转化为优点,不会成为大问题。

缺点1:嘴角上升时会歪。

意想不到的是两侧的嘴角不能一齐上升的人很多。这时利用木制筷子进行训练很有效。刚开始会比较难,但若反复练习,就会不知不觉中两边一齐上升,形成干练的微笑。

缺点2:笑时露出牙龈。

笑的时候露很多牙龈的人,往往笑的时候没有自信,不是遮嘴,就是腼腆地笑。自然的笑容可以弥补露出牙龈的缺点,但由于本人太在意,所以很难笑出自然亮丽的笑。露出牙龈时,通过嘴唇肌肉的训练可弥补。

单元二 观察客户

与客户的沟通必须注意时机,否则很可能事与愿违。观察法直接有效,可以获取相当丰富的信息。在与人交往的过程中,开头和结尾常常给人留下深刻的印象和回忆,尤其是最后一刹那的强烈印象,更能左右对整体的印象。因此,仅仅面带微笑,礼貌服务是不够的。客户服务人员需要通过聆听客户的语言、语音、语气和语调,了解客户的个体特征和内心情绪,这就是"察言"所在。"观色"是指服务人员通过细致观察客户的表情、面容、打扮以及表现出来的身体语言等,揣摩对方的内心世界,从而随机应变,做出正确的反应。观察客户要求目光敏锐、行动迅速,在与客户第一次接触时就要对客户做出准确的判断。

美国有学者研究表明,人类拥有6种跨种族、跨文明、跨地域的通用情绪和表情:惊讶、厌恶、愤怒、恐惧、悲伤和愉悦。情绪用于处理不同的刺激,表情则是人类的另一种交流方式,比语言更真实,更准确。无论是社会生活还是纯粹的生理活动(比如运动、饮食等),在遇到刺激的时候,第一时间产生的神经反应往往是情绪,随后才是理智取代情绪占据主导地位。如果刺激太强,理智就会退出主导位置,改由情绪来主持全身的工作。

情绪可以明显地被人感知到,并对人的身体产生影响。有的表现很明显,甚至结果很严重;有的则不容易被观察到,比如呼吸、心跳等。但可以肯定的一点是,只要有情绪,身体就一定会有变化,即使很微小的内部变化也可以被设法捕捉到,这就是测谎仪(学名"多道心理记录仪")的研发原理。

情绪和理智，都是神经系统用来处理外部信息的功能。理智适合处理比较理智的情境，而情绪则更接近动物的本能，更适合处理比较强烈的刺激。用达尔文的进化观点来解释，情绪更能够保证生存（安全）和繁衍（爱）的顺利进行。在应对复杂环境的过程中，情绪可以调动身体中的能量并指挥部分运动，以保证身体内部，尤其是神经系统、循环系统的平衡和稳定。

客户服务人员在与客户的交往过程中，只要我们善于观察，掌握一些身体语言方面的知识，对客户的言谈举止、举手投足、行止坐卧、声色气韵等信息就会更敏感，对这些行为进行采集过滤、分析评价，就能看清楚表象下的行为本质。

客户表情类型与表情特征见表3-1。

表3-1 客户表情类型与表情特征

表情类型	表情特征
僵硬型表情	脸上肌肉麻木，面无表情，往往充满憎恶与敌意，他们试图以此种表情来掩盖自己的真实情绪
厌烦型表情	主要包括叹气、伸懒腰、打呵欠、东张西望、看时间、表情无奈等
焦虑型表情	比如手指不断敲打桌面，双手互捏，小腿抖动，坐立难安等。若厌烦型表情没有得到理解，烦躁的情绪积累下去，很可能发展为焦虑
兴奋型表情	瞳孔放大，面颊泛红，搓手，轻松地跳跃等
欺骗型表情	当对方喋喋不休地诉说，语意却不连贯，或是沉默寡言时，多是在隐瞒什么。另外，下意识地摸下巴、摆弄衣角，或将手藏在背后，都是说谎的征兆
高傲型表情	眼睛眯起，头向后仰，俯视对方，或者双手抱胸，斜视，手叉腰，歪着头等，这都表示自负，盛气凌人，对你的话不屑一顾，客服人员对此要特别警惕

单元三 倾听与复述

一、倾听

倾听，不但可以帮助客服人员了解客户的内心世界、处境情况，而且可以显示出对客户的重视，从而使其产生信赖感。当然，也只有认真地倾听，才能听出客户的弦外之音，才能明了客户的深层欲望。

一般人在与别人交谈时，大多数时间都是他在讲话，或者他尽可能想自己说话。推销员在推销产品时，70%的时间是他在讲话或介绍产品，顾客只能得到30%的讲话时间，因此，这样的推销员业绩平平。而顶尖的推销员，早就总结出了一条规律：如果你想成为优秀的推销员，70%时间让顾客讲话，你倾听，30%时间自己用来发问、赞美和鼓励对方说。这就是"两只耳朵一张嘴"法则。几乎所有的推销大师和会说话的人都在建议我们：倾听、倾听、倾听。

倾听是一种礼貌，是一种尊重讲话者的表现，是对讲话者的一种高度赞美，更是对讲话者最好的恭维。倾听能使对方喜欢你，信赖你，因此，在适当的时候，让我们的嘴巴休息一下吧，多听听顾客的话。当我们满足了对方被尊重的感觉时，我们也会因此而获益的。

在职场中，我们只需要竖起耳朵，就能解决很多问题，有时这样做比说话效果更佳。从心理学的角度来看，善于倾听会使对方心情愉快，会换来对方的理解和信任。所以，认真聆听对方的谈话，是对讲话者的一种尊重，在一定程度上可以满足对方的需要，同时可以使人们的交往、交谈更有效，彼此之间的关系更融洽。能够耐心地倾听对方的谈话，等于告诉对方"你是一个值得我倾听的人"，这样在无形中就能提高对方的自尊心，加深彼此的感情。反之，对方还没有把将要说的话说完，你就听不下去了，这最容易使对方自尊心受挫。

倾听是服务过程中的首要环节。在任何情况下，我们所能做到的最重要的事情就是倾听。怎么去做一位"听话"的高手呢？

1. 少说多听

"喜欢说，不喜欢听"是人的弱点之一，如果你在与客户见面时，能够掌握这一弱点，让客户畅所欲言，就会事半功倍。据说，人之所以有两只耳朵一张嘴，就是因为希望我们所听的是所说的两倍。这看起来似乎不难，但做起来却不那么容易。

为什么呢？因为人们都希望有机会表达自己的意见和想法，好的聆听者让他们实现了这个愿望。如果你打断别人的谈话或缩短倾听时间，说话人会认为你对他的谈话不感兴趣——即使事实上你并不是这样。因此，客服人员应该表现得彬彬有礼、全神贯注。

2. 既要听事实，又要听情感

倾听的基础是听清楚别人讲什么。要听两个方面的内容：事实和情感。

听事实：对方说了哪些话？他讲的意图是什么？这是考核听力怎么样。这并不难，只要认真听、听清楚，就很容易做到。

听情感：这是更重要的层面——你要能听清楚别人在说这些事实的时候，他的感受是什么，需不需要回应。

素材8

比一比

3. 做出反应

和说话者保持视线的接触。点头表示理解，身体保持笔直或微向前倾，在适当的地方插入评论，如"哦，明白了""很有意思"或"真的吗"等。通过点头、微笑等动作与对方进行互动，表示双方所见略同。说话人会感激你表现出来的兴趣，并感到你在认真倾听。当然了，轮到我们发言时，我们也没有必要说个不停，而是应当适可而止。

4. 平和的心态

不要只听赞同你的话，或只听你感兴趣的部分。聆听的目的在于获取新的信息。要乐于倾听别人的观点和意见。如果在聆听时始终保持平和的心态，一个初听起来乏味琐碎的话题也有可能变得有吸引力。通常情况下，即使我们对他人的话题不感兴趣，也应该出于礼貌洗耳恭听，尤其是对方谈兴正浓时，更要耐心地听下去。当然了，如果对方的话题太过无聊，甚至令人难以忍受，我们也可以对其做出暗示。对方如果识趣，也一定会中止话题或改变话题。需要注意的是，在任何情况下，我们都不能流露出厌烦的神色，以免影响双方交往。

5. 不要打断客户的话

随意打断客户谈话会打击客户说话的热情和积极性，如果客户当时的情绪不佳，而你又打断其谈话，那无疑是火上浇油。所以，当客户的谈话热情高涨时，客服人员可以给予必要的、简单的回应，如"噢""对""是吗""好的"等。除此之外，客服人员最好不要随意插话或接话，更不要不顾客户喜好另起话题。

6. 不要急着下结论

在听别人讲话的时候，让其说完再给出意见。要做一个善于观察的人，留意说者说话过程中的停顿，这些停顿可能表明他已经说完了他要讲的话。另外，在他说完之前，不要随意得出结论。许多人在谈话时走神是因为他们认为自己已经知道对方发言的内容和要点，但自作聪明是很危险的。也许说话人接下来的思路与你所预料的不一样，如果你没有认真听的话，就会错过说话人真正要表达的意思。

7. 引导和鼓励客户开口说话

认真、有效的倾听的确可以为客服人员提供许多成功的机会，但这一切都必须建立在客户愿意表达和倾诉的基础之上，如果客户不开口说话，那么纵使倾听具有通天的作用也是枉然。所以，客服人员必须引导和鼓励客户开口说话。比如，通过提问方式帮助客户理清思路，如对对方的发言感到有疑问，就直接提出来。

8. 利用复述

以"让我们来看一看我是否理解了"或者"我觉得我理解了……"作为开

头的句子。也可以用自己的话重复一遍所听到的内容,表明已经理解了说话人的信息。

二、复述

倾听的时候使用复述技巧,可以用来表明已经理解了说话人的意思。复述技巧包括两个方面:复述事实、复述情感。这与倾听的内容是相同的,因为复述也就是把你所听到的内容重新叙述出来。

1. 复述事实

在餐厅吃饭,点完菜以后,服务人员都会把所点的菜名复述一遍,这就是复述事实。复述事实的好处是什么呢?

(1) 分清责任。客服人员通过复述,向客户进行确认,验证所听到的内容。

如果客户没有提出异议,那么一旦出现问题,责任就不在于客服人员了。

(2) 起提醒作用。复述事实还有一个好处就是可以提醒客户是不是漏了什么内容,是不是还有其他问题需要一并解决。有时候客户自己也不明白自己需要什么东西,当你重复完,可以问问客户还有没有什么要补充的,如果客户说没有了,就可以进入解决问题的阶段了。

(3) 体现职业素质。复述事实还可以体现客服人员的职业素质。对事实的复述不仅要体现出客服人员的专业水准,更重要的是让客户感觉到对方是在为自己服务。这种感觉很重要,因为这在一定意义上满足了客户的情感需求。

2. 复述情感

客户服务中要关注客户情感的需求。所谓复述情感,就是对于客户的观点不断地给予认同。"您说得有道理""哦,我理解您的心情""我知道您很着急""您说得很对",所有这些都是情感的复述。在复述的过程中,复述情感的技巧是最为重要的,使用时也非常复杂。复述情感的基本方式有以下三种:

(1) 随即说出自己的感觉。例如,"听起来,你似乎对正在发生的事情感到很不舒服。"即使"不舒服"不是一个恰当的字眼,也要让他知道,他的感觉是重要的,并且正在被听取和被理解。

(2) 对客户的立场表示理解。基本的做法是,即使不同意客户观点,也要接受这些感觉的合法性。例如,"遇到这类情况,其他人(或任何人)都会像你一样感到气愤。"

(3) 鼓励客户进一步表露。当客户告诉一个事实或观点时,鼓励他告诉更多的内容。"你可以更多地告诉我一些具体发生的事情吗?"这也是一种回应的方法。

3. 利用复述求证理解

表 3-2 列示了利用复述求证理解的步骤。

表 3-2　利用复述求证理解步骤

第一步　使用求证式语句 让我证实一下…… 让我确信我理解了你的要求…… 那么，你要的是…… 我想证实一下……	第二步　总结关键事实 你想比较一下送货的方式 你想确认一下是否有库存 你的货品根本就没到
第三步　询问你的理解是否正确 我的理解对吗？ 对不对？ 是不是这个意思？	第四步　澄清误会（必要时）

素材 9

练一练

单元四　表达技巧

语言是传达感情的工具，也是沟通思想的桥梁。要为顾客服务，就必须用语言来同顾客沟通、交际，语言在服务之中是首要的。要打动顾客，除了要产品质量好、服务态度好之外，很重要的一个方面就是销售人员能巧用服务用语。常言说"良言一句三冬暖，恶语伤人六月寒"，在服务工作中更能体会到这句话的深刻含义。

一、讲好第一句话

所有的服务行业都要使用服务用语，所谓的服务用语就是重点表现出服务意识的语言，比如"有没有需要我服务的？有没有需要我效劳的？"这样的问候语既生动又得体，需要每个服务人员牢记于心、表现于口。

不过，我们在服务过程中经常遇到语言的适度、有效的问题。有人话太少，显得对客人冷漠不热情，而言语过多，客人也嫌啰唆。有人用了很标准的服务用语，可客人不明白，而用非规范用语，客人又感觉服务不到位。所以，要针对不同的服务对象，使用质朴、明快、简洁、正确、客人最熟悉的语言来为客人服务。

1. 亲切问候每一位顾客

1）恰当的问候语言

除了合适的语言内容，还应包括恰当的语速、语音。过快的语速、无法让客人领会问候的内容，同时容易让客人产生敷衍、应付之感。而过慢的语速，则会在问候尚未结束时客人已经与你擦肩而过，从而产生漫不经心的误解。语音是指问候时的音量把握。问候的音量最好控制在你所问候的人能听到即可。问候的语言选择要恰当，如在洗手间处问候，就不宜说"欢迎光临""欢迎再次光临"等。

2）优雅的动作

无论是点头问候、弯腰问候，还是迎宾引领问候，都需要优雅的动作来配合。不可随意点下头，随手指一下，而应该通过有节奏、规范的动作，表现出对客人的友善和热情。

3）关注的目光

眼睛是相互交流的窗户，当你关闭了窗户，客人是无法深切地感受到你所付出的热情的。你可以尝试一下，与人交谈、聊天，对方不正视你，而是看着其他地方讲话，这将会是何种感受。

4）亲切自然的语气

语调的高低要视具体的环境而定，当环境噪声较大时，说话的声音要适当大一些，确保顾客能够听得清楚；当周围环境很安静时，说话的声音要适当低一些，只要能被对方听见即可。最好的办法是：能和顾客的语调相一致。在和顾客的沟通中，切忌用满不在乎、支支吾吾、含糊不清的语气说话，这样会令顾客觉得你对他不够真诚。更不要用反问、讥讽、鄙视、训斥的语气说话，这样会惹恼或吓跑顾客。声音最好甜一些、美一些。另外，吐字一定要清晰，不能说话太快，以免顾客听不清楚。接待顾客时，最好不用或者尽量少用顾客听不懂的那些专业术语，比如医学专业术语、金融专业术语等，招呼语要通俗易懂。

总之，服务人员问候时的亲切态度，能缩短顾客与服务人员的距离，使顾客心里感到温暖亲切，产生说话的愿望，而冷淡和漠然，则使顾客产生疏远感，不愿进一步交谈。除了热情、真诚外，服务人员说话一定要有耐心，服务工作确实很烦琐枯燥，每天重复同样的话语，时间长了容易厌倦，有的服务人员会因此失去耐心。但耐心是很重要的，尤其是在面对听力不好的老人、理解能力不强的小孩或过分挑剔的顾客对同一个问题问个没完时，如果没有耐心，不耐烦地提高嗓门或者闭嘴不答都会导致顾客的反感或投诉，最终失去顾客。

2. 巧选话题，让顾客有兴趣

谈论使他人最为愉悦的话题，可以说是与顾客沟通的诀窍。写文章只要有个好题目，往往会文思泉涌，一挥而就。同样的，交谈只要有了好话题，就能顺畅自如。客户一般情况下是不会马上就对你的产品或企业产生兴趣的，这需要销售人员在最短时间之内找到客户感兴趣的话题，然后再伺机引出自己的销售目的。比如，销售人员可以首先从客户的工作、家庭，以及重大新闻等谈起，以此活跃沟通气氛、增加客户对你的好感。通常情况下销售人员可以通过提及客户的兴趣爱好引起客户的兴趣，如体育运动、娱乐休闲方式等。只要你肯花一点时间，谈论那些顾客最关心的话题，那么，他就很有可能会成为你的知己。

我们常常会看到一些企业领导人的办公桌上会摆放着家人的照片，在与这样的领导谈生意时，如果遇到冷场，不妨就先夸一夸这张照片："是您的妻子吗？她长得很美""您的孩子真可爱""您的家庭真让人羡慕"等。这时候，对方脸上的几分不快很快就会消失，气氛马上会缓和。人们一般不会拒绝你谈论他感兴趣的内容。谈别人感兴趣的话题，常常可以把两个人的情感紧紧地连在一起，是打破僵局、缩短交往距离的良策。

在职场上，找到一个有趣的话题才能打开话匣子。从别人感兴趣的话题入手，交谈的双方就能谈得非常尽兴。同时，你也能实现自己的目的。因此，我们要善于迎合顾客的兴趣，投其所好。唯有这样，我们才能打动顾客，赢得顾客的认同，从而实现双赢。

3. 以赞美的语言拉近与顾客的距离

每个人都渴望被赞美，喜欢听好话是人的天性之一。欣赏顾客、赞美顾客会让客人获得极大的快乐，拉近我们与顾客的距离。每个人听到来自社会或他人的赞美时自尊心和荣誉感都会得到满足。而当我们听到别人对自己的赞赏，并感到愉悦和鼓舞时，不免会对说话者产生亲切感，从而使彼此之间的心理距离缩短。人与人之间的融洽关系就是从这里开始的，发自内心的赞美会令人心花怒放，同时，也是人与人之间沟通的润滑剂。

1）赞美具有神奇的力量

赞美是一种语言上的情感交流。只有在情感交流上产生了共鸣，才能够顺畅地和客户进行深入交流。赞美能帮助别人认识自己、肯定自己，产生奋发向上的动力。真诚地赞美也让你具有给予的自豪感。

2）赞美客户的经典表述

您真不简单；我很欣赏您；我很佩服您；您很特别！

3）赞美的方式方法

赞美要让客户感觉自己很重要，也可以在谈论客户感兴趣的话题和事情予以回应赞美。注意寻找一个可以赞美的优点，包括赞美点应该是一个事实、用自己的语言表达出来、恰当时机表达、把握赞美的度，不宜滥用。

4. 幽默的谈吐，营造轻松的氛围

美国的一位心理学教授认为幽默是与人友善相处的一种科学方法。在人际关系紧张而复杂化的情况下，幽默能缓和冲突，化解矛盾，使困难的工作得以顺利进行。在服务中，幽默是一种宽容精神的体现。在工作中如果多一点趣味和轻松，多一点笑容，多一份乐观与幽默，那么，就没有克服不了的困难，也不会出现整天愁眉苦脸、忧心忡忡的痛苦者。

当然，在幽默的同时，还应该把握一条重要的原则，即不同的问题需要不同的对待，在处理问题的时候要具有一定的灵活性，做到幽默而不落俗套，使幽默能够提供真正的养料。

幽默是智慧的表现。面对人际交往中的尴尬，如果我们能巧用幽默，以善意的方式来对待，定能化尴尬为轻松，收到皆大欢喜的结果。在职场中一个幽默的表现，不但能化解紧张的气氛，也能显示出仁慈和宽广的智慧来。因此，当处于尴尬、难堪的困境时，幽默说话，可以助你走出窘境。

在职场中，建立在丰富知识基础上的幽默，是一种智慧与魅力的表现。要掌握幽默的说话技巧，就必须认真领会幽默的内在含义，扩大知识面。要广泛涉猎，充实自我，不断从浩如烟海的书籍中收集幽默的浪花，从名人趣事中汲取幽默的宝石。假如你能够对古今中外、天南地北等方面的知识都有所了解，再加上自身较强的语言的驾驭能力，那么，你在交际的过程中，谈吐就比较容易变得生动幽默。

5. 小心服务用语的禁忌

在工作中，服务语言要文明得体，避免引起客人的误会。因此，服务人员要重视服务用语的禁忌。比如以下几种禁忌：

1）称呼禁忌

在人际交往中，称呼用语是必不可少的，然而，这其中也有忌讳。如"先生""小姐"是泛称，在众多场合对男性或女性都适用，但在服务业则未必适用，应避讳，又如称未婚女性为"大嫂"会使人反感。因此，需要掌握好分寸。

2）问候禁忌

问候语是日常生活中使用最为广泛的交际语言，具有鲜明的民族习惯色彩。因此，在向外宾表示问候时，需要按他们的语言习惯使用相应的问候语，否则容易产生误会。

3）问话禁忌

人们交谈中必定会有问有答，问话不当常会引起不快，如对初次相识的人不能冒失地去问对方的年龄、职业、收入、住址等个人隐私。问话时的语气应婉转，对方问话后不作回答而反问一句的做法在服务中是绝对禁止的。问话要有耐心，不能借此发泄自己心中的情绪，特别是在工作忙碌时不可以表现出不友好、不耐烦的情绪。

4）回答禁忌

在顾客对我们的服务有所需求时，我们若答复"没有""不知道""我不管""不可以""没空""自己去找"等带有否定语气、表示与自己无关或不耐烦的语句，不仅是忌讳的，也是服务行业所不能容忍的。

5）听话禁忌

听话的忌讳是指由于没有将对方的话听清楚而造成误解，甚至导致企业声誉和利益受损。引起听话禁忌的主要原因在于语言沟通上存在障碍。要克服听话禁忌，服务人员平时应该在语言上多下功夫，同时在服务工作中多开动脑筋，借助手势等肢体语言或文字表述来消除误解。

6）介绍禁忌

服务人员在介绍产业产品或服务特色时，忌用不符合实际的华丽词语，夸大其词。服务人员在介绍商品时不可以用刺激的话语来对待顾客，如以怀疑顾客有无购买能力的讥讽语言来挑逗顾客的消费欲，显然是违背职业道德的行为，也是犯忌的。

7）禁忌说脏话

服务性行业都应禁忌说脏话，脏话不但引起顾客的不满，而且会破坏企业形象，有损服务人员的整体素质。

总之，在服务过程中，客户服务人员对语言分寸的把握十分重要。那么，我们应该怎样发挥语言艺术，把握好说话之道呢？

1）常用服务用语

无论什么时候与顾客交谈，都要讲文明、讲礼貌。常用服务用语如下：

迎客时说"欢迎""欢迎您的光临""您好"等。

感谢时说"谢谢""谢谢您""多谢您的帮助"等。

听取客户意见时说"听明白了""清楚了，请您放心"等。

不能立即接待客户时说"请您稍候""麻烦您等一下""我马上就来"等。

对在等待的客户说"让您久等了""对不起，让您等候多时了"等。

打扰或给客户带来麻烦时说"对不起""实在对不起，给您添麻烦了"等。

表示歉意时说"很抱歉"等。

当客户向你致谢时说"请别客气""很高兴为您服务"。

当客户向你道歉时说"没有什么""没关系"等。

当你听不清客户问话时说"很对不起，我没听清，请重复一遍好吗"等。

送客时说"再见，一路平安""再见，欢迎下次再来"等。

当要打断客户的谈话时说"对不起，我可以占用一下您的时间吗"等。

2）用客户喜欢的方式说

客户服务的秘诀从"是的"开始，给客户解决的方法，而不是借口。曼谷东方饭店已经第十年赢得世界最好的饭店奖。饭店经理给所有员工对任何一个客户的请求说"是"的权利。员工们只能在说"不"的时候，需要向上级经理报告。服务用语一定要让客户心里感到舒服,客户服务人员一定要知道哪些话能说,哪些话不能说。具体示例见表3-3。

素材 10

想一想

表 3-3　客户不喜欢与喜欢的语言示例

客户不喜欢的语言	客户喜欢的语言
• 我们公司规定……	• 太好了
• 我已经尽力了	• 没问题
• 你前面还有很多人呢	• 那是我最拿手的问题
• 别人也有一样的问题……	• 我想我们可以解决
• 我可能正在讲电话,要不就是不在座位上	• 我确定有办法可以
• 不,不是,没有,不能等	• 我想我帮得上忙
• 我们经理协调的结果是……	• 好的
• 我们向来都是这样做的	• 行
• 那不是我处理的……	• 包在我身上
• 你要我怎么做嘛……	• 我理解……
• 那是你的错……	• 我会……
• 对不起,我们下班了……	• 您可以……
• 可以做的,我们都已经做了	• 你能……吗
• 你还要怎么样	• 让我来想办法
• 你可以找经理谈,不过他的回答也是一样	• 先别急,我们想想其他办法
• 又不是只有你一个	• 我们商量一下
• 我们从来不……	• 我们
• 我没有必要忍受这些……	• 欣赏
• 那不是我分内的工作……	• 机会
• 你必须……	• 是的

3) 尽量使用令顾客舒适的语言

如果顾客讲方言,而你又正好熟悉他所讲的方言,就可以用方言与顾客交谈,这样既能融洽气氛,又能拉近双方的心理距离,增进双方的感情。如果不熟悉顾客的方言,就用普通话交谈,因为不地道的方言可能会在沟通中造成误会。若是同时有多人在场,又并非所有的人都讲同样的方言,最好用普通话交流,千万不要旁若无人地与其中某一位讲方言,让其他人不知所云,颇觉尴尬。

4) 多用通俗的语言

古人云"阳春白雪,和者必寡;下里巴人,和者必多"。通俗易懂的语言最容易被大众所接受。所以,你在语言使用上要多用通俗化的语句,少用书面化的语句。如果故意咬文嚼字或使用深奥的专业术语,会令顾客感到费解,这样不仅不能与顾客顺利沟通,还会在无形之中拉大你与顾客之间的距离。

5）说话把握分寸

与顾客交谈时，有的销售人员说到高兴时就忘乎所以、口无遮拦，没有了分寸。要知道，这不但不礼貌，还非常有损你的专业形象。切记，在交谈中，有些敏感的雷区是要小心避免的，所以，请留意如下事项：①当顾客谈兴正浓时，要倾心聆听，不与顾客抢话头；②对于你不知道的事情，避免硬充内行，以免说错了贻笑大方，给顾客留下不专业、夸夸其谈的印象；③不可在顾客面前谈论他人的缺陷和隐私，爱议论蜚短流长的人，在什么地方都不会受欢迎，顾客听到这些谈论后会对你失去信任，因为他担心你到其他地方散布他的隐私；④不可谈论容易引起争议的话题，以免与顾客产生冲突；⑤说话时避免低级趣味，以免令顾客感到尴尬，或觉得你没风度。

素材11

练一练

语速测试与训练

二、提问

客服人员通过有针对性地提出一些问题，然后帮助客户做出相应的判断，这样可以提升理解客户需求的效率。优秀的服务人员能够通过几个问题迅速地找到客户的核心问题在哪里。

场景再现3-1

素材12

场景一和场景二的区别是什么？

场景一

客："我想今天拿到那个原料。"

服："对不起，星期二我们就会有这些小配件了。"

客："但是我今天就需要它。"

服："对不起，我们的库存里已经没货了。"

客："我今天就要它。"

服："我很愿意在星期二为你找来。"

场景二

客："我想今天拿到那个原料。"

服："对不起，星期二我们才会有这些原料，你觉得星期二来得及吗？"

客："星期二太迟了，那台设备得停工几天。"

服："真对不起，我们的库存里已经没货了，但我可以打电话问一下其他的维修处，麻烦你等一下好吗？"

客："没问题。"

服："真不好意思，别的地方也没有了。你留一下联系方式，一旦原料到货优先通知您，这样可以吗？"

客："也好，麻烦你了。"

1. 开放式提问

所谓开放式提问，就是不限制客户回答问题的答案，而完全让客户根据自己的喜好，围绕谈话主题自由发挥。进行开放式提问既可以令客户感到自然并畅所欲言，又有助于客服人员根据客户谈话了解更有效的客户信息。在客户感到不受约束时，通常会放松、愉快，这显然有助于双方的进一步沟通与合作。这种提问方式是为了了解一些事实。比如，服务人员在被动服务的时候，他会问的第一个问题都是："有什么我能够帮助您的吗？"这就是一个典型的开放式的问题。开放式的问题可以帮助了解客户的问题出在哪里。一般来讲，在服务一开始的时候，服务人员使用的都是开放式的提问。

开放性提问的缺点是：需要更多的时间；要求客户多说话；客户可能会忘掉这次谈话的主要目的。

2. 封闭式提问

封闭式提问限定了客户的答案，客户只能在有限的答案中进行选择，客户通常只能回答"是""不是""对""错""有"或者"没有"等简短的答案，封闭式提问可以让客服人员很快明确要点，确定客户的想法，明确客户的需求，同时也是取得协议的必需步骤。但是，对于封闭式的提问，客户不仅会感到很被动，甚至还会有被审问的感觉。封闭式问题的使用完全是为了帮助客户进行判断，如果一个客服人员能够正确、大量地使用封闭式的问题进行提问，说明这个客户服务代表的职业素质非常高，因此，在客户服务中会较多地使用封闭式提问，每当在"封闭式问题"后得到一个负面的答案时再重问一个"开放式问题"。

3. 提问注意事项

（1）要尽可能地站在客户的立场上提问，不要仅仅围绕着自己的销售目的与客户沟通。

（2）对于某些敏感性问题尽可能地回避，如果这些问题的答案确实很重要，那么不妨在提问之前换一种方式进行试探，等到确认客户不会产生反感时再进行询问。

（3）初次与客户接触时，最好先从客户感兴趣的话题入手，不要直截了当地询问客户是否愿意购买，要循序渐进。

（4）提问时的态度一定要足够礼貌和自信，不可鲁莽、畏首畏尾。选择问题时，要给客户留下足够的回答空间，在客户回答问题时尽量避免中途打断。

（5）提出的问题必须通俗易懂，不要让客户感到摸不着头脑。

单元五　运用销售技巧帮助客户

客户服务，其根本在于帮助客户解决问题。许多服务人员认为，"其实服务很简单，就是倾听和微笑"。可是仅仅会微笑、会倾听是不够的。作为客服人员必须想方设法地帮助客户解决问题，满足客户要求，达到企业和客户的共赢。在这个阶段，客服人员需要掌握一些必要的销售技巧。

一、专业地介绍产品或服务

客户只有在清楚地了解产品或服务的功能、特性后，才有可能购买它。客户对产品与服务的认识程度跟服务人员的介绍水平有很大关系。客服人员专业地介绍产品与服务需要做好以下几个方面：

1. 熟悉产品或服务并发自内心地喜欢它

只有自己对产品了如指掌，才能在介绍时流利地向客户展示。只有喜欢自己的产品，在讲解时才能让它具有生命力，讲解才会更具说服力和煽动力。自己都不了解自己的产品或服务，还要一厢情愿地向客户兜售自己的产品，实在是很荒唐的事。

场景再现 3-2

客户老王是某医院医疗工程部门的负责人，医院正在考虑购买肿瘤治疗设备。

巧得很，一位推销员在老王的办公室门前向他推销癌症治疗仪。

客户老王："你们的治疗仪治疗癌症的机理是什么？"

推销员："我不懂，我们公司有人懂。我们的产品是最先进的！"

一个公司雇用这样的销售员就足以说明这家公司的水平。销售人员必须熟悉自己的产品，这是对销售人员的最低要求。

2. 运用 FAB 法引导客户

FAB 法是一种有效针对不同客户发现不同的产品利益来满足客户需求的方法，它将产品的特征转化为即将带给客户的某种利益，充分展示了产品最能满足和吸引客户的那一方面，所以又称之为利益销售法。FAB 对应的是三个英文单词：Feature、Advantage 和 Benefit，即特点、优点、利益。假使我们要卖一套服饰时，可以这样说：这件米白色衬衣配以荷叶裙（特点），是今年的独家款式（优点），让你穿出去与众不同、提升气质（利益）。

场景再现 3-3

客服人员:"这台电脑的外壳采用飞行碳纤维,可以抵御 2 000 ℃的高温,一般笔记本电脑的塑料外壳在 50 ℃时就会变形,而这种材质比塑料耐磨度好 10 倍左右,因此你使用 5 年之后,既不会因为高温而变形,也不会像塑料外壳笔记本电脑那样掉色。"

"您再试试键盘。"客服人员继续说,"手感不错吧。普通电脑下面只是一片橡胶,如果手指敲在按键的边缘,完全不知道自己是不是按下去了,而且老化之后按键就不再弹起,手上一点反应都没有,严重的还要花几十块更换一个全新的键盘。我们这台电脑的 85 个按键下面都采用四根银质弹簧设计,很好地解决了这个问题,银质弹簧使用上百万次仍然保持弹性,而且无论从哪个角度按下去都有最佳的手感。"

客户点点头轻轻敲着键盘说道:"难怪你们的电脑卖这么贵。"

飞行碳纤维是产品的独特优势;能耐 2 000 ℃高温,并且比塑料耐磨 10 倍,这两点是优势;不会变形和掉色是益处。这样客户就会理解产品的不同之处。

总结特点时注意事项:客户的记忆储存有限,最多只能同时吸收 6 个概念,因此不能同时说太多的特点;尽量少说专业术语,要用客户听得懂的词汇来描述;不要太过热情地把产品说得十全十美;语气肯定,不能模棱两可。

传递利益时注意事项:利益永远是顾客最关心的事,所以要提到所有对顾客有用的利益;客户已知的利益也要说出来;有针对性地强调某种利益。

素材 13
想一想

3. 利用产品演示

在介绍产品之前,必须做好演示的准备。在每一次产品介绍前都得先确定:想介绍什么?怎么介绍?以什么顺序介绍?怎样介绍才能给客户留下深刻的印象?

产品演示必须能吸引客户的注意力,尽量多演示、少说话。如果可能的话,利用一些能引人注意的辅助资料来充实自己的论证内容。因为大多数的客户都不是专业的,也不太了解企业的产品。要想打动客户,必须通过产品介绍让客户知道怎样使用和操作,而且让他相信购买以后能给他带来的好处。

总之,产品介绍对促成客户购买非常关键。恰当的介绍不仅能使客户更快地掌握产品的性能和使用方法,而且能促使正在犹豫的客户早下决心。但是,如果产品介绍含糊不清或夸大其词,那就会弄巧成拙,只能收到相反的效果。

二、客户服务常见问题

在客户服务过程中,因为各种主客观因素的存在,服务不能尽善尽美,我们现在指出这些问题,以在工作中尽量避免。

1. 不主动、不积极、不拒绝、不负责

"四不"的处事方式在很多的客户服务人员身上都有表现,其原因就是服务人员软弱无力、害怕出错的心态在作怪,当这些心态表现在服务上时,就会是推诿拖延、牢骚抱怨的服务方式。

1)推诿拖延

客户服务中的推诿拖延有很多表现形式。例如,踢皮球,谁都不负责;心不在焉,说过就忘;害怕出错,能拖则拖;爱理不理,随心所欲等不一而足。这些表现往往在服务人员自己还没有意识到的时候,已经被顾客敏锐地感觉到,并深恶痛绝。

场景再现 3-4

小孙刚刚装修完新房,没用多久,卫生间的集成吊顶出现了问题。根据维修卡上留下的电话号码,第一次打电话过去,被告知打错部门了,不过销售处也负责转告维修部门,于是,小孙把出现的问题详细地描述了一遍,并等着维修部门打电话回来;未果,再打,服务部让他重复了一遍故障情况;第三次,服务部第一句话又是"你家机器是什么问题"。如此三番五次地描述故障,工作人员竟然心不在焉、说过就忘。

推诿拖延还有一种最常见、也是最令顾客讨厌的方式,就是服务人员为自己的服务不当找借口。不能满足客户的时间要求,就以个人私事作挡箭牌;不能满足客户的质量要求,就以公司标准作挡箭牌;不能满足客户的费用要求,就以路远辛苦作挡箭牌。推诿拖延的所有责任似乎都是由客户造成,服务人员一点内疚都没有。

2)牢骚抱怨

有些客户服务人员缺少帮助客户解决问题的决心和信念,因此,他们往往在服务中只求一个平均值答案草草了事,他们既没有想追根究底的冲动,也没有想彻底了解顾客想法而后提供精心服务的决心。他们总是认为事情的结果不是自己所能控制的,因此,更多地把服务结果归因于外部环境因素。

推诿拖延、牢骚抱怨、执行不力、目标不清等,归根结底是服务人员缺少个人责任感所造成。在客户服务中,缺少个人责任感既是道德问题,也是准则问题。道德问题在于服务员工的"断裂式"服务意识,只求一次性服务,不求"进化式"服务;准则问题是服务员工缺少执行企业准则的能力。因此,培养与建立个人责任感就成了解决服务人员道德问题与服务准则问题的关键。

2. 声音冷淡、笑容僵硬、语言不当

客户在接受服务时，通过全身感官来体验服务质量，环境的好坏、服务人员声音的柔软度等都会影响客户对整个服务质量的评价。服务人员甜美、得体的一句话有时能使濒临失败的服务起死回生，尤其是在呼叫中心已经成为人们服务咨询、投诉等主要渠道的今天，客户服务人员的服务声音往往决定着服务质量的高低，尽管让顾客在服务中看到、听到笑容如此重要，但是，服务人员在服务声音上做得却不尽如人意。

1）无可奈何

在大多数人心目中，服务业算不上是好职业，很多服务人员带着这种偏见进入了服务业，且其服务心态与技能并没有随着服务时间的推移而及时转变过来。相反，消极无奈、得过且过的思想开始滋生。在无可奈何的心态下，服务人员心情不会愉悦，客户听不到服务人员的微笑，服务质量可想而知。

2）反唇相讥

在服务接触中，每个与客户接触的点都是关键时刻，服务企业也会再三强调在与客户接触中的各种注意事项。服务其实是一场考验毅力的马拉松赛，是一件非常磨人的细活，服务人员的心理忍受极限被打破，不但不能为客户提供优质服务，而且，还会变本加厉、反唇相讥。

素材 14

想一想

场景再现 3-5

有一位朋友去外地出差，由于手机出现故障，他打电话去问当地的10086，呼叫中心小姐的态度让其非常不满，于是他就开始抱怨："同样是10086，你们××市服务态度怎么就那么差，该学学我们××市，你们到底是一家吗？"对方嗯了一下，平静地询问："先生，请问您贵姓？"他回答道："刘。"

小姐迅速回问："你好，刘先生，请问全国姓刘的都是一家吗？"

事后这位朋友愤怒得不得了，每次只要提起那个市，他就跟大家讲当地移动呼叫中心有多可恶。

分析：这种服务态度给客户带来了心理上的伤害。

微笑首先是一种态度，后天的培养能够增强服务人员的亲切程度，但是，天生就具有自然、亲切等品质的人，应该成为服务企业招聘的主要对象。与此同时，企业在环境、设施、培训、激励等方面的配套也要跟得上，给服务人员一个轻松的、人性化的工作环境，可以舒缓情绪、减少工作压力，进而提升服务水平。

3. 服务承诺不能兑现

企业资源匹配战略管理理论告诉我们，只有当顾客需求与企业满足这些需求的能力相匹配时，企业才能在动态的环境中做到得心应手。"言而无信，不知

其可也",没有人愿意和不讲信用的企业以及服务人员打交道。诺言就是责任,说到就要做到。

1)承诺比兑现大

有些企业会采用"摆噱头"的方式来招揽客户,对外宣传无所不能,企业实际上做不到;还有的企业的有些承诺根本没必要,甚至是一种浪费,所谓过犹不及。什么样的服务才是好服务,就是那种让人感觉不到被服务,但是服务已经做好了的服务,才是最好的服务。简而言之,恰到好处的服务才是最好的服务。过度热情不但没有好处,还会给顾客带来不便,甚至不利。

2)承诺比兑现多

完整的服务是由人、物、情景、过程等要素组合而成,员工的服务承诺在其可控的范围之内可以相信,但是,超越该员工、该企业的可控因素,这种服务承诺本身就不值得相信。企业或服务人员为了获得目标的实现,是以放弃部分自由意志的控制为代价的。从员工决定加入某个组织开始,他就必须以实现组织目标从而实现自己目标为目的。对于服务人员来说,良好的服务愿望并不总是跟优质的服务同行,他需要根据组织对承诺的兑现程度来调整自己承诺的多少。

4. 服务人员的专业服务水平不足

随着经济发展和社会进步,客户对服务企业在专业水平方面的要求也越来越高,几乎达到苛刻的地步。要做好服务除了亲切、诚实之外,还需要以专业来支撑。所谓专家,就是既有技术和专业知识,又有客户导向或客户意识的专业人员。

1)不懂顾客需求

客户服务中,客户知识是重要的专业知识之一。服务归根到底是满足客户需求的过程,不同客户针对同一服务会有不同的表达方式,但是,获得服务尊重的动机却没有任何差别。他们的建议与提问不管有多么不可思议,都不是客服人员嘲笑的对象,更何况有些被嘲笑的内容反过来会映衬出服务人员的无知。如果真是这样,只要善意地多问一句,或者请教一句,那么"问号"的价值就远远大于无所不能的"口号"的价值了。

场景再现 3-6

某日小孙到某家大型卖场购买日常用品,在购买席子的地方停了下来。比画了大半天,好不容易等来一位服务人员,开口就说:"这是一米八的,小的在另一边。"当小孙表示就是需要一米八宽度的席子时,她吃了一惊,没吭声。到了竹席专区,小孙问:"这些都是什么做的?"她从嘴里发出一阵不屑一顾的讥笑声,一边往外面走一边说:"好笑,竹席还有什么做的,当然是竹子做的。"谁不知道竹席是用竹子做的,顾客问的是用竹子的哪一层做的,只不过表达的方式不太准确而已。服务人员没有掌握产品知识，还嫌弃顾客不懂货。

在上面这个场景中，只要服务人员谦虚一点，多问一句，最后的效果就会大不相同。

分析：产品知识、技术知识，还有顾客知识，这些都是服务人员的基本知识要求。平时没有留意，突然听到顾客讲出离奇的话时，要多长一个心眼，多问一句，这样做并不会降低服务人员的专业形象。

2）不懂商品知识

今天，全球化与网络化使得人们越来越能够直接从世界的各个角落获取他们所需要的信息。他们可以亲眼见到其他国家的习俗、时下流行的服装款式、喜欢的运动及生活风尚。事实上，信息流通并没有创造出真正的新东西，也没有因而把顾客的品位和选择加以割裂，只是使全球的各种不同品位得以具体表现。由此，顾客在接受服务时，对服务人员的专业技能也会按照全球标准来评价。

5. 服务中以貌取人

"以貌取人"的"貌"字包含了客户的长相容貌、穿着打扮、谈吐举止等内容。以貌取人除了对客户造成人格侮辱外，还反映出企业服务人员的素质低下、服务标准缺失，企业缺少双赢意识等缺陷。在客户服务中，一视同仁、平等地对待每一位客户是完全可以做到的。以貌取人者只能说明两个问题，要么是还没有练成"火眼金睛"，要么是被世故的灰尘蒙蔽了双眼。

服务工作看似卑微，却最有机会"用心服务"而获得幸福。本性与能力一样重要，客户更看重服务人员在自然而然状态中流露出来的本性，发自内心的服务让他们感动。

场景再现 3-7

一个下雨天的下午，有位妇人走进匹兹堡的一家百货公司，漫无目的地在公司内闲逛，很显然是一副不打算买东西的样子。大多数售货员只对她瞧上一眼，然后就自顾自地忙着整理货架上的商品。这时，一位年轻的男店员看到了她，立刻微笑着上前，热情地向她打招呼，并很有礼貌地问她，是否有需要他服务的地方。这位老太太对他说，她只是进来躲雨罢了，并不打算买任何东西。这位年轻人安慰她说："即变如此，我们仍然欢迎您的光临！"并主动和她聊天，以显示自己确实欢迎她。当老太太离去时，这位年轻人还送她到门口，微笑着替她把伞撑开。这位老太太看着他那亲切、自然的笑容，不禁犹豫了片刻，凭着她阅尽沧桑数十年的眼睛，她在年轻人的那双眼睛里读到了人世间的善良与友爱。于是她向这位年轻人要了一张名片，然后告辞而去。

后来，这位年轻人完全忘记了这件事。但是，有一天，他突然被公司老板召到办公室去，老板告诉他，上次他接待的那位老太太是美国钢铁大王卡耐基的母亲。老太太给公司来信，指名道姓地要求公司派他到苏格兰，代表公司接下装潢一所豪华住宅的工作，交易金额数目巨大。老板祝贺年轻人："你的微笑是最有魅力的微笑！"

分析：当你用心去看万物之时，那些原本从眼睛里发出来的嘲笑就会显得幼稚与肤浅。对于一个服务人员来说，用心服务更显重要。

6. 服务不全面

全面服务是两个层次的概念：第一个层次是普遍服务，即为所有人提供服务；第二个层次是指全员服务，即所有人都要提供服务。在有的客户服务中，服务人员为了减少自己的麻烦，往往是有条件也故意不做，员工只有自我服务意识，没有普遍服务意识。与此同时，在服务企业中，服务似乎仅仅是客户服务人员的事，与其他人没有任何关系，企业各部门只有自我服务意识，缺乏全员服务的意识。

1）没有普遍服务

普遍服务是指企业员工从系统论的角度考虑问题，把利益相关者都纳入服务领域，在恰当的时间、地点为他们提供满足独特需求的系统化行动。

普遍服务对象包括了所有企业利益相关者，也包括了企业内部门之间、流程之间、员工之间、上下级之间、同事之间的服务。普遍服务是一种意识，是一种境界，是对自我负责的态度。只有把自己身边的人都当作服务的对象，工作生活才会轻松愉快。

场景再现3-8

场景一

客户打电话向某电梯公司报修。

维修部："刚安装的，这怎么可能？"

客户说："不信你自己来看。"

维修部："是不是你们没有操作好？"

客户："电梯现在就停在半空中，过来看一下不就知道了吗？"

维修人员检查后说："这不是我们的责任！"

客户："那是谁的责任？"。

维修部："那是他们的责任。"

客户："他们是谁？"

维修部："是安装部门。"

客户："安装部门是不是你们公司的？"

维修部："是，但我们跟他们不是一回事。"

素材 15

哪个企业让客户更喜欢？

场景二

客户打电话向某电梯公司报修，对方一听电梯有问题，马上说："请不要着急，我们马上就来。"最后发现是楼顶的水箱漏水，导致电梯接线处短路。客户不好意思，连声说对不起。电梯公司的员工就说："对不起，我们没有在安装时告诉你们，电梯井上面不要放水塔，这是我们的责任。"

2）没有全员服务

所谓全员服务是指组织在规范化、制度化、系统化和创新化要求下，组织成员不管职位高低，每一个人都能够也都需要为他人服务。这需要上至老板下至基层员工一起行动，才能实现企业内部服务链与外部服务链的有效整合。

企业谈服务，往往着眼于为客户服务，却很容易忽略对内部员工的服务。许多公司发现，从基层开始的通过提高团队成员技能来改进服务质量的运动，到最后都做得不到位，因为它没有相应跟进对待本公司人员的服务，例如工作环境、心理咨询、适度的休息，甚至是可口的工作餐等，当企业对员工言行不一致的时候，这些接受过培训的员工往往会抱着怀疑的态度来看待服务。UPS的亚洲区总裁也这样讲过："公司要照顾好员工，员工就会照顾好客户，进而照顾好公司的利润。"换句话说，一家企业如果要有很好的利润，首先必须要有很好的客户；要有很好的客户，最起码要有很好的员工。如果照顾不好员工，员工就不会照顾好公司的客户，也就不可能照顾到公司的利润。

因此，要做到企业服务质量的全面提升在于企业落实全面服务。

［实训项目三］ 企业服务话术手册编制

一、实训目的

通过编写企业某一服务场景下的服务话术手册，不断优化表达技巧，提高表达水平。

二、实训要求和内容

（1）收集知名企业顾客服务要求相关资料，比如企业服务人员上岗培训资料、企业服务流程、员工手册、服务质量管理制度等。

（2）提炼企业服务话术。参考收集到的材料编写企业服务话术手册。

三、实训成果提交

按组提交一份知名企业服务话术手册。

项目四　客户服务沟通

学习目标

知识目标

1. 了解并掌握马斯洛需求层次理论；
2. 理解顾客需求类别与预测方法；
3. 理解顾客沟通个性特征与行为模式；
4. 掌握接待顾客的流程；
5. 理解客户异议种类、处理流程与处理方法；
6. 掌握服务性拒绝客户的方法。

能力目标

1. 能够接待不同类型的客户；
2. 能够处理客户异议并使客户接受处理建议。

项目导学

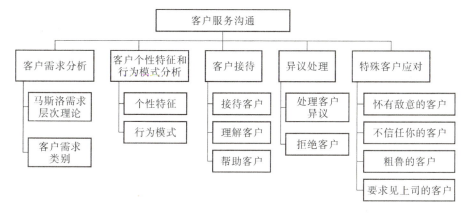

案例引入

2020年消费新趋势：直奔主题，速战速决

新冠肺炎疫情对中国消费品市场和零售业产生了巨大影响，很多企业在春节期间销售业绩大幅下滑，从其他灾害对经济产生影响的历史经验来看，一旦疫情结束，消费者信心恢复，增长率将重新恢复正常。但长期来看，消费者的消费习惯、消费场景和消费心理已发生巨大变化。

在疫情期间，电商、快递业务在一定程度上弥补了传统消费下降。疫情还间接影响了部分消费者的收入及其中长期消费信心。食品、粮油、快消品、美容及个人护理产品等"刚需"商品，其短期基本需求基本不受疫情影响。服装、家电等中长期、非紧急和基本需求的商品，则消费不足。餐饮、娱乐等严重依赖传统"到店服务"的行业，受损严重。

疫情对消费者的心理和行为产生了重大影响，消费者对安全、聚合、便利、精准定位等消费价值观的需求变得更强。电子商务和物流供应链为规避风险的消费者提供了非接触式送货上门服务。社区便民服务和网购的需求将进一步加强，送货时间将成为消费行为中更重要的决策因素，基于品牌认可的"直奔主题"和"速战速决"式消费将成为流行趋势，购物时间进一步缩短。

素材1

PPT也精彩

项目四PPT

启发思考

在不同的外部环境下，消费者对于服务的需求是有所不同的。服务工作要满足客户的需求，必须时刻注意到这些变化。

单元一 客户需求分析

一、马斯洛需求层次理论

马斯洛的人本主义心理学思想，主要载于他1954年出版的《动机与个性》一书。他所指"动机"一词，并非如一般所指"动机是促发行为的内在力量"的说法；他所说的动机，是指人性本质中的善根。动机像一棵大树的种子，在长成大树之前，种子之内已蕴藏了将来成长为一棵大树的一切内在潜力。人类的动机也就是一个人出生后一生成长发展的内在潜力。因此，马斯洛的动机理

论亦即其人格发展理论。马斯洛在该书中,将动机视为由多种不同性质的需求所组成,故而称为需求层次论(need-hierarchy theory)。1954 年他在书中将动机分为 5 层:生理需求(physiological needs)、安全需求(safety needs)、爱与归属的需求(love and belonging needs)、尊重需求(esteem needs)、自我实现的需求(self-actualization needs),1970 年新版书内,又改为如下之 7 个层次:

(1) 生理需求(physiological needs),指维持生存及延续种族的需求;

(2) 安全需求(safety needs),指希望受到保护与免于遭受威胁从而获得安全的需求;

(3) 隶属与爱的需求(belongingness and love needs),指被人接纳、爱护、关注、鼓励及支持等的需求;

(4) 自尊需求(self-esteem needs),指获取并维护个人自尊心的一切需求;

(5) 知的需求(need to know),指对己对人对事物变化有所理解的需求;

(6) 美的需求(aesthetic needs),指对美好事物欣赏并希望周遭事物有秩序、有结构、顺自然、循真理等心理需求;

(7) 自我实现需求(self-actualization needs),指在精神上臻于真善美合一人生境界的需求,亦即个人所有需求或理想全部实现的需求。

根据马斯洛的解释,各种需求层次之间存在有以下的关系和特点:

各层需求之间不但有高低之分,而且有前后顺序之别;只有低一层需求获得满足之后,高一层的需求才会产生。但仍然有可能出现意外。例如:创造性的人的创造驱力,比任何其他需要都更为强烈;也有些人的价值观和理想是如此强烈的,以致宁愿死也不放弃他们。

七层需求分为两大类,较低的前四层称为基本需求(basic needs),较高的后三层称为成长需求(growth needs)。基本需求有一共同性质,均系由于生理上或心理上有某些欠缺而产生,故而又称匮乏性需求(deficiency needs)。

较高层次的需求是后来才发展出来的,就像生物的进化一样。

需求的层次越高,其完全存在的可能性越低,这种需求容易消失,同时相伴的酬赏延迟也较没关系。

生活在高需求层次的人意味着其物质性的事物较充分,较长寿,较少生病,睡得较好,胃口较佳。高层次的需求强度较弱。

高层次需求得来的满足是较为主观的,如非常幸福,心情十分平稳,内在生活非常富裕等。

当个人的环境(经济、教育等环境)较好时,个人较易满足高层次的需求。

当个人满足其高层次需求之后,个人越可能接近自我实现的目标。

根据马斯洛的需求层次论，个人人格获得充分发展的理想境界是自我实现。自我实现（self actualization）就是人性本质的终极目的，也就是个人潜力得到了充分发展。据马斯洛估计，人群中能够自我实现者不过十分之一，原因是除个人条件之外，难免受环境因素的限制。他选出美国名人中杰弗逊、林肯、爱因斯坦等人，认为他们都是自我实现的人。马斯洛分析发现这些人的人格特质有以下几点相同：

有良好的现实知觉；

能正视自己、别人和自然；

他们活动和反应是自发的，而不是被迫的；

能以问题为中心，而不是以自我为中心形成看法；

有独立自主性，不受环境和文化的支配；

能认识人类；

和为数不多的人发生深厚的友谊；

有与众不同的鉴赏力和审美观；

具有民主的价值观；

有一种哲理性、无敌意的幽默感；

具有创造力；

有较多的顶峰体验；

有高度的社会兴趣，但不墨守成规。

在这些特征中，马斯洛特别强调顶峰体验的概念。顶峰体验（peak experience）指自我实现者在人生历程中曾有过体验到欣喜感、完美感及幸福感的经验。顶峰体验多在人生领悟、至爱授受、苦尽甘来或宗教悟道等情境下产生，是人生难得的经验，只有实际经历过的人才会有此体验。顶峰体验是人类的共同感受，每个正常人都可能在生活中得到这种体验。自我实现者的顶峰体验频率较高且程度较深。

二、客户需求类别

客户服务沟通是指客服人员将自己的思想与客户的思想互相交换，使双方相互了解并协调行动的一个过程。客户服务沟通是实现客户满意的基础，企业经常与客户进行沟通，可以了解客户的实际需求和期望，加深与客户的感情，稳定客户关系，从而使客户重复购买次数增多。为了使服务沟通更顺畅，客服人员首先要学会分析及预测客户需求。

所有的公司、企业、非营利组织，都在努力地为客户提供最佳的服务，那么各种客户、顾客，包括我们自己的客户，都被更多更好的服务所包围。以前我们谈到的品牌领域、价格领域、产品质量领域的竞争，现在所有领域的竞争都集中在服务领域的竞争上。因此，优质的客户服务不是全部，还需要做出自己企业的服务个性来。衡量企业发展的标准不仅是资产的回报，还有一个重要的标准是客户满意度的回报。所谓服务的个性，就是使客户感到企业服务能满足他们的特殊要求，这样企业就获得了竞争优势，这种竞争优势就是服务个性，也就是有别于其他企业的独特的客户服务手段。

企业客户服务水平越高，就会有更多的客户光顾，也会吸引更多的忠实客户，而企业也能相应获取更多的利润。所以，把客户服务和销售分开谈是不对的。什么叫服务营销？它是一种整合。销售就是服务，服务就是销售。只有通过服务才能拉动销售。

对于服务代表来说，服务就是要满足客户的需要，为此，客户服务人员首先要关注客户的各种需求，从而掌握更多的客户需求信息。只有始终关注客户的需求，始终站在客户的角度去思考问题，才可能知道通过什么方式去满足客户的需求。

要想找到满足客户需求的方式就必须了解客户的真实需求，但是有时候许多客户都不能清楚地表达他们的需求，或者有些客户即使对企业提供的需求感到不满也只是沉默不语，结果这些客户就会默默地离开企业到竞争对手那里。因此，为了减少这些客户流失给企业造成的损失，更好地满足客户的需求，企业客户服务人员需要在为客户提供产品和客户服务之前更准确地预测客户的真实需求。

在对客户的真实需求进行预测的过程中，客服人员通常需要注意以下需求类别：

1. 客户对信息的需求

信息需求实际上就是客户在使用产品或服务之前需要的信息帮助，比方说客户在订购电脑之前，希望了解电脑的配置、性能、品牌、价格以及适合他（她）某种特殊需求的功能等，这些都属于客户的基本信息需求。满足客户的这种信息需求，就要求企业客服人员做好充分的准备。这就要求企业不断增强其内部员工的客户服务意识；培养企业内部员工的观察能力和分析能力，因为只有悉心观察、认真分析才能把客户潜在的信息需求准确预测出来；另外，企业还必须通过培训等手段不断充实内部员工的专业知识，因为只有具备了很高的专业度，才有可能为客户提供满足其信息需求的服务。

2. 客户对环境的需求

对于上面提到的基本的信息的了解只是客户具体需求的其中一种，作为服务性企业或者非服务性企业的客户服务人员，除了要对客户的信息需求进行及时准确的预测之外，还要对客户的环境需求进行有效预测。

客户的环境需求究竟是什么呢？很简单，客户的环境需求就是指客户对于企业提供产品和服务品质之外的大环境的要求。比如,当客人到银行办理存取款业务时,就需要填写一些单据,这时他就可能需要一把椅子和一支笔,在夏季,还希望营业厅里开着空调,如果等候很长时间,那么客户一定希望有一些书刊可以供自己打发时间等。对于客户的某些环境需求,很多关注客户需求的企业都已经提前预测到了,或者在客户的建议下,一些企业也通过一些措施尽可能地满足了客户的这些环境需求。

3. 客户对情感的需求

人都是有感情的动物,而客户在进行消费的过程中必不可少的都会带有或多或少的感情色彩,甚至于有些客户的消费活动就是为了满足自己的某种情感需求。虽然大多数商家都认识到了这一点,不过对于商家来说,客户的情感需求实在是难以预测。尽管预测客户的情感需求是一件十分不容易做到的事情,但是对于想要从客户身上赢得巨额利润的企业来说,绝对有义务也完全有必要对客户内心深处的情感需求进行理解并想办法加以满足。

事实上,客户的情感需求无外乎被赞赏、被同情、被尊重,与客户进行直接接触的客户服务人员只要用心地去理解并认真体验客户的这些情感,就会从客户的言谈举止中预测到客户在情感方面的真实需求,客服人员也就可以因此而采取赞赏、安慰、支持等方式来满足客户的这些情感需求。

想一想

顾客到餐厅吃饭,他(她)们对环境的需求有哪些?

对于客户的情感需求,客服人员必须格外重视,因为许多失败的产品或服务销售结果都是由于没能准确预测客户的情感需求造成的。要想对客户的情感需求进行及时、准确的预测,客服人员需要时刻关注客户的言行举止以及表情和神态,同时还要求具有十分敏锐的洞察力,能够迅速捕捉到客户的真实情感需求并尽力满足,这也就是日常生活中人们经常提到的要善解人意,只有善解人意的客服人员才能真正理解客户内心深处的情感需求。

除了以上几种基本需求之外,客户还会对服务人员的工作态度、提供优质服务的速度等方面提出要求。更值得企业管理人员注意的是,客户的需求往往不是单一的,客户的需求常常以几种基本需求的综合形式出现,如到餐厅就餐的顾客通常既对餐厅的各种情况产生基本的信息需求,又会产生希望餐厅更加干净整洁的环境需求等。客户的需求也不是一成不变的,由于种种主客观因素的变化,客户的需求常常会发生一些微妙变化。对于这些既复杂又不断发生变化的客户需求,企业有必要对企业内部员工的客户服务意识进行不断强化,使他们更加积极、主动、热情地为客户提供优质服务;同时,企业也要持续不断地培训所有员工的服务能力,从而提高整个企业的服务品质,最终使企业因优质而高效的客户服务而赢得更多的客户。

预测并满足客户一定范围内的合理需求其实就是客户服务人员的工作范畴,而且这也是企业赢得客户满意和信赖的关键。如果企业对客户自身的种种需求不加以关注，不认真预测并想办法满足客户的各种需求，那么企业就不能提供满足客户需求的服务。

三、客户需求预测的方法

1. 观察法

观察法就是对客户行为的直接观察。观察法直接有效，可以获取相当丰富的信息。

（1）观察客户的外貌特征。

（2）观察客户的行为举止。

（3）观察客户的表情，言为心声，一个人心底的秘密会在表情动作中表露无遗。

2. 体验法

体验法就是客户服务人员以客户的角度体验自己的服务，这是一种非常简单有效的方法，但是在现实工作中这种方法往往容易被忽略，许多管理者常常因为繁杂的事务而忘记了作为一名顾客的滋味。同样很多客户服务人员可能工作了一辈子都从没有想过站在客户的立场上去感受顾客之感受。

那么，如何像一位顾客那样去感受公司的服务呢？你可以打一个咨询电话，可以试着要求某项服务或者发发牢骚。留心记住你每一次的经历，以便以后进行必要的改进。

企业案例 4-1

神秘顾客是谁

神秘顾客是商业企业服务的普通顾客，专业的第三方测评公司为特定的商业企业度身定做调查样本，在目标消费者中作调查测评。这些样本综合后，进行横向纵向、由外而内的对比评估，可以像录像机一样回放曾经有过甚至稍纵即逝的细节现象，可以像 X 光一样透视出内部运行机制上的环节问题，为商家"号脉"。商家在"体检"后，强健肌体，重塑金身。

巴黎春天百货请专业神秘顾客，对营业员、收银员、保安员、管理人员、供应商、环境设施等作专题调究，对团队测评打分，大力地推动了管理层的工作，并推进了诚信服务。巴黎春天百货设立顾客服务台、顾客意见箱，化解消费纠纷不出店门，办结率达 100%。巴黎春天百货还开设顾客休息室，备有液晶电视、画册、茶水、免费饮料服务。特别是每天开门前五分钟，为等开门的顾客免费送上夏日的饮料、冬天的咖啡及红茶，很受顾客欢迎。

3. 交谈法

向客户恰当地提问，聆听他们的回答，可以了解到许多非常有价值的信息。

和客户在一起的时候，可以尝试问下面的问题：

（1）哪些事情我们下次应该有所改进？

（2）你希望我们哪些方面再改进？

（3）给你留下最美好印象的是什么？

务必仔细而客观地倾听客户的回答。下面是一些关于如何倾听的黄金法则：

（1）避免防备心理——倾听客户提出的问题，不要试图找借口；

（2）避免指责对方——倾听客户说什么，不要试图指责谁；

（3）鼓励客户坦诚而开放的交流；

（4）鼓励客户表露表情，并反映有关问题。

四、用行动满足客户需求

表4-1列示了客户的需求类型及客服人员为满足其需求而需要采取的行动。

表4-1 客户需求类型及满足需求的行动

客户需求类型	满足需求的行动
客户对信息的需求	熟悉你的产品与服务 不要让客户等待 用直白的语言而不是技术术语 用他们能够完全理解的方式解释 让客户完全知道所发生的一切 比通常更迅速的方式反应 对客户下一步该如何做提出详细的建议 为客户提供解决方案 保证兑现对客户的承诺
客户对环境的需求	保持环境干净、整洁而且令来客感到舒服 保持环境有效率 保持环境的井井有条
客户对情感的需求	对待客户要诚实公平 与客户打交道时进行目光交流并微笑 看见顾客时要感到愉快 对客户与你联系、向你提出问题等表示感谢 分享客户对重大事件、成就和痛苦的感受 倾听 让客户知道你重视他们 称呼客户的名字 让客户知道你为他们所做的额外或特别的付出

单元二　客户形态和行为模式分析

一、典型客户四种形态

客户需求沟通不仅要了解客户的消费阶层现状和发展变化趋势，还要对客户的个性特征和行为模式进行适当的分析，依据客户的个性特征和行为模式进行有针对性的沟通，以满足客户的需求。

个性也可以称之为性格或人格。著名心理咨询专家郝滨先生认为："个性可界定为个体思想、情绪、价值观、信念、感知、行为和态度之总称，它是不断进化和改变的，是人从降生开始，生活中所经历的一切总和。我们将人的性格特征和行为方式按照行事的节奏和社交能力（与人打交道的能力），分为四种类型，并分别用四种动物来表示。

1. 老鹰型客户

1）行为特征

老鹰型的人做事爽快，决策果断，以事实和任务为中心。通常给人的印象是他们不善于与人打交道，常常会被认为是强权派人物，喜欢支配人和下命令。他们的时间观念很强，讲求高效率，喜欢直入主题，不愿意花时间同你闲聊，讨厌自己的时间被浪费。

老鹰型客户说话很快，音量也会比较大，讲话时音调变化不大，可能面无表情。

2）需求特征

老鹰型客户追求的是高效地完成某个工作，再加上他们时间观念很强，所以，他们考虑的是他们的时间得花得值；同时，权力、地位、威信和声望都对他们影响都比较大；对于他们来讲，浪费时间和被别人指派做工作，都是难以接受的。

3）处理方法

由于时间对于他们来说很重要，所以，客服人员要直入主题。例如，开场白尽可能短，讲话的速度应稍快些（同他差不多），以显示出你尊重他的时间，同时也表明你的时间也是宝贵的；希望你是一个有竞争力的、行业内的专家，这样可以更吸引他。举例来讲，他会提出些问题，甚至是质问你，如果你不能很好地回答那你对他的吸引力就大大降低。

在与他们探讨需求的时候，尽可能地使用可以刺激他们需求的话语和词汇，如高效、时间、领先、竞争优势、变革、权力、地位、威信、声望和掌握大局等。

2. 孔雀型客户

1) 行为特征

孔雀型的人基本上也做事爽快，决策果断。但与老鹰型的人不同的是，他们与人沟通的能力特别强，通常以人为中心，而不是以任务为中心。如果一群人坐在一起，孔雀型的人很容易成为交谈的核心，他们很健谈，通常具有丰富的面部表情。他们喜欢在一种友好的环境下与人交流，社会关系对于他们来讲很重要。直接的印象可能会觉得他平易近人、朴实、容易交往。孔雀型的人做决策时往往不关注细节，凭感觉做决策，做决策也很快，研究表明，3次的接触就可以使他们下决心。他们往往讲话很快，音量也会比较大，讲话时音调富有变化，抑扬顿挫；同时，他们也会表现得很热情，对你很友好，经常会听到他爽朗的笑声。

2) 需求特征

孔雀型客户追求的是能被他人认可，希望不辜负他人对他们的期望。他们渴望能成为他人关注的对象，希望能吸引他人。同时，对于他们来讲，得到别人的喜欢也是很重要的。对于孔雀型客户来讲，与认识的每一个人建立关系是重要的。他们期望能树立自己的影响力，而失去影响力对于他们来说是可怕的。由于他们往往不会关注细节，所以，他们希望过程尽可能简单。同时他们也喜欢有新意的东西，那些习以为常、没有创意、重复枯燥的事情往往让他们倒胃口。

3) 对待方法

由于孔雀型客户看重关系，对人热情，所以作为客服人员，要向其传递一种你也很看重关系、也很热情这样的信息。在沟通中，不像与老鹰型客户那样直入主题，而是可以先闲聊一会儿，这对建立融洽关系是有帮助的。由于孔雀型客户乐于帮人，也很健谈，所以通过有效的提问，客服人员可以从他们那里获取很多有价值的信息。客服人员可以用一种富于弹性、充满激情的语气讲："陈总，太感谢您了，我就知道您肯定可以帮到我。我想请教一下，您如何看待……"

在沟通中，要将注意力完全放在他们身上，并让他们注意到这一点，表明很看重他们，他们是很重要的。在与他们探讨时，尽可能地使用可以刺激他们需求的话语和词汇，如上级认可、关系、影响力、容易、变化等。

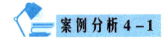

案例分析 4-1

辨别行为特征和需求特征

北京的孔女士2018年12月份买了一件××品牌的羊绒衫，看到挂牌上标着：羊绒含量98.4%，就拿着线头用火烧一下，结果线头很硬，味道也不对，怀疑是羊绒实际含量与标牌不符。打电话向客服部门反映，客服人员根据衣服挂牌上的密码确认这件衣服是该品牌正牌产品,但该成分说明是贴上去的,是经销商为了抬高价格而做的行为。

客服人员表示这会引起重视,调查过后再给予答复,请她稍等几天。

但是她还是话很多,且说的都是从厂家考虑的样子。"这么说来不是厂家的问题了,那厂家应该马上出面解决问题,像这类欺骗消费者的行为,会对品牌发展造成很大影响的。你们厂家在北京有没有办事处的,我可以直接拿这件衣服当证据帮助你们规范经销商的行为。"这个客户粗看是侃侃而谈型的,客服以为她用百多元的价位买了这件正牌产品是不存在对衣服的满意度问题了,毕竟产品性价比还是不错的,也验证过是正牌产品,只是经销商篡改了成分说明而已。但是孔女士还是几番来电话,表示一定要把不规范操作的经销商找出来。通过多次沟通以及客服人员的观察,孔女士的目的不是协助厂家规范经销商行为,而是为了马上更换确实是 98.4% 羊绒成分的衣服或者是退款,于是客服协助把这件衣服退掉了。

问题:请分析孔女士行为特征和需求特征。如果你是客服人员,你将如何来处理?

素材 3

请分析孔女士行为特征和需求特征。如果你是客服人员,你将如何来处理?

3. 鸽子型客户

1)行为特征

鸽子型的人友好、镇静,属于性格特别好的人。他们做起事情来显得不急不躁,属于肯支持人的那种人。他们做决策一般会较慢,需要 5 次左右的接触。鸽子型的人往往讲话不快,音量也不大,音调会有些变化,但不像孔雀型的人那么明显。他们从容面对客服人员所提出来的问题,反应不是很快,他们是很好的倾听者,会配合客服人员的工作。

2)需求特征

鸽子型客户需要与人建立信任的关系,不喜欢冒险,喜欢按程序做事情。往往比较单纯,个人关系、感情、信任、合作对他们很重要。他们喜欢团体活动,希望能参与一些团体,而在这些团体中发挥作用将是他们的梦想。

鸽子型客户做事情以稳妥为重,即使要改革,也是稳中求进,甚至有时会抵制变革。他们也往往会多疑,害怕失去现有的东西,安全感不强,他们不希望与别人发生冲突,在冲突面前可能会退步,所以,在遇到压力时,会趋于附和。

3)处理方法

同鸽子型客户沟通,客服人员要显得镇静,不可急躁,讲话速度要慢,音量不要太高,相对要控制好声音并尽可能地显示出友好和平易近人,表现得要有礼貌。

由于鸽子型客户平时行事速度较慢，建立关系也需要一定的时间，所以，不可以在沟通中显得太过于热情，以免引起对方怀疑。客服人员要尽可能地找到与对方共同的兴趣、爱好，并通过这些与客户建立起一定的关系。在涉及客服人员自己事情的时候，要坦率、真诚，积极倾听，要表现出与对方建立信任关系的兴趣。与客户的关系要花时间来建立，不可强迫对方做他们不愿意做的事情。

与鸽子型客户打交道时经常可以采用的词汇有：我保证、关系、合作、参与、相互信任、有效等。

4. 猫头鹰型客户

1）行为特征

猫头鹰型的人很难看得懂，他们不太容易向对方表示友好，平时也不太爱讲话，做事动作也缓慢。对于很多人来讲，猫头鹰型的人显得有些孤僻。他们做决策很慢，需要7次左右的接触。他们在沟通中往往讲话不快，音量也不大，音调变化也不大。不太配合客服人员的工作，不管客服人员说什么，他可能经常会"嗯，嗯"，让人无从下手。讲起话来一般毫无面部表情。而且，往往并不喜欢讲话，对事情也不主动表达看法，让人觉得难以理解。如果客服人员表现得很热情的话，他们往往会觉得不适应。

2）需求特征

猫头鹰型客户需要在一种他们可以控制的环境下工作，对于那些习以为常、毫无创新的做事方法感到很自在。由于他们不太喜欢与人打交道，所以，他们更喜欢通过大量的事实、数据来做判断，以确保他们做的是正确的事情。猫头鹰型客户最大的需求就是准确、有条理，做事有个圆满结果，以避免出差错而使他们的名声遭到损害。他们工作认真，讨厌不细致、马虎的工作态度。

3）处理方法

作为客服人员，对待他们要认真，不可马虎，凡事考虑得要仔细，注意一些平时不太注意的细节。

在沟通中，不可与他们谈论太多与目的无关的东西，不要显得太过热情，要直入主题。他们如果愿意与你沟通的话，客服人员要提供更多的事实和数据，以供他们做判断。而且，提供的资料越细越好，并经常问他们："还有什么需要我提供的？"和与孔雀型客户打交道不同，客服人员不可以让猫头鹰型客户（而孔雀型的人喜欢变化和刺激）感到有什么意外。举例来讲，如果原先与他探讨的计划出现问题，客服人员如要改变计划，一定要与他先商量，以让他有所准备。在沟通中，客服人员要表现得一丝不苟，有条不紊，以给其留下事事有计划的印象。

分辨顾客沟通类型，填表4-2。

表4-2 分辨顾客沟通类型

客户特征	客户类型	应对技巧
书桌特点：图表和工作相关文件贴在墙上，很少工作文件，很少颜色，办公用品触手可及，桌子上放着有公司徽标的玩具		
书桌特点：摆放纸张，有一些远足、滑雪、团队照片，文件夹是彩色的，在画板上涂鸦，有一些搞笑海报、手写爽快口号、艳丽玩具、迷你篮球网等		
书桌特点：有艺术特色、摆放家人或宠物照片，有立志名言、说话慢条斯理、声音轻柔有亲和力，有志愿服务的奖项、新奇互动玩具、魔术球等，还有运动队的用具，摆着盆栽等		
书桌特点：摆放大日历或计划表，成堆图书或证书，家庭照片、雅致的装饰等		

二、客户行为模式

神经语言学对人们看待世界的方式进行了细致分析后发现：人们通过视、听、味、嗅、触这五种外感官收集外界的资料，然后，大脑会使用三种内感官对这些资料加以运用和处理。这三种内感官分别是视觉、听觉、感觉。视觉型的人看世界，听觉型的人听世界，触觉型的人感受世界。

有趣的是，很多时候我们并不知道自己是用何种方法沟通，因为这些都是潜意识行为。当然没有人只采用其中一个方法而将另外的两种完全摒弃。虽然我们大脑会随着外界的刺激而自动在三种方式中不断"游走"，不过我们都会有一个"优先采用方式"。在这三种方式当中，有一种自己能乐在其中、感到舒畅的方式。当我们与自己相同"优先采用方式"的人一起时，会感到大家有共通语言，也比较乐意接受他的意见或建议。故此能"解读"客户、找出客户的"优先采用方式"在接待客户时运用，会非常有效。

1) 识别客户的行为模式

（1）视觉型。惯用内视觉的人是因为他处理世界的事情都先用双眼去看，而眼睛的学习能力快，可以在同一时间里接收到多项信息，日子久了，他发挥视觉能力熟练了，他的行为模式便会有以下的特征：头多向上昂，行动快捷，手的动作多而且大部分在胸部以上；喜欢事物多变化、多线条、节奏快；说话简短轻快、响亮、快速；说话一开始便入题，两三句便说完，在乎事情的重点，不在乎细节。

视觉型的人爱用的谓词有：看见、看来、展示、想象、模糊、清晰等。他们爱望向上方，因为他们在看自己脑海中的图像。接待视觉型的客户除了多用视觉型的谓词外，还要多用宣传单张、图表、图像或手势作辅助。

（2）听觉型。惯用内听觉的人是因为他处理世界的事情都先用双耳接收和运用文字，日子久了，他发挥听觉能力熟练了，他的行为模式便会有以下的特征：说话内容详尽，或会有重复的情况出现；在乎事情的细节；多说话，而且往往不能停口；重视环境之宁静，难以忍受噪声，注重文字之优美，发音正确等；说话声音悦耳，有高低，有快慢，往往善于歌唱，喜欢找聆听者，本人亦是良好的聆听者。

听觉型的人爱用的谓词有：听到、听来、声音、请问等。他们的眼睛多数水平望向两边，并且容易被外来声音影响而分神。

听觉型的人喜欢听听他人的意见才下决定，因此将专家或名人的意见告诉他会有帮助。

（3）触觉型。惯用感觉的人是因为他处理世界的事情都是用他内心的感觉去领航，日子久了，他发挥感觉的能力熟练了，他的行为模式便会有以下的特征：注重人与人之间的关系，喜欢别人的关怀，注重感受、情感、心境；头常向下作思考状，行动稳重、手势缓慢，多在胸部以下；说话低沉而慢，给人以深思熟虑的感觉，多用价值观的字；说话多提及感受、经验。

触觉型的人喜欢用的谓词有：感到、捉住、抓紧、溜走、赶上等。他们大都经常望向右下方，接触自己的内在感觉。

触觉型的人喜欢亲身体验，因此要让他试用产品，亲自感受。

2）与客户保持同步

让客户喜欢你、信赖你的关键是学会梅拉宾教授所说的"同步"，就是视觉、听觉和措辞尽可能更像对方，这里说的是在接触客户的最初几分钟内并不是让你完全、永久地做出改变，也不是原封不动地复制对方的动作、语调和措辞，你所做的一切是与对方保持同步，使之感觉自在。

（1）保持身体语言同步。保持身体语言同步可以粗略地分为两种：①复制，意思是和对方做相同的事情（他动左手，你也动左手）；②反射，就像面对镜中人一样模仿他的动作（他动左手，你动右手）。记住，你的动作必须微妙而礼貌。如果别人用手指挖耳朵，而你也挖耳朵，那么也许他会注意到。但是人在专注地谈话时，一般不会注意到微妙的同步活动。

场景再现 4-1

戴夫打算出门为妻子寻觅结婚周年纪念礼物。他把目标锁定在两个选择上：一个是最新款的掌上电脑；另一个是可以挂在餐厅中的一幅画。从戴夫在购物中心停车的地点来看，先到电脑商店比较方便。当时正是上午的中间时段，商店里人并不多。戴夫向柜台一走过去，一名身穿黑色西装的促销员正在点头微笑。一切进行得还不错。这名促销员开始讲解各款掌上电脑的差异，这时他抬起右脚，放在了身边的一个小凳子上。然后，他的身体向右腿膝部前倾，继续讲解。就在这时，戴夫迫不及待地离开了那里。并不是他对店员的讲解不感兴趣，只是对方这种抬腿的不雅姿势与戴夫自己的举止完全不合拍，这让他感到很不舒服。

素材 4

画廊的女士采用了怎样的同步技巧？

在画廊中完全是另一回事。戴夫在一幅引起他注意的画前停下来，一幅深思的样子：重心落在一条腿上，胳膊弯曲，但一只手扶在脸部，一个手指停在了嘴唇边。过了大概 1 分钟，他发觉有人静静地站在自己身边，然后他听到一个轻柔的声音简单地说："不错，是吗？""是的，不错。"戴夫若有所思地回答道。

"如果需要帮助，请告诉我。"他身边那位女士说。然后，她抽身退到了画廊的另一端。不到 5 分钟，戴夫就买下了那幅画。这一切似乎自然得顺理成章。

（2）语音、语调和措辞的一致性。对不同接收模式的客户，应使用不同的语速、语调来说话。换句话说，客服人员要用对方的频率来和他沟通。以感觉型的人为例，如果你想和他沟通或说服他去做某件事，但是却用视觉型飞快的速度跟他描述，恐怕收效不大。相反，你得和他一样，说话不急不慢，用与他同样的说话速度和音调，他才能听得真切，否则你说得再好，他也是没有听懂。再以视觉型的人为例，若以感觉型的方式对他说话，慢吞吞而且不时停顿地说出你的想法，一定会把他惹急。所以，对不同的人要用不同的方式来说话，对方说话时常停顿，你也要和他一样时常停顿。若能做到这点，对你提高沟通能力和建立亲和力将有莫大的帮助。

单元三　客户接待

客户服务对于企业一线服务人员来说就是完成一个服务接触的过程，这个过程一般分为四个主要步骤：接待客户、理解客户、帮助客户、留住客户。在这个过程当中，每一个阶段都有一些非常重要的技巧可以帮助你做到以客户为中心。

一、接待客户

1. 招呼你的客户

在前一章中，我们已经知道了客户服务人员的个人准备，现在开始我们要开始接触客户了。如果初次接触客户时你在三四秒内给人留下得体的印象，就会让人感到你是真诚的，令人感到安全、值得依赖，那么进一步交往并且建立和谐关系就水到渠成了。

丰田汽车博物馆客户服务人员礼仪

丰田汽车的博物馆位于日本靠近乡村的地方，客户不是很多。但是，那里的迎宾人员依然非常自信，愉快地迎接客人。当客人走过来的时候他们会行注目礼，用目光迎接客人，快到入口的时候他们就开始说"欢迎光临"。服务人员一般都会认真核实参观的票据是否正确。在撕开参观票以后，双手奉还，并说声"谢谢"。这个动作让顾客觉得还没有进去看这个汽车博物馆，就感觉到很受尊重，对服务人员训练得非常品质化。博物馆里面陈列着很多古董车，每个楼层都有一位服务人员站在一个角落等着为客人服务。如果客人存在疑问向服务人员走过去的时候，他用眼神余光看到客人过来，就会立刻把身体转过来准备服务。由此可见，丰田汽车博物馆的服务做得非常到位。从最开始的"五步目迎"，到了三步距离就会问候"您好，请问需要什么服务吗"？服务人员讲话的时候身体向前倾，眼神充满关怀，客户对这种服务评价非常高。

我们把见面的最初几秒钟称为"打招呼"。这个过程可以分为五个部分：敞开－眼睛－微笑－握手－交换名片。这五个部分就是初次接触客户时要做到的内容。

1）敞开

打招呼的第一个环节是敞开你的态度和身体。要成功地做到这一点，首先要有正确的积极态度。并且一定要真切地感受和意识到这种态度。

检查一下自己的身体语言是否坦诚。如果态度端正，这一点应该很容易做到。让你的心胸直接面向你见到的那个人，不要用手或胳膊遮挡心脏所在部位，如果有可能，还可以解开夹克或大衣的扣子。

2）眼睛

打招呼的第二个环节和眼睛有关。要首先与对方进行目光交流，直视对方的眼睛，让眼睛表白你的积极态度。目光接触是真正的接触。

学会真正注视别人的眼睛。晚上看电视时，尽可能多注意人的眼睛。第二天，遇到每个人时，注意直视对方的眼睛。记住，不要一直盯着对方，和对方目光接触几秒后，可将眼神转移到对方双眼到额头的三角区域，避免长时间直视着客户。

3）微笑

这一环节与目光接触紧密相连。面带微笑，而且要主动微笑，让微笑表白你的态度。现在，敞开的身体语言、目光接触和荡漾的微笑已经让你赢得了别人的注意。你给对方潜意识中留下的印象不会是个只会傻笑的呆子，而是一个坦诚真挚的人。

4）握手

一定要用右手握手，虎口相对而握，时间一般以1～3秒为宜。过紧地握手，或是只用手指部分漫不经心地接触对方的手都是不礼貌的，握手应该坚定有力，显示尊敬，否则就会令对方疑惑，就会感觉有什么不对劲。握手时，年轻者对年长者，职务低者对职务高者，都应稍稍欠身相握。有时为表示特别尊敬，可用双手迎握。

素材5

主题讨论4-1

5）交换名片

在握手寒暄后可交换名片，递交名片时，应郑重其事，面带微笑，正视对方，单方递或接名片时，最好用双手递或者接；双方互递名片时，要右手递，左手接。应注意的是，名片上的文字应顺着对方，以便对方接受时观看名片内容，并附带"请多联系""请多关照"或"今后保持联系"等谦辞敬语。如果是坐着，应起身或欠身递送；如同时与许多人交换名片，一般先尊后卑、先近后远。跟客户交换名片时要认真地拿在手上，这是对自己也是对客户的尊重。不要将客户的名片随意丢在桌子上，也不要老拿在手里。

练习4-1

见面练习

和一位同学搭档，二人相距两米多，面对面站立。

1. 双方走向前，各自伸出右手，四指并拢，拇指张开。
2. 肘关节微屈，手抬至腰部，上身微前倾。
3. 目视对方与之右手相握，适当上下晃动以示亲热。
4. 同时说些问候的话。
5. 握手时间以3秒左右为好。
6. 交换名片。

二、理解客户

理解客户的需求与期望是很困难的，客服人员要全身心地注意客户在说什么，通过倾听、提问、复述来理解客户的需求与期望。

倾听是了解客户的内心世界，处境情况，显示出对客户的重视，从而使其产生信赖感。提问有助于帮助客户做出相应的判断，这样提升理解客户的需求效率。复述也就是把你所听到的内容重新叙述出来，以确认是否明白了顾客的情绪或诉求。

三、帮助客户

所谓客户服务，其根本在于帮助客户解决问题，因此帮助客户的这个阶段是整个客户服务的四个阶段当中最关键的一个阶段，也是最难的一个阶段。在这个阶段，客服人员需要：

（1）专业地介绍产品或服务。

（2）提供信息与选择。

四、及时服务

客户服务人员在为客户提供优质服务的时候，不只是重点考虑服务的内容，也要重视服务的时间，即能否及时有效地为客户提供服务。

1. 别让客户等待太久

1）客户等待心理

对等待心理的实验研究最早可以追溯到 1955 年。其中，大卫·迈斯特尔在 1984 年对排队心理作了比较全面的总结和研究，他提出了被广泛认可和采用的等待心理八条原则。另外，在此基础上 M. 戴维斯与 J. 海尼克在 1994 年和 P. 琼斯与 E. 佩皮亚特在 1996 年分别对顾客排队等待心理理论又做出了两条补充。具体为：

（1）无所事事的等待比有事可干的等待感觉要长；

（2）过程前、过程后等待的时间比过程中等待的时间感觉要长；

（3）焦虑使等待看起来比实际时间更长；

（4）不确定的等待比已知的、有限的等待时间更长；

（5）没有说明理由的等待比说明了理由的等待时间更长；

（6）不公平的等待比平等的等待时间要长；

（7）服务的价值越高，人们愿意等待的时间就越长；

（8）单个人等待比许多人一起等待感觉时间要长；

（9）令人身体不舒适的等待比舒适的等待感觉时间要长；

（10）不熟悉的等待比熟悉的等待感觉时间要长。

2）缩短等待时间

优秀的公司从很多方面进行努力，力求缩短客户的等待时间。

（1）制止任何无用的闲聊。客户在排队等待，办事人员却在闲聊，这是绝对不能容忍的。

（2）放下手头的任何事情，去服务正在等待的客户，这体现了客户的绝对优先权。例如，酒店经理路过大堂，恰好来了一大群客户，经理不应急于回办公室处理事务，而是帮着接待客户。

（3）临时增加服务台。例如，春节或黄金周期间增加售票网点等。

（4）需要时，可以抽调内勤和文案人员协助接待工作，以减少客户的等待时间。

尽量缩短客户等待的时间，不仅是一个具体的服务问题，而且还是一个观念的问题。只有真正懂得了客户的重要性，才能摆正客户与企业的关系，从而树立客户至上的观点，也才能从各方面做出努力，缩短客户等待的时间。

3）告知等待时间

服务人员应积极与顾客进行沟通，并尽可能准确告知他们需要等待的时间。为了克服客户在等待中所面临的焦虑，服务人员可以提前告知他们所需要等待的时间长度。例如，如果他们认为等待的时间过长，就会选择离开；如果他们决定留下来，则在所告知的时间长度内一般会耐心等待。喜茶等饮品连锁店，会准确告知顾客等待的时间；越来越多的餐饮企业关注等待之中的顾客，隔一段时间就为顾客送上一杯饮料、小吃等以表示歉意。

4）充实等待时间

现在越来越多的企业注意到等待时间是影响客户满意度的一个重要指标，于是他们会在客户等待服务时，通过对其等待时间的充实，来抵消一定量的延迟负面影响，因为这样可以转移客户的注意力。例如，银行为等待叫号的客户准备了报纸、刊物还有电视用来打发时间；饭店会让客户在等待的过程先点好菜……

素材6

充实客户的等待时间

根据客户等待时间第四条原则，客户一个人等待的时间比许多人等待时间觉得长，我们可以设立专门的等待区或体验区，在专门等待区域中提供各种设施，帮助客户打发等待时间。我们的客服人员也可以在业务高峰期指引客户去产品体验区去体验相关的产品业务，或者是向客户介绍相关的新产品。

2. 设计有效率的服务过程

只要过程对了，结果就会对。任何事情不要只研究结果，更要研究过程。只有好的过程，才会有好的效果。

1）设置好的服务系统

凡事要有一个系统，服务也需要一个好的系统。例如，电信公司通过数字化的电话服务中心和网络服务为用户提供缴费、充值、账单查询等服务，以降低顾客到营业大厅进行直接人工服务的概率，从而大大方便了用户，也降低了公司的管理成本。

万豪饭店快速退房系统

一般旅馆每到上午退房时段，经常是大排长龙。因为大部分的房客都以现金支付，所以退房处理时间很长。被视为美国"服务第一"的万豪饭店，是第一个运用快速退房系统的饭店。

清早5点，当房客还在睡梦中的时候，一份封皮写着"提供您便利的服务——快速退房"文件夹放入房门底下，文件夹里有一张结账单，内容如下：

您指示我们预定于本日退房，为了您的方便，请进行如下步骤之后就可以完成退房手续。

（1）这是一份截至本日上午12点的结账单（附上收款收据或是发票）。

（2）上午12点以后所发生的费用，请当场支付，或者是向柜台领取最新结账单，或者是在24小时内本旅馆会自动寄给您最新的结账单。

（3）请在正午以前电话通知柜台为您准备快速退房服务。

（4）房间钥匙请留在房内或者投入柜台的钥匙箱。

非常感谢您的光临。我们希望能够在最短的时间内再次为您提供服务。

此外，文件夹里面除了结账单之外，同时还附有一张白纸，上面写着："请写下您对我们所提供的服务的评价及建议。您的宝贵建议将有助于我们为您下次住宿提供更佳的服务。"

问题：万豪饭店运用快速退房系统有什么好处？

素材7

万豪饭店运用快速退房系统有什么好处？

2）明确服务时间限制

及时服务需要规定具体服务的反应时间限制，以保障服务的执行。如在接到客户要求服务的电话后，规定客户服务人员应在多长时间内给予答复等。

奔驰汽车公司即时性服务

为了更有效地为客户提供即时服务，奔驰汽车公司规定了以下体现即时性服务的措施：

（1）员工或服务人员在两小时内给客户答复，如果是复杂问题，最迟不能超过 4 小时，并做好登记。

（2）汽车维修站的工作人员必须在 10 秒钟内换好轮胎，10 分钟内完成动平衡检测。

（3）汽车维修站的工作人员在接到客户要求维修的电话通知后，必须在 1 小时内到达客户要求的地点。

（4）财务人员必须在 30 秒内为客户开出发票。

问题：奔驰公司为什么要这么规定？

素材 8
奔驰公司为什么要这么规定？

单元四　处理客户异议

当你全力给客户介绍完商品后，客户却很有礼貌地说："谢谢你，你讲得很好，你们的产品也很好，但我现在不想要。"这一刻，你的感受是什么样的？是愤怒？是气恼？觉得客户在浪费你的时间？有效果比对错更重要。要把客户的异议作为成交的前奏，在收到客户的异议时，客服人员所要做的，就是迅速处理客户异议，争取最后的成功。

一、客户异议

1. 异议定义

异议是客户在购买过程中不明白的，不认同的，怀疑和反对的意见。

2. 异议类型

（1）沉默型异议：让客户多谈谈他的想法；

（2）借口型异议：搁置异议，转移到客户感兴趣的项目；

（3）批评型异议：先表示理解，解决疑虑；

（4）问题型异议：首先感谢顾客的关切；

（5）主观型异议：重新建立亲和力，改善对你的不满；

（6）价格异议：强调客户获得的利益。

3. 处理方式

异议处理导致结果分化。实际上，并不是客户的异议离奇古怪，更多的是客服人员准备不足。

1）安抚客户情绪，满足客户的情感需求

根据心理学家多年的研究结果，人们对于某个结果产生的过程比起结果本身更为在乎。客户在决定买还是不买的犹豫过程中，他是非常痛苦的，当他一旦决定买或不买之后，就会如释重负。所以，客户也需要客服人员的理解与支持。在销售过程中，客服人员的态度非常重要，客服人员在整个过程中营造出来的公平、愉快的氛围带给客户的感觉非常重要。

当客户感觉愉快并受到重视时，他会留久一点，并购买更多的产品或服务，当客户感觉受到威胁或不安全时，他会迅速地离开现场，让自己回到安全范围内。所以，当客户对产品、服务有疑虑时，只解决问题是没有用的，要懂得安抚客户情绪，直接与客户的情绪对话，真正了解客户的需求与心声，了解客户在情感方面的需求是什么，并对此做出回应。

在关注的过程中，学会用问题、用有关联性的问题、用聆听而不是用说明，来一步步引导客户自己做出决定。善用我们的非语言沟通因素，影响客户做出他"自己"的选择。

场景再现4-2

潜在客户："你这个皮包设计的颜色都非常棒，令人耳目一新，可惜啊这个皮子品质不是最好的。"

销售人员："先生，您的眼力真好，这个皮料啊，的确不是最好的，若选最好的皮料的话，价格可能就要比现在这个价格高出好几倍以上了。"

分析：当客户提出他的一种反对或异议的意见时，有事实根据的，你应该承认，并且欣然接受，强力地否认事实是不智的行动。千万不要去否认，你要给客户一个补偿，让他感觉到心理的平衡，也就是让他产生一种感觉，这种感觉是产品的价格与销售价值是一致的，让客户做出"自己"的选择。

2）不要过度承诺，确实说明情况

陈述购买后的美好成果很简单，但不要忘记，对于自己的需求，客户是最清楚的。过度的承诺，只会提高客户的心理期望值，让客户对产品服务的期望值过高。一旦产品、服务有些瑕疵，就会给客户造成相当不好的印象，影响客户的重复交叉购买，影响产品在市场中的口碑。

恰当的做法是：了解客户的购买清单，通过聆听与提问重塑客户的采购标准，或极力满足最优先的三项，同时强调其中某一些独特的优势所能带给客户的实际利益与心理优越感。

场景再现4-3

客户说："我希望你们所提供的颜色能够让客户选择。"

销售人员说："我们已经选了五种最容易被客户接受的颜色了，不然更多颜色的产品会增加你们的库存负担。"

分析：减少库存负担就是一种能给客户带来的实际利益。

3）适度地影响客户而不是永远等待

有时候，客户的购买也需要有一个人在背后坚定地"推"他向前，鼓励他去尝试新事物。客户有时对自己的需求并不清晰，甚至不知道是该买还是不买，这时，客服人员就可以为其确定所提供的产品、服务是可以为他带来好处和显而易见的利益的。

接待这种客户最好的方法就是：适度地影响他，而不是被动地等待。一些小小的技巧可以影响到客户最后的决定：一边和客户交谈，一边开始填写客户资料或收银单，用一些非语言的形式来加强心理暗示。如果客户对价格不太敏感的话，我们还可以采取一些引导性的行为：直接把客户带到收银台前，一边继续介绍产品一边开单，示意客户交款。

当尽了一切努力，客户仍然摇头说"不"时，客服人员可以做下面的努力：保持热情与良好的态度，谢谢客户给这次机会进行介绍。站在客户的立场上，了解客户这一次拒绝购买不代表拒绝自己或下一次购买，还可以继续和客户保持联系，这次的产品不适合他，不代表下一次新推出的产品不适合他。从客户的拒绝中获得经验，并对客户表示衷心的感谢。还可以在此后寄张感谢卡给客户，并不断将新产品、新信息传递给客户。

二、拒绝客户

不论喜欢与否，服务人员有时必须要对客户说"不"（不管你想说还是不想说）。许多客服人员都知道服务就是满足客户所需，并且尽可能及时。因此，客服人员在不能满足客户所需时，常常感到无助，不能采取其他的技巧摆脱这种困境。

1. 需要拒绝的情况

客服中心不可能对每一个客户的要求都说"是"。不论喜欢与否，需要对客户说"不"的情况是存在的。

1）法律

客服中心必须遵守国家和地方政府的法律。例如，如果你是药店营业员，顾客要买处方药，而没有医生处方单，国家法律规定，这是不允许的。

2）政策和章程

这是一类强制性约束，不是作为法律要求，而是作为规章制度的一部分。例如，如果你是客服代表，当客户要求商品打7折，而企业规定对于新顾客最多能打9折，你就不能给他打7折。

3）缺货

无论什么原因，客户想要的商品临时短缺。例如，作为客服代表，你的一个客户打来电话要求今天下午4:00给他送货，而这时，商品存货恰恰卖完。

4）不合理的要求

有时，客户提出根本不可能满足的要求。例如，你是医生，患者要求用一种治疗方法，但是这种方法对客户健康有严重危害或者不利于治疗。

2. 拒绝客户并不一定是坏事

作为客户，可能最终没有买到想要买的东西，却可以得到优质的客户服务。设想，医生虽然没有采用患者要求的治疗方法，因为这种方法对客户健康有严重危害或者不利于治疗，但医生可以首先向客户道歉，然后详细地解释原因，并调整治疗方案，既适应客户的要求，又符合健康的要求，并送给客户一些疾病治疗方面的书，客户自然会很满意。

当客服代表不得不对客户说"不"，不能提供客户想要的东西时，他可以尽可能多地去满足客户其他的需要。就上面例子而言，医生通过道歉，显示对客户的失望心情的理解；给客户解释原因，对客户的第一种需求提供另一种选择；通过送给客户一本书，向客户提供了一种补救性主动服务。

知识链接 4-1

补救性主动服务

许多客服人员，一旦碰到问题，往往难以取得真正圆满的结果。他们需要采取最后的而且非常重要的一步：给予客户关照明示。关照明示是客服人员采取的一种具体行动，目的是让客户知道，这种事情不会再发生，并且会与他们保持联系。下面是一些补救性主动服务的例子：

因为没有足够的商品储备，答应在 3 天内将商品免费送到客户家里。

汽车修理行因为没有按时修好客户的车，暂借给客户一辆车使用。

航空公司因为没带够食物使乘客没有吃上饭，给了乘客下一次乘机可用价值 25 元的代用券。

关照明示所花的成本大小并不很重要，当然不必很昂贵，但它确实需要以一种有形的方式表达歉意。

3. 拒绝客户的方法

假如，拒绝客户是客服人员工作中的一个事实，而且早晚要把坏消息告诉给客户，那么，客服人员的选择不是应不应该说"不"，而是如何说。有两种说"不"的方法：

1）生硬地拒绝

认为其工作是矗立在客户与其所需东西之间的一道砖墙的客户服务人员，才会把令人不愉快的"拒绝"情形转变成激烈的争吵。这种说"不"的方式没有移情作用或愿意帮忙的表示，会激怒客户。这种拒绝性的"不"的基本态度是"没门、没有任何办法、几百万年后也别想"。当被问到服务是否还有其他简便的方法来处理所遇到的问题时，客服人员的回答是"没有"时，客户感觉到的是一个生硬的"不"。接着，当客户请求得到下一步该如何做的建议时，客服人员又说："我不知道！"最后，当客户提出一些可能的选择时，客服人员又把它们全部逐一"枪毙"。这就是所谓的生硬地拒绝。

没有什么比这更能令客户发疯了，当客户想从客服人员那里得到想得到的东西时，客服人员把客户当成了麻烦，对寻找办法解决客户问题不感兴趣，"我不关心"和生硬拒绝的态度从其服务语言中反映出来。例如：

（1）我们中心没有规定……

（2）这不是我们的工作……

（3）没人让我这样做……

（4）我不知道……

伴随这些反应的身体语言是：白眼；低着头；目光游离；心烦意乱。

2）服务性拒绝

虽然强硬地拒绝对客户显然行不通，但还是不建议客服人员使"不"听起来像"是"，有些客服人员不愿面对现实，想通过歪曲事实使客户高兴，这样做会使客户不现实地期待他们想要的东西。最后，当他们发现被误导时，将会更加不安。当客服人员真正要说的是"不"，却使客户以为在说"是"，不是问题的解决办法。客户愉快地、理解性地接受"不"的愿望也不是解决问题的办法。不管客服人员是说"是"还是说"不"，受到客户欢迎的关键，是要问自己这样一个问题："这个客户需要什么，怎样才能尽我的能力为他办到？"试试这样的表达：

（1）"我要做的是……"这句短语是告诉客户，客服人员会想尽一切使问题得到解决的办法帮助他们，虽然提供的可选择的行动不是客户想要的，但是它会产生可行性的解决办法，减少客户沮丧感。

场景再现 4-4

一个客户把电话打到客服中心来，要购买产品，因为暂缺货，所以不得不拒绝。客服人员给客户带来不便，对其失望表示道歉后，客服人员说："我所能做的是把您订购的产品填入期货单中，当有货时，我们的业务代表给您送过去，您要给我您的电话号码，以便我能填写订单，在货到的时候尽快给您送过去。"

（2）"你能做的是……"第二句短语告诉客户，客户自己已经控制了一些情况的结果，把客户看做参与解决问题的搭档，为客户做可能性的建议，可能会暂时解决一些问题，或将来采取的行动会防止再次发生这种情况。

场景再现 4-5

客户： "我想知道我的退款什么时候可以拿到。"

客服人员 1： "我不是这个部门的，这不是我分内的事，你得去财务部查一查。"（生硬地拒绝）

客服人员 2： "你可能需要去财务处查一下，财务处在三楼。"（服务性拒绝）

单元五 特殊客户应对

在客户服务过程中，客服人员经常会遇到一些棘手但却不能不面对的客户，如抵触情绪的、粗鲁的、怒气冲冲的、满腹牢骚的和盛气凌人的客户。在应对棘手的客户时，客服人员一定要保持冷静并提供专业的服务。

1. 怀有敌意的客户

客户怀有敌意，或许是因为他觉得以前受了委屈，或听闻别人在贵公司受到不平待遇。这种情况较常发生于政府机构和公共部门（如学校），因为不像私人企业，客户无法选择其他公司。他只能到某一机构，而该机构也需要提供服务。面对持负面观点的客户，不管他的看法是否正确，处理时可使用以下技巧：

1）积极聆听

积极聆听能向客户证明你专心注意，以及你相信客户本身和他所说的话都很重要。积极聆听是先改变措辞来重述客户的说话重点，然后再反问对方，并加以确认。例如，"嗯，你是说你很确定这个产品少了部分零件，而你想要全额退款，是吗？"

2）有人这么认为（中立模式）

中立模式是认知客户所言，但既不同意，也不反对，由于这是个不常见、新奇或出乎意料的反应，因此这个技巧会中断情绪的流动，让客户停下来思考，这让服务人员有空闲使用其他技巧。具体的形式是这样的："的确有人认为（以直接、冷静的方式复述客户所言）。"注意绝对要用中立、没有情绪的方式来复述客户所言。

3）保证尽力

当客户觉得你没有尽力，他们就会生气。相反超出职责范围的努力，就算他们得不到想要的，若客户觉得你已经尽其所能，也不会把你当做箭靶。保证尽力的做法是告诉客户你会尽全力达成他的需求。例如，"我看得出来你赶时间，我会尽量在几分钟内帮你办好。"

要注意的是，保证尽力不同于保证结果。就算你还不知道是否能满足客户所愿，也可以先向客户保证你会尽力。

4）重新聚焦

让会话重新聚焦，回到原本的问题或议题上。假设有位愤怒的客户抱怨某一产品或服务，他先谈论问题，没多久就开始批评公司或客服人员个人，这样继续探讨下去，不会帮助客户解决他的问题。此时，客服人员就要重新聚焦。例如，"我明白您对这项产品的问题非常生气，让我们回到我们能协助您的层面，我能给您几个可能有用的建议。"这样的用意是让客户把注意力离开气愤，转移到较有建设性的事情上。

场景再现 4-6

状况发生于政府部门办公室。客户无法选择到其他地方办理，而他明显持有负面观点。

客户：是这样的。我需要办理建筑物许可。我不希望你们像平常一样要弄人，或者搬出层层官僚主义关卡。我没有那么多时间。

员工：听起来您是想要尽快办妥这些许可文件，是不是？（积极聆听）

客户：没错。你要知道，没有人喜欢和你们打交道，不但费时费力，而且你们搞砸的概率至少是一半以上。

员工：的确有些人对于整个过程感到不顺（中立模式）。让我看看我是否能让您惊喜。既然您想要尽快办妥，我们这就着手办理（保证尽力）。我知道您以前办过，所以您应该已经准备好了申请许可证的所有资料，是吗？（重新聚焦）

分析：在这个案例中，客服人员并不是急于辩护，而是把整个状况视为能够扭转乾坤、转变负面态度的挑战。记住，绝对不要急于辩护、争论或以负面方式回应。客服人员最初的回应是对客户表示关心，让对方知道他已听进了客户的意见，但却不鼓励客户怒气冲冲地辱骂政府组织。他的做法是聆听回应而不中圈套，然后把问题重新聚焦。

2. 不信任你的客户

不信任你的客户，将会是难缠的客户。有些专业领域比较容易引起较多怀疑，这主要是因为客户缺乏资讯来确定你究竟是在服务他，还是以自我为重。面对这样的客户，服务人员需要使用的技巧是用来让客户信任你的诚实。

1）说明理由或行动

客服人员很容易以为客户会了解他为何这么做或这么说，这是错误的观念。客户并不熟悉服务的公司、政策或流程，至少，他不会比服务人员清楚。客户想要知道整个情况，如果他们不了解，很可能会感到沮丧，甚至害怕。

2）承认客户需求

当客户看见你尽其所能地了解他的需求（就算你做不到），他也很有可能对你持正面观点。承认需求包括重述客户对你所说的，如"我了解你想让你的钱花得更值得"；或者回应对客户的观察，如"我看得出来你在赶时间"。

3）正反意见

若你能提供某事物的正反两面，如产品的优缺点等，便能让客户觉得你很可靠，或值得相信。例如，在介绍某一产品时，与其只描述它的优点或它的缺点，还不如同时介绍其他所有相关产品的优缺点。为客户说明各项选择方案时也是如此。要记住，当客服人员只提出单方面观点时，客户会纳闷客服人员为什么提出这个明显不平衡的看法，因而会质问或怀疑其动机。

4）专业推荐

客户不一定都知道他们自己的需求或需要，也可能对下一步该怎么做感到困惑。客服人员的角色之一，是在产品选择或达成需求的有效做法上，提供专业建议或推荐。在提供建议或推荐之前，最好先询问客户是否想听你的意见。重点是，当你提供建议或推荐产品时，要说明你为什么认为这个产品或行动是客户的最佳选择。这就是提供正反意见兼具的平衡推荐。

场景再现4-7

客服人员正在说明客户轿车的问题，但发现客户可能不大相信他所说的话，于是采取行动建立信心。

客服：我们除了检查您所说的问题之外，还做了45点检查，这是一般汽车检查的一部分。我们还要讨论其他您可能想要处理的事情。（说明理由或行动）

客户：（语带怀疑）好的。

客服：您提到刹车有问题，于是我们一开始就检查这个部分。我们发现刹车皮前端已磨损90%。我们还注意到您的车子有轻微的漏油问题。（说明理由或行动）

客户手摸摸下巴，摇摇头。

客服：我想您应该不会想花太多钱，因为这辆车的车龄已经有点老（承认客户需求），因此，基于安全考虑（说明安全理由），我建议先更换刹车皮（专业推荐）。至于漏油，老实说，可能不值得修理。修漏油的唯一好处大概只是省那一点点油钱吧。（正反意见）至于坏处，要修理漏油就得更换汽缸床垫片，是一大笔开销。不管怎样，老旧的汽车多半都会有漏油的问题。所以，我建议我们今天只更换刹车皮，一并密切注意漏油情况，如果漏油问题恶化，我们再讨论下一步（专业推荐）。

分析：客服人员让自己站在客户的立场来着想，而不是只赚钱。首先，他说明找出漏油问题的过程。接着，他提出这些需求，向客户证明他了解他的考量和需要。这段互动最重要的部分是从客户的观点提出正反意见。员工提出不值得修理漏油的原因，显示他是站在客户立场，但同时又不下定论，让客户自行决定是否要修理。最后，我们看到客服人员提出他个人的专业意见。

3. 粗鲁的客户

大部分客户都把自己的行为控制在可接受的范围内，但还是有些客户会在生气时辱骂或吼叫，不然就是"动手动脚"。当客户变得愤怒与粗暴时，很多客服人员也会变得防卫起来，最终会后悔所做的事。所以，不要被客户粗鲁或是愤怒的态度搅乱了思绪。可以使用以下方法和技巧来终止对方不当行为，让他平静聆听，并正面回应。

1）同理心陈述

同理心陈述主要用在客户感到沮丧、泄气，甚或之后可能会变得灰心或愤怒的情况。

这项技巧的用意在于向客户证明你了解他的心境，知道他为何会有这种感受。

客服人员不需要认同客户生气的原因，只需要承认客户在生气。以下举几个例子：

（1）我能联系那里。

（2）我理解您说的话。

（3）我知道要填这些表格很令人沮丧。

（4）您发现这个产品无效，一定非常泄气。

要让同理心陈述发挥效果，关键在于明确、具体。清楚说出是哪一种情绪（愤怒、灰心、沮丧），并指出情绪来源。

2）设限

当客户的行为毫无建设性，客服人员就得加以设限。客户可能提高音量、咒骂或一再来电找麻烦。为协助客户（也让你不发疯），你需要帮助客户停止不适当或破坏性的行为。设限分为许多部分。

设限过程始于"如果……我就要"陈述。在这句话中，要尽量清楚说明你希望对方停止什么样的行为。同时也要表明，如果他再不停止，会有什么样的后果。例如，"如果你不停止咒骂，我就要结束这段对话。"在这句话中，行为是"咒骂"，后果是"结束这段对话"。但这样还不够，下一步是提供一段选择陈述。例如，"要不要继续，决定权在你。"

这项步骤的用意是让客户了解由他自己决定是否要停止咒骂（并继续会话），还是继续咒骂（并结束对话）。用这种方式让它变成客户自己的抉择，后果才不会像是员工对客户所为，也比较不像是惩罚。

整个设限过程,客服人员都得冷静处理并执行,才比较不像是针对个人。在使用限制终止互动之前,你应该先说明公司在结束互动或拒绝再度服务方面的政策和立场。另外,还要记住设定和执行限制应该是最后手段:已用尽所有技巧,都无法促使客户做出有建设性的行为后,再考虑使用本技巧。

3)提供选择

提出所有有可能适合客户的服务或行动,供客户选择,当提供选择时,通常会询问客户他想选择哪一项方案。提供其他方案的做法显示出对客户的关心。

4)复述重点

本技巧主要用于客户不肯配合客服人员解决他们的问题时。其用意在于传达以下信息:若不处理想要解决的问题,我们之间的对话也没有必要继续下去了。它的做法是用不同的措辞重复相同信息,直到客户开始合作为止。例如,"这里有好几个选择(念出这些选择)。你比较喜欢哪一种?"如果客户不理会,就换个措辞重复这段信息:"您可以(第一方案)或(第二方案)。您偏好哪一种?"同样的信息可以重复四五次,直到客户做出选择为止。面对太生气而无法专心解决问题的客户,也可使用这项技巧来表达同理心。

场景再现 4-8

客户想在某一问题上寻求协助,在电话上对员工滔滔不绝已有两三分钟,并且开始粗言秽语咒骂客服人员。

客户:你是不是蠢?我已经受够你们这些人了。

客服:先生,我知道您很沮丧(同理心陈述),我很愿意帮助您解决问题,但需要请您配合。(设限)。现在您可以告诉我发生了什么吗?(提供选择)

客户:我只是想要拿到我的支票。这个要求很过分吗?

员工:关于这件事,我一定能够帮你(表示尽力),但我需要您的配合,可以吗?(提供选择)

客户:嗯,好吧!(不情愿的口气)

客服:好的,我需要问您……

分析:请留意,客服人员最初的回应就是一句同理心陈述,用来软化稍后提出的限制所造成的冲击。订出明确清楚的限制,让客户知道,如果他再不配合,将无法解决问题。

最后,客服人员问"这样可以吗"来强调很关心客户。

记住,设限既非威胁,也不是警告,要使用平淡、不带感情的语调,就像"如果雨天不带雨伞就会淋湿"一样的语调。

4. 要求见上司的客户

沮丧的客户常有的要求,就是与你的上司或者经理说话。客户要求见你的上司,可能是想要让你害怕,抑或觉得层级较高的人比较能把事情处理好。有时候，不沮丧的客户也会要求见上司，因为他们相信职权较大的人能够更快速、更有效率地为他们办好事情。面对这类客户可以使用的技巧是：

1）探索问题

使用一连串问题来协助理清客户需求、感受、需要及所面临的现况。探索问题都很简单，每次只涵盖一个层面因此不会让客户不知所措。探索问题鼓励客户理清或补充他之前的回答。例如，"您今天来的目的是什么？"这是个问题。另一种做法是循序渐进，先说："我看到您在比较本店的电视，您有没有兴趣多了解这些产品？"如果客户点头，员工可以向下探索，问道："您有没有特别感兴趣的电视尺寸？"互动可以如此进行下去，员工根据客户对前一个问题的答案，一步步提问简单的问题。

本技巧除了是获得客户资讯的重要手段之外，由于是根据客户的回答来提问问题，因此也能展现客服人员一直在专心聆听。

2）保证尽力（参见前面的例子）

3）不要落入圈套

面对愤怒的客户，有个最简单却也是最重要的技巧，就是不要落入圈套，也就是说，不要回应客户的羞辱、意见、讽刺或其他气话和辱骂。一般来说，客服人员可以间接回应（利用同理心陈述），但不要针锋相对。原因是，如果客服人员一心在意就会花时间争执这些意见，这要比忽略对方的愤怒言辞或以同理心陈述来回应浪费更多宝贵时间。不上当是个重要战术，它需要某些程度的自律。时刻提醒自己，没必要让客户坏了你的心情。

4）转介给主管

有时候，由于客服人员缺乏职权或资讯，而无法进一步协助客户。当客户与主管或其他高层人士交谈时所表现的行为，要比和低层员工交谈要文明得多。

无论是因为缺乏职权与资讯，抑或觉得客户面对主管时态度会比较好，所使用的技巧都是一样的。首先，询问或对话确认客户是否想要和主管交谈。然后，与主管联系，向他说明情况。通常客服人员要向主管提供这名客户的姓名、问题以及客户的心态，这个步骤能确保主管有所准备，并让主管能够控制他与客户的互动。

有一点非常重要，客服人员和主管对于转介客户的事一定要心态一致。有些主管不希望把客户转介给他们，有些主管在某些情况愿意这么做，也有些丝毫不在意。客服人员平常就需要知道主管对这件事的想法，千万不要等到有生气的客户在等待的时候，才询问主管是否介意把客户转介给他，以及他希望处理整个过程。

场景再现4-9

客户要求立刻见主管。

客户：我想和你的主管谈一谈。

客服：我很乐意帮您安排与我的经理见面。（保证尽力）不过，有没有什么我可以先帮忙的地方呢？（探索问题）也许能为您省去不少时间。

客户：（绷着脸）不，我不想跟你谈，我已经厌倦和那些什么都不懂的人谈话了。

客服：好的。请先让我看看她现在有没有空。不过，如我能先告诉她您想与她谈论什么问题，可能会比较好。（不落入圈套）

客户：就告诉她我想跟她谈谈这里差劲的服务品质。

客服：好的，请稍等。您可以先坐一下，我一两分钟后回来。

（员工走进主管办公室）

客服：经理，有位客户要求与您谈论"差劲的服务品质"，您现在有空吗？（转介给主管）

主管：当然可以，让我去带她来我的办公室。（员工与主管一同走向客户）

主管：嗨，我是经理。我知道您想和我谈谈这里的服务问题，若您愿意，请跟我来，让我们在不被打扰的情况下好好聊一聊。（示意客户跟随）

分析：由于客户马上就要求见主管，员工并不知道其动机为何。因此，客服人员的第一步就是要找出"为什么"，然后了解是否能先提供协助。客服人员问了两个探索问题，同时并向客户保证会尽力安排他和主管见面。

▶▶

客服人员很快便发现客户并不愿意提供任何额外资讯。请留意，当客户说："我已经厌倦和那些什么都不懂的人谈话了"时，客服人员拒绝落入圈套，根本不理会这句讽刺性的攻击。对话的第二、第三部分展现转介给主管的技巧。在第二部分，员工简短向主管说明情况。在第三部分，主管和客服人员一起走向客户。此时，最重要的是主管立刻取得会话主控权：她先自我介绍，而不让客服来介绍。在自我介绍中，主管说："我知道您想和我谈谈这里的服务问题。"为什么需要这么说呢？这是为了让客户知道，客服已经告知上司客户想见她的原因，而且她已经准备好讨论这个问题。

记住，客服人员应该知道上司觉得什么时候适合转介客户给他、什么时候不适合。如果不清楚上司的想法，请先问及。

[实训项目四]

实训1 视觉、听觉、身体感觉的倾向测试和沟通技能提升

一、实训目的

通过测试明白自身属于三种属性的何种倾向，也开始了解每个人各有不同。尝试使用这种沟通技巧和对方进行有效沟通。

二、实训要求和内容

在视觉、听觉、身体感觉三种类型中你会把自己归在哪类？进行下面的测验，看看你跟这世界如何沟通。规则是：每个问题只能选一个答案，把所选答案圈起来。

(1) 假如海边度假村只剩 3 个房间，我会选择：
a) 有海景但很吵的；
b) 听得到潮声但没有海景的；
c) 舒适但很吵又没有海景的。

(2) 当我碰到问题，我会：
a) 寻找替代方案；
b) 拿出来讨论；
c) 重新安排细节。

(3) 搭车时，我希望这车：
a) 看起来气派；
b) 很安静，或听起来很有力；
c) 感觉舒适或安全。

(4) 当我跟别人描述刚去过的演唱会之类的，我会先：
a) 形容看起来如何；
b) 告诉对方听起来怎样；
c) 传达当时的感受。

(5) 闲暇时，我最喜欢：
a) 看电视或电影；
b) 看书或听音乐；
c) 从事肢体劳动类活动（手工/园艺）或是运动。

(6) 别人如果想说服我，我会先：
a) 我要看到证据；
b) 我得先说服自己；
c) 我相信自己的直觉。

(7) 通常我说话、思考速度：
a) 很快；
b) 一般；
c) 很慢。

(8) 平常我呼吸是从：
a) 胸部上方；
b) 胸部下方；
c) 腹部。

（9）如果到一个陌生都市找路，我会先：

a）看地图；

b）问路；

c）凭自己直觉。

（10）挑衣服时，哪一点对我最重要？

a）我看来很完美；

b）能表现我的个性；

c）穿起来舒服。

（11）选餐厅时，我最重视：

a）它的装潢；

b）我能听到自己说话；

c）感觉舒服自在。

总计：

a 共有_____个；

b 共有_____个；

c 共有_____个。

分析：a 是视觉类，b 是听觉类，c 是身体感觉类。哪个得分越高，那方面的倾向就越强。不过，结果会受某些变数影响，包括你事前已知测验目的何在。

三、实训成果与检测

找几位朋友做同样的测试，看结果怎样，据以印证你观察人们知觉偏好的能力。

实训 2　摄制客户服务微电影

一、实训目的

通过实践，体会客户服务过程，掌握一线工作人员应会服务技巧。主要考察项目三和项目四的有关技巧。

二、实训要求和内容

（1）学生按已有分组进行实训；

（2）各组选取一个服务场景，通过设计互动内容，组内成员扮演客户和客服，结合客服基本功和客户需求沟通技巧，演示客户服务的过程。将过程拍摄下来，并进行后期制作，剪辑成 3 分钟内的视频，上传到平台；

（3）为了更好地展现风采，先写好剧本是必不可少的（剧本不用交），还要准备相关的道具，如产品、工牌、服装等增加现场感；

（4）小组内分工要合理，拍摄安排、演员安排要恰当；

（5）合作排练熟练后，再拍摄上传；

（6）选出优秀作品和优秀作品团队。

项目五 客户投诉处理

学习目标

知识目标

1. 掌握客户投诉的类型、正确识别客户投诉；
2. 掌握客户投诉的处理原则；
3. 掌握客户投诉的一般处理流程和方法；
4. 理解客户投诉事件的预防措施。

能力目标

1. 能描述客户投诉和异常事件的处理流程；
2. 能进行客户投诉和异常事件的处理；
3. 能对异常事件提出相应的改进意见。

项目导学

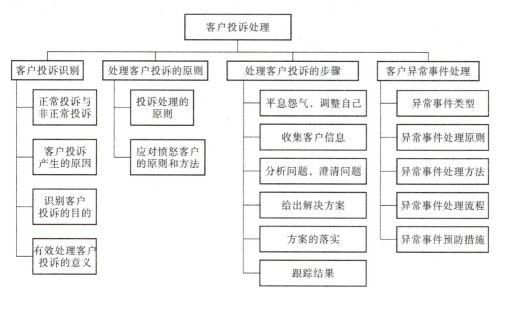

案例引入

奔驰投诉事件

2019年4月9日,一段"奔驰女车主坐车顶维权"的视频引爆了网络。据悉,女车主家人为了庆祝其生日购置了一辆奔驰车,价格为66万元,岂料,新车还没开出4S店,就发现车辆发动机存在漏油问题。

在视频里,这名女子在4S店里坐在一辆奔驰车的引擎盖上,哭诉说:"我是受过高等教育的人,我是研究生毕业,但是这件事让我几十年的教育受到了奇耻大辱!我就是太讲道理!我就是太讲道理才被你们欺负!""如果你们有人跟我谈,我就不会坐在这里丢脸了。现在网络这么发达,人家给我传到网上,我怎么办?今天我这个脸我也不要了。""如果是开出200公里一次长途出了问题,你跟我讲'三包',我同意,但我开车还没出这个门,一公里没开。当初跟我说可以退款、可以换车,你们最后跟我讲'三包',给我免费换发动机,还让我打12315投诉热线,你觉得合适吗?""一公里都没开就换发动机,简直是无妄之灾!如果真换了发动机,连二手车都卖不出去,我为什么要接受?""你们所说的国家三包规定发动机漏油需要更换发动机,但是国家三包还规定了修车只要超过5天就必须配备用车,但是你们配了吗?国家三包有利于你们的,你们就认,国家三包有利于我的,你们就不认。"

消费维权是常有之事,但为何此次西安维权事件引发高热舆情?相关人士认为,第一是因为这事是出在奔驰这样的高端品牌身上,汽车竟在客户提车过程中出现发动机漏油,这种情况与奔驰这样的大品牌给公众的"人设"产生太大反差。同时,从网友反映来看,涉事门店在处理投诉中的态度也给人以"傲慢""推诿"的印象。第二是因为车主非常态的维权形式,在网络社会中极易成为传播热点。而且,车主在维权中虽然表现"失态",但是无论是在视频中的控诉还是在联合调查组介入后所提出的诉求,均以"有理有据,合情合理"引发不少网民共鸣。

4月11日下午,记者致电这家汽车行,售后工作人员称,此事目前已经妥善解决,与车主达成一致,解决方案车主也很满意,但至于具体的解决方案,不方便透露。

素材1
PPT 也精彩

项目五PPT

启发思考

面对客户投诉应高度重视,客户投诉需要在第一时间内得到及时妥善的处理,在处理客户投诉时与客户的有效沟通很重要。事实上,处理客户投诉的过程是为客户解决问题的过程,也是全面创造客户满意度的过程。满意的客户自然是企业忠诚的消费者和支持者。世界上没有尽善尽美、毫无瑕疵的服务,正如海尔集团董事局主席兼CEO张瑞敏所说："没有最好，只有更好。"服务所固有的特性决定了服务失败随时可能发生在任何一个时点、任何一个环节、任何一个客户身上，当服务失败已经发生时，我们要尽量把负面影响降到最低，有效地避免和消除因顾客的投诉而造成的不利影响。

单元一　客户投诉的识别

一、正常投诉与非正常投诉

《ISO 10002—2018，IDT GB/T 19012—2019质量管理顾客满意组织投诉处理管理体系管理手册》将投诉定义为"就产品、服务或投诉处理过程，表达对组织的不满，无论是否明确地期望得到答复或解决问题。投诉也可在组织和顾客互动中的其他环节产生，因此有直接和间接投诉之分。而根据投诉者当时的心理状况，投诉又有正常投诉和非正常投诉之分。

正常投诉是客户对产品和服务不满意的一种表现。当客户购买产品时，对产品本身和组织的服务都有良好的期望，如果这些期望得不到满足，心理就会失去平衡，由此产生的抱怨和想"讨个说法"的行为就是客户的正常投诉。

非正常投诉是指在非正常心理支配下，投诉者采用非正常手段和方法，并通过非正常渠道，向组织提出超过或高于法律、法规、规章、政策、惯例规定及双方约定的要求，并使组织难以实现或根本无法实现，因此对组织产生负面影响，甚至造成重大损失的投诉。

中国著名保健品品牌"三株口服液""吃死人事件"发生后，在事件真相尚未调查清楚之前，客户的非正常投诉相继出现，由于公司对产品质量的信心加上对"品牌危机"事件处理不当，"三株"迅速陷入危机：产品销量大减，甚至停产，品牌伤害十分严重……虽然事后调查"吃死人事件"与"三株口服液"产品无关，但"三株"至今还没有恢复过来，令人为之惋惜。

投诉是正常的，任何企业都有可能会遇到，但过高的、无理的要求，以及伴随而生的种种非正常现象，就成了非正常投诉，它常常会给企业带来巨大的危害。对客户来讲，投诉已经成为保护自身利益的有效手段，切忌滥用投诉权，将本不应承担责任的企业推入灾难的深渊。

二、了解客户投诉产生的原因

兵法有云：知己知彼，百战不殆。若想有效地处理投诉，必须先了解为什么会产生投诉，知道了原因，也就能对症下药，有效地找到解决的办法。从根本上来讲，投诉是客户因公司产品或服务质量没有达到期望而提出不满意的表示。为什么企业产品（服务）与客户期望两者之间会产生差异，绝大多数是企业方面的原因，其次也有消费者自身的原因以及社会原因。

1. 企业方面的原因

（1）产品质量存在缺陷。根据《中华人民共和国产品质量法》的定义，产品缺陷是指产品存在危及人身、他人财产安全的不合理的危险；产品有保障人体健康和人身、财产安全的国家标准、行业标准的，是指不符合这些标准。对产品质量缺陷，具体可分为：假冒伪劣产品、标识不当的产品、质量瑕疵产品。

（2）服务质量存在问题。国内一些优秀的产品品牌，如联想、海尔，都意识到服务的重要性，在做好产品的同时，确立了"服务制胜"的战略，以周到、优质的服务作为自己的竞争优势。服务既包括有形产品又包括无形产品（如出租车服务、旅游等与人民群众生活息息相关的服务）。

常见的服务问题有：①态度方面。一味地推销，不顾客户反应；只顾自己聊天不理客户；紧跟客户，像在监视客户；客户不买时，马上板起脸，等等。②言语方面。不打招呼，也不回答；说话过于随便；言语不当，等等。③销售方式方面。不耐烦地把展示的商品拿给客户看；强制客户购买；对有关商品的知识一无所知，无法回答客户的咨询，等等。

（3）使客户利益遭受损失。在客户与商家的关系中，客户的利益恰恰来自企业的成本，而企业的利润却来自客户的成本，这个矛盾是永远不会消失的，只要矛盾存在，投诉就会存在。

2009年，各地相继出现客户投诉燃气公司的情况："今天是你们的天然气置换时间，可我在家里等了整整1天，没有任何人来。到了傍晚，从5点多开始，到晚上9点多，我打了4次你们的热线电话，每次接电话的人都说已经帮我催了改造的工作人员，让我继续在家里等，可到现在为止，还是没有任何消息。没法做饭，没法洗澡，也没有人告诉我下一步该怎么办……""我们家卫生间的热水器没有一点问题，为什么叫我重新购置，不换就停止供气这不是不讲道理吗……"

（4）宣传误导。不少公司为了获得客户，千方百计地突显产品的优势，做出一些无法实现的承诺，如将终身免费服务、出现故障致电1小时内排障等作为商品的卖点大肆宣传，而在实际的售后服务中却因各种理由无法兑现承诺，让一些消费者感觉受了欺骗，进而投诉商家。另外不少商家为了宣传产品，赢得顾客的关注做广告宣传，但是广告宣传过了头，就变成了误导消费者。

（5）投诉管理机制缺失。缺乏投诉管理机制、办法、流程，一线人员没有及时的后台支撑，部门沟通、协作不畅；已有投诉不能通过反馈意见、针对性改善的闭环管理予以消除或减少，造成大量重复投诉，耗费资源；出现公关、传媒危机不能有效应对，造成投诉面扩大和升级。

由于机制障碍，客户产生投诉，经常遇到"不知道应该找谁"的困惑。有责任心的企业愿意承担责任，他们会在客户投诉的第一时间，全力以赴地解决问题。

如果客户感觉你在处理抱怨时是没有诚意的敷衍，甚至不负责任，他们不仅不会再来光顾，而且还可能会大肆宣传该企业的服务不足，从而成为企业生意场上的致命障碍。

（6）一线人员工作不到位。不少客户服务代表，面对客户的抱怨，经常是一味地向客户解释或者辩白，这样只会浪费时间，令客户更加反感。倾听客户的抱怨，不要和他们争辩，即使他们说得不对也要等他们讲完，再心平气和地跟他们解释，这样既满足了客户的心理需要，又了解到一些相关的信息，可以及时调整自身的服务策略，将有价值的信息及时反馈给公司。

2. 客户方面的原因

（1）客户对产品或服务的期望值过高。在瞬息万变的市场环境中，产品或服务会在不同层次的市场中转移，当一种商品或服务开始由高端市场转向中低端市场时，由于商品或服务本身质量的下滑，固有的高端客户会因为产品质量而投诉，而中低端客户同时又会因为对其预期过高而出现投诉。

（2）客户本身个性。素质高、修养好的客户，处理问题比较客观、冷静，即使因需求无法得到满足而进行投诉时，也比较理智，一般不会使矛盾升级，但会影响其今后的购买行为。素质低、修养差的客户，往往会斤斤计较，稍有不满就会投诉；若投诉解决不好，还会使投诉升级。还有，性格温顺的人投诉少，性格怪僻、暴躁的人投诉多。

3. 社会原因

（1）政府鼓励消费者主动维权。"12315"热线的开通，使消费者自觉维权意识高涨。企业接受着全社会的监管，来自各方面的投诉自然增加。

（2）社会信用缺失。某些不良企业和经营者欺诈消费者，得逞后人去楼空，换个地方继续行骗，造成消费者对商家有戒备心理，增加沟通难度；某些消费者恶意投诉，以投诉之名，行敲诈勒索之实，因为没有社会信用的记录，有恃无恐，成为企业头疼的"钉子户"。

三、识别客户投诉的目的

投诉是客户提出不满意的表示，虽然客户的素质和期望各不相同，但投诉的目的不外乎两种：精神上得到满足；特殊需求得以满足。

1. 精神上得到满足

（1）希望得到尊重——向我道歉、保全我的面子。任何客户自我尊重的心理都非常强，他们在服务过程中的不愉快，绝大多数情况下都是由于工作人员的失误表现出对客户不够尊重而造成的,所以要了解并掌握客户渴望得到尊重的心理,在这样的情况下,客户服务人员要放下身段,低姿态,真诚礼貌地对待客户。

(2) 希望得到理解——换位思考,站在我的角度考虑问题。面对这样的客户,客户服务人员必须认真倾听客户的投诉,真诚关怀,并适当回应,问题自然会顺利解决。

(3) 不满情绪希望得以发泄。客户带着怒气和抱怨进行投诉时,有可能只是为了发泄自己的不满情绪,以释放和缓解郁闷或不愉快的心情,维持心理上的平衡。通常情况下,直接发泄不满情绪的情况多见于重复投诉。在处理这种类型客户的投诉时,客户服务代表的耐心回应显得尤为重要。应以恰当的词语和友善的态度安抚客户,并及时与相关部门联系,确认问题所在,分清责任,给予合理解释,并力争得到客户的理解与谅解。

2. 特殊需求得以满足

对于客户服务人员来讲,理性的做法就是不但认识到客户带来的危害,还能在客户的角度考虑问题,这样整个事态就不会出现冲突和冒进,大家就会按照合理的手段和程序来执行。

(1) 希望解决问题。客户希望给他提供解决问题的方案或变通方法、说明要采取的具体行动、告诉他所需要的时间、通知他事态的进展。这样的客户多数是理性的,对自己要达成的目标势在必得。

(2) 希望得到补偿。补偿包括物质补偿和经济补偿两种。在许多投诉事件中,特别是在有关费用的投诉事件中,客户投诉的目的在于寻求补偿,这是客户意识到自己权益受到损害后的要求。

(3) 希望改正失误。这类客户往往通过提意见的方式,希望下次不要出现类似的事情。

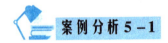

客户需求与处理方式分析

某公司顾客新买的手机出现信号不好的现象,顾客无法忍受,要求退货、换机、赔偿1 000元人民币、让新闻媒体曝光,等等。实际上,经过公司的检测,手机出现的这个问题并非普遍性问题,而且通过更换主板相关部件后可以恢复到全新的状态。

问题:客户有什么需求?客服人员该如何处理?

分析提示:

1) 客户的需求

(1) 技术知识的需求。顾客之所以反应强烈,其对通信技术知识并不是非常了解这是原因之一,因此存在对通信技术知识的需求。

(2）心理补偿需求。新买的东西希望是完美的，刚买出现瑕疵心理无法接受，因此存在心理补偿的需求。

(3）获利需求。顾客知道，销售商和厂家都怕被媒体曝光，所以以此来威胁销售商，希望能获利（比如要求赔偿1 000元并知道不应该补偿这么多）。

2）处理方式分析

这不是补偿需求而是获利需求。

(1）针对顾客的技术知识需求。应该派专业的技术人员，形象地向顾客解释问题的技术本质，并说明带来的影响和对顾客的损失，至少让顾客心里明白，确实问题是这样的，即使他表面上不认同。

(2）针对顾客的心理补偿需求。应该进行一些让步，比如送一些装饰品或给手机进行保养等，但是不能送现金，这不是补偿顾客的获利需求。

(3）针对顾客的获利需求。针对顾客的获利需求需要与其进行谈判。首先顾客的获利需求是不合理的。但是如果不满足其需求，可能会给我们造成损失，但是一定要有底线。

3）注意事项

谈判的过程中，应该先解决顾客的技术需求，然后解决顾客的获利需求，获利需求解决了也就不用解决顾客的心理需求了，如果没有获利需求，则解决顾客的心理需求即可。但是如何辨别顾客的心理补偿需求和获利需求，则取决于对顾客的了解和人们大致的心理需求的程度。此外要注意沟通，在沟通的过程中发现顾客需求的变化。

四、有效处理客户投诉的意义

1. 有助于企业进步

客户的投诉会对企业的工作起到警示作用，帮助企业及时发现工作中各环节出现的问题，通过及时处理投诉，也能提高企业的服务水平。

2. 企业维持老客户的契机

客户来投诉首先传递了客户的信任，是老客户给企业留住他的机会。客户不满但不投诉，对客户关系的伤害可能更大。

3. 建立客户忠诚的契机

有时客户不投诉，是因为他不相信问题可以得到解决，或者说他觉得他的投入和产出会不成比例。投诉的客户往往是忠诚度很高的客户。有效处理客户投诉，能为企业赢得客户的高度忠诚，争取更多回头客。

4. 客户投诉隐藏商机

有些客户投诉，实际上并不是抱怨产品或服务的缺点，而只是向你讲述对你的产品和服务的一种期望或者是提出了他们真正需要的是一种什么样的产品，这样的投诉隐藏的商机，可能给企业提供一个发展机遇。

单元二 处理客户投诉的原则

投诉处理的宗旨是解决问题，而不是制造问题。当客户服务代表与客户发生争论的时候，就走入了"制造问题"的漩涡，原来的问题没解决，新问题又出现了。成功的投诉处理一定有成功的方法，失败的投诉处理一定有失败的原因，所以处理投诉一定要遵循一定的原则，在最短的时间内解决客户的难题。

一、投诉处理的原则

1. 尊重原则

尊重你的客户就是尊重你自己，因为你尊重人家，人家才会来尊重你。尊重就意味着让客户感到他们对经营者来说十分重要。尊重客户的基本点就是在任何时刻都要诚实地对待客户，绝不欺骗，不随意应付客户。客户的"挑剔"，就是你要改善不足之处，你要虚心坦诚地接受，并尽最大努力去改善。

尊重客户不是口号，应该时刻体现在客户服务代表日常的工作过程中。

知识链接 5-1

处理客户投诉经验总结

客户服务代表在处理客户投诉中总结出如下经验：
与客户沟通时，必须表现出：
(1) 没有偏见。
(2) 礼貌。
(3) 记住客户说过的话。
同时客户服务代表要避免下面的忌语：
(1) 我们不能……
(2) 如果你能……，我们就可以……
(3) 那不属于我的职责范围……
(4) 那是不可能的……

2. 理解原则

理解原则的核心就是理解客户的需求，了解客户希望客户服务代表为他做什么。真正做到理解客户是成功地帮助客户的一个前提。

（1）客户服务代表在理解客户的整个阶段，需要具备三大技巧：

①听。客户服务代表应全神贯注地倾听客户的投诉内容，并对客户所说的话给予恰当的回应，或认同，或理解。必要时，还要对客户在投诉过程中提到的问题做个记录。

②问。客户服务代表应学会提问的技巧，准确地提出问题，迅速发现客户的需求。

③复述。客户服务代表还应掌控整个谈话过程，对客户谈到的问题做个复述，以确认是否明白了客户的需求，以便提供更优质的服务。

（2）知道了三大技巧之后，客户服务代表应掌握如下几条理解客户的原则：

①从客户的观点出发，体验客户的内心感觉。

②允许客户发泄心中的不满。

③理解和谅解都是十分重要的沟通原则。

（3）互相理解的三个步骤：

①初步了解客户的基本情况。

②换位思考，试着站在客户的角度思考问题，替客户着想。

③互相谅解，真正地理解客户，消除隔阂。

（4）理解的规范用语：

①知道这件事我们也很痛心……

②对您的不幸遭遇我们深表歉意……

③我完全理解您的处境……

④我和您一样关注此事……

3. 及时妥善原则

美国著名营销学专家菲利普·科特勒教授对销售业的研究表明，如果客户的投诉被处理得十分迅速得当，再次达到忠诚的客户会有95%；如果客户投诉最终能得到妥当解决，也会有54%~70%的客户会选择再次购买原企业的商品，由此可见及时妥善原则尤为关键。一旦出现客户投诉事件，我们必须及时处理并采取适当的服务补救措施。

及时妥善原则意味着毫不拖延地处理客户的要求，直至达到客户满意的结果。对客户的要求做出积极响应、灵活应变；如有必要，迅速提交经上级主管处理，及时将处理结果通知客户。

4. 解决问题原则

在处理客户投诉时，要明白：问题没解决，就是制造问题。

处理投诉的目标是"让客户在最短的时间内满意"，这也是对一个投诉（问题）圆满的解决。如果这个投诉处理不能让客户感觉很满意，那就是投诉升级的前兆。问题升级就是制造问题。

事实上,任何一位客户服务代表都希望自己处理的投诉结果能令客户满意。然而,在许多投诉中,客户偏偏"吹毛求疵"。遇到这样的客户建议客户服务代表及时采取"三换"法则避免问题升级:一是把问题转给他人(主管或者专业部门),二是换个时间,三是换个地点。

二、应对客户生气的原则和方法

在客户投诉过程中,难免会有生气、发怒的情形,有时这是因为我们服务中的失误,有时并不是我们的服务有问题,而只是实际的服务不符合客户自己的期望。面对生气的客户,客户服务代表可以运用以下五个原则来处理:

1. 保持冷静

作为客户服务人员,务必保持冷静和耐心,以便找出客户生气的原因并针对原因进行解决。如果客户有什么激动的言行,要知道他们并不是针对你个人,只是发泄受挫的情绪。如果将客户的怒气视为针对你个人的,就容易报之以消极的举动。

以下几个方法可以帮助客户服务代表保持冷静:

(1) 转移注意力。使自己保持冷静的一个方法,是使自己的注意力从客户的消极言行转移到他的需求上来,集中于你可以做些什么来帮助客户。

(2) 暂时离开。如果感到自己有情绪失控的迹象,最好以查找资料等借口暂时离开片刻,借此机会使自己平静下来,然后再回来继续处理眼前的情况。

(3) 鼓励自己。遇到生气、无礼的客户时,我们可能难以保持冷静、友好的态度。此时不妨告诉自己:"坚持住,过几分钟他就要走了,不要因为这个影响了我的心情。"

2. 让客户发泄不满

当客户感到不满时,会试图表达自己的感受,以减轻自己的沮丧感。此时,如果阻止客户说话、打断客户的话都会使他变得更加生气。客户甚至会将怒气发泄在别人身上。所以我们要让客户发泄他不满的情绪,只有他说完自己想说的话后,才能更好地注意你要说的话。

3. 平息客户的怒气

客户过于激动会使双方难以沟通,因此客户服务代表在解决问题之前首先要使客户冷静下来。可以试试以下几种做法:

(1) 表达对客户的理解,站在客户的角度,理解客户的感受。对客户表示理解并不意味着赞同他的观点,而是表示我们尊重并理解他的感受,愿意与他共同解决问题。

(2) 转移客户的注意力,努力使客户的注意力转移到如何解决当前问题上来。要做到这一点,我们要对谈话进行引导,例如:我怎样做能够帮您解决这

> 你们不肯维修的话，那你们换一台给我吧。"客服回复说："对于您不愉快的遭遇我感到十分抱歉。"客服接着说："我知道您新买的手机出了反应慢的问题，我真的很想帮您，只是在手机行业中，反应慢类似的问题，各个企业都不在维修范围内，我想这一点您是理解的对吧。"客户说："那你说怎么办，坦率地讲，我并不是真的要让你们保修，我只是希望你们能给我一个说法。没想到你们之前客服态度这么不好。"客服说："我理解您的心情，您看这样好不好，您先送过来给我们看下是哪里出了问题，好吗？我们会尽力为您解决问题。"客户沉默了，客服继续说："谢谢您的理解与配合，为了感谢您的配合，我们将会送一些小礼品给您以示感谢。"……之后客服对客户进行回访："您好，陈先生，您的手机还有什么问题吗？以后有什么问题请您随时打电话给我，我会全力为您服务的。"

启发思考

作为一名合格的客服人员，我们需要从态度、言语、处事方式等方面去想方设法地为客户的问题找到最好的解决方法。

1. 掌控情绪

掌控情绪的出发点是双向的，一是掌控自己的情绪，二是掌控客户的情绪。掌控自己的情绪相对来说容易一些，可是要掌控客户的情绪就非常难。这时，我们可以做的就是先安抚，再循循诱导，把客户的情绪引向良性的状态。

一般来讲，客户是遇到了麻烦、不顺之后才来投诉的，心里有闷气，难免会表现在言语和行为之中。对待怒气冲冲的客户，客户服务代表首要的做法就是理解客户、克制自己，心平气和地听客户把自己的遭遇讲完，对客户表示歉意。如果客户情绪很激动，客户服务代表就更应该注意礼貌，绝不能与客户发生争执；一旦发生争执，就会给客户留下糟糕的印象，进而造成客户对公司产生不良的印象，就此失去了这位客户。因此，客户服务代表一定要努力克制自己，设法平息客户的怒气，必要时可请求直接主管人员接待客户，解决问题。

客户服务代表在处理客户投诉时，一方面要注意平息客户的情绪，帮助客户解决问题；另一方面，也要注意维护整体的利益，要懂得一些处理问题的技巧。比如，在对客户所投诉的问题进行解答时，不能简单地把一切责任都推卸给其他部门或是随便贬低其他部门以此来暂时平息事件。这种做法虽然能消去客户的心头之气，但却损害了整体的利益，是不可取的。

2. 收集客户信息

收集客户信息的目的是希望更多地了解客户。只有收集客户所有的信息，才能更好地掌握客户投诉的心理过程。在接听客户投诉的过程中，应认真倾听，及时记录，从而找到客户投诉的真正原因。如何才能有效地收集客户的信息呢？一般说来，包括以下几个步骤：

步骤一：认真倾听

通过倾听客户的投诉内容，从而确定相关的具体受理部门和负责人。

在收集客户信息的过程中，倾听是掌握信息来源的最佳方式。不管客户投诉的问题是否合理，绝对不能打断客户的陈述，而是应当适时地向客户表示认同与回应、仔细分析客户的真正目的，同时透过适当的时机切入问题的重点，让客户了解公司的做法，缓解客户的抱怨情绪。如果面对投诉客户你还一味地和客户抢话，或是急于表达自己的立场，那么只会激起客户的情绪反抗，造成场面失控。

步骤二：记录投诉内容

利用客户投诉记录表详细地记录客户投诉的全部内容，如投诉人、投诉时间、投诉对象、投诉要求等，在争议重点地方详细标注，以便查询。

步骤三：判定投诉是否成立

了解客户投诉的内容后，要判定客户投诉的理由是否充分，投诉要求是否合理。如果投诉不能成立，即可以婉转的方式答复客户，取得客户的谅解，消除误会。

3. 掌握客户类型

从气质的角度重点总结出四种客户类型：多血质型、胆汁质型、黏液质型、抑郁质型。从客户说话声音的强弱、语气的高低可以分辨出四种情绪客户类型：牢骚型、谈判型、理智型、骚扰型。投诉客户类型如图 5-1 所示。

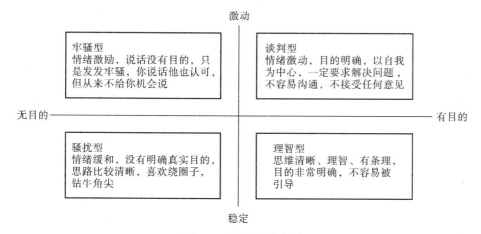

图 5-1　投诉客户类型

处理客户投诉需要针对不同的客户类型采取合适的行动方案。气质类型是大的范畴，情绪客户类型是小的范畴，也就是说，一个血质型的客户有可能表现出四种情绪类型。在辨别出客户的类型后，再有针对性地寻找解决方案。气质类型如图5-2所示。

多血质（活泼型）（春）	胆汁质（兴奋型）（夏）
反映迅速、有朝气、活泼好动、动作敏捷、情绪不稳定、粗枝大叶、喜欢交往、兴趣广泛但不持久	易兴奋、直率、热情、精力旺盛、自我控制能力较差、容易冲动、心境变化剧烈、脾气暴躁
黏液质（安静型）（冬）	抑郁质（完美型）（秋）
安静、稳重、动作迟缓、沉默寡言、善于忍耐、情绪不外露、做事情稳妥但不灵活、缺乏生气	敏感、多疑、孤僻、情感体验深刻但不外露、行动缓慢、外表温柔但怯懦

图5-2　气质类型

与客户沟通中判断出客户类型之后，就可以采取不同的沟通策略和技巧来应对客户。客户服务代表在家中、在朋友面前可以不需经过考虑，而随心所欲地表达出个人的性格特点，但当客户服务代表受理客户投诉时，语言应该从"生活随意型"转到"专业型"。

在工作环境中客户服务代表必须养成适合的修辞、择语与发音的习惯。表达的逻辑性、咬词的清晰与用词的准确都应该把握到位。当客户服务代表面对个性、心境、期望值各不相同的个体时，既要进行个性化的表达沟通，又必须掌握许多有共性的表达方式与技巧。

技巧一：选择积极的用词与方式

在保持一个积极的态度时，沟通用语也应当尽量选择体现正面意思的词。

比如，要感谢客户投诉过程中的等候，常用的说法是："很抱歉让您久等了。""抱歉"和"久等"实际上在潜意识中强化了对方"久等"这个感觉。比较正面的表达可以是"非常感谢您的耐心等待"。

比如，你想给客户以信心，于是说："这次比上次的情况好"，即使是客户这次真的有些麻烦，你也不必说"你的问题确实严重"，换一种说法会更好——"这种情况有点不同往常"。

技巧二：善用"我"代替"你"

有些专家建议，在下列的例子中尽量用"我"代替"你"，因为后者常会使人感到"有根手指"指向对方……

习惯用语：你的名字叫什么？

专业表达：请问，我可以知道你的名字吗？

习惯用语：你必须……

专业表达：我们要为你那样做，这是我们需要的。

习惯用语：你错了，不是那样的！

专业表达：对不起我没说清楚，但我想它运转的方式有些不同。

技巧三：在客户面前维护企业的形象

如果有客户抱怨他在前一个部门所受的待遇，你已经不止一次听到这类抱怨了，为了表示对客户的理解，你应当说什么呢？"你说得不错，这个部门表现很差劲。"可以这样说吗？适当的表达方式是"我完全理解您的苦衷"。如果客户找错了人，不要说"对不起，这事我不管"，换一种方式："有专人负责，我帮您转过去。"

 场景再现5-1

客户服务人员一：(忙碌中)

客户：你好，我是陈××，有些问题需要你们处理一下！(语气平和，客户知道他的问题不在保修范围内，只是抱着试一试的心态打这个电话)

客户服务人员一：陈先生，有什么可以帮到您的？(不紧不慢)

客户：我使用你们公司的笔记本电脑已经快一年了，最近我发现显示器的边框裂开了。因为我知道你们电脑是保修三年，所以，我想看看你们如何解决？

客户服务人员一：您是指显示器边框裂开了？

客户：是的。

客户服务人员一：您有碰撞过吗？

客户：我的电脑根本没有摔过，没有撞过，是它自动裂开的。(语气上已经有些急)

客户服务人员一：不可能。我们的电脑都是经过检测的，不可能。

客户：但它确实是自动裂开的，你们怎么能这样对我？(已经在吼了)

客户服务人员一：很对不起，显示器是不在三年保修范围内的，这一点在购买协议上写得很清楚了。

客户：那我的电脑就白裂开了？

客户服务人员一：那很抱歉，我不能帮到您。请问还有什么需要帮助的吗？

客户：见鬼去吧。(客户心想，再也不买你们的电脑了)

客户结束了与客户服务人员一的通话后，越想越气，就又打电话给这家公司，只不过是换了一个客户服务人员接的电话。

我们来看看客户服务人员二是如何处理的：

客户：我要投诉！我要投诉！(客户心想我满肚子怨气，我受到了不公平的待遇，我要发泄)

客户服务人员二：您好，发生了什么事情？您快告诉我。(急迫的语气，可以想象他的表情是焦急的)

客户：是这样，我的笔记本电脑使用快一年了，在没碰没撞的情况下，显示器的边框裂了。我刚才打电话过来，你们的一个同事说没有办法保修，而且态度不好。你们为什么这样对我？(客户大声讲)

客户服务人员二：很抱歉给您添麻烦了！陈先生，您是说显示器的边框裂了(显得有些惊讶)？裂到什么程度了，现在能不能用？

客户：裂得倒不是很大，用还是可以用，只是我得用胶布粘上，以防裂得更大了。(态度有些变化)

客户服务人员二：那还好。不过，这对您来讲确实是件不好的事，我可以理解您现在的心情，换成我，我也会不好受。(讲起话来有些沉重，但缓和了很多)

客户：那你说怎么办？

客户服务人员二：陈先生，我知道您的电脑在没有外力碰撞的情况下，边框裂开了。我真的很想帮您，只是在计算机行业中，显示器的类似问题，各个企业都不在保修范围内。我想这一点您是理解的，对不对？

客户：其实坦率地讲，我并不是真的想让你们保修，我只是希望你们能给我一个说法。没想到你们上一个客户服务人员态度这么不好。

客户服务人员二：陈先生，对于您刚才不愉快的遭遇我感到十分抱歉。只是，请您相信我们，我们是站在客户的立场为客户解决问题的。让我想想在目前情况下，如何处理。对于边框，我倒有个建议。因为边框是塑料的，现在一些强力胶可以粘的，所以，您可以试试用强力胶粘一下，效果要比用胶布好！

客户：那我回去试试。

客户服务人员二：那您看还有什么问题？

客户：现在没有了。

客户服务人员二：那以后有什么问题，请您随时打电话给我，我会全力为您服务的。

客户：好的，谢谢！再见！(愉快的微笑……)

客户服务人员二：很高兴为您服务，祝您生活愉快！

分析提示：语言表达是一门大学问，有些用语可以由公司统一规范，但更多的是客户服务代表对自己表达技巧的熟练掌握和娴熟运用，让客户在通话的整个过程中，感受到最佳的客户体验与良好的企业形象。

4. 领会客户动机与需求

虽然客户服务代表在倾听、记录的同时就进入了沟通的阶段，但是仍然需要进一步进行需求辨认——了解客户的需求和动机。

在整个辨认和领会的过程中，不要忘记有效倾听的重要性。客户服务代表的目的是了解客户的需求，倾听和正确解读客户的问题，将为下一步工作奠定良好的基础。同时，客户服务代表要听得出来客户投诉背后的动机，这个答案常常是无法通过直接提问得到的。

在辨认和领会的过程中有几点需要注意：

(1) 避免不了解客户需求而直接作投诉处理。

(2) 避免一次提一个以上的问题。

(3) 适当沉默。

不要以为你的问题可以挖掘出客户的所有需求和全部动机，所以，适当的沉默，给客户思考和主动说话的机会，比你设计的任何问题都更有价值。

5. 谈判

谈判是整个投诉过程的核心阶段。在这个阶段，要综合运用多种手段，努力按本企业的既定原则解决问题。

(1) 前期准备工作。首先要了解企业对此类问题处理的基本原则。这是你基本的活动空间，在比较多的时候，你有义务维护企业利益。当然这种维护是在使客户接受的条件下，否则造成客户流失比任何损失都大。其次要掌握自己手中可用的牌。每个企业有各自的特点，因而你的牌可能会有所不同，但你应当创造尽量多的牌来使自己的战术更加丰富，比如可以延长免费售后服务期、无偿更换或补偿某些在客户看来价值较高的附件、增加维护保养。你甚至可以做一些小礼品，在孩子和女性身上做一些感情投资，往往会事半功倍。要知道投诉的处理过程本质上就是情绪的平息过程。最后要具备尽量丰富的知识。在整个谈判过程中，对节奏的把握十分重要。每一个关键点都要把握好，这就要求首先要对谈话所处的过程进行判断。客户的情绪变化会通过他的形体语言表现出来，同时你也要用自己的形体语言引导客户，这要求掌握心理学、形体学的知识；对客户的情绪引导也要求准确、生动、富有感染力的表达能力。总之，这些都要求投诉处理人员具有良好的基本素养。

(2) 谈判中的注意事项。首先要向客户显示诚意和信心，并表明你有足够的权力解决问题。客户最不想听到的一句话是："对不起，这事我也做不了主，我回去把您的意见反映一下，如果我们领导同意，我们会尽快给您答复，如果领导不同意……"如果客户不抽你，那么他真是够通情达理了。其次不要跟客户讲公司的各项制度是怎样规定的。客户购买的是公司的产品，与公司构成了平等的法律关系，双方之间只适用合同范围内的法律规定，你公司的制度对客户没有任何的约束意义。与客户谈话的时候，你是以公司负责人的身份出面的，你们之间的谈判的依据是法律和道理。如果你提到公司的规章制度，那么你就是降到了你在公司中所处的位置上，也就代表不了你的公司，自然就没有权利与客户谈话。现在消费的趋势都在逐步走向一站购买，客户哪里会高兴就一个问题而与你们多次交涉。最后要注意谈判当中应先小人后君子。虽然我们一再强调与客户在交流中应保持良好的沟通气氛，但绝不是说要一味地退让，全盘接受客户的方案。因为毕竟是一种谈判，而所有的谈判都是因为存在着分歧。有人说企业应奉行"客户总是对的"的经营原则，其实这是不现实的，它会将服务工作引入一个误区：每一个客户的要求都是不同的，如果都是对的，企业将无所适从，处处自相矛盾，失去原则。

谈判过程中既要维护自己的立场，又要保证双方是在一种理智的范围内。谈判结果最好能达成比你的最低预期略好一点的方案，这样你在后面的处理过程中将游刃有余。

6. 方案的落实

谈判方案达成后，落实工作一定要及时到位，包括赔偿。越早处理，客户的满意程度越高。如果悬而不决，客户不仅会对公司的效率画上问号，也会加重其不满情绪。如果你在前面的谈判中成功地实现了既定目标，那么在这个时候你可以故作慷慨地多送给客户一些东西，客户会因为得到了意外惊喜而更加满意。

7. 跟踪结果

问题解决后的一定时间内对客户进行回访，了解问题产品的使用情况。这又是一个以巧取胜的措施。不要小看这个电话的作用，客户对企业的信任成倍增长，从而形成再次购买或正向人际传播。

总之，我们要意识到：客户抱怨和投诉不是在找茬儿，而是给了我们一次提高和改善工作方法和服务的机会。客户如果不投诉不抱怨，有90%的人会选择离开，这是个危险的信号，当到了这一步时，接下来离"歇业"也就不远了。我们应把客户投诉的处理看成是加深与客户间关系的难得机会，遇到问题后得到圆满解决的忠诚度要比合同执行中一帆风顺的客户忠诚度高得多。客户信任是最宝贵的资源，赢得了客户将无往不胜。

二、处理客户投诉的技巧

处理客户投诉过程中不管是态度还是处理方式都需要一定的技巧，这样才能圆满地解决投诉事宜。

场景导入

张先生于3月购买了一台手机，一个月内因同样故障更换过电池和充电器，仍然无法排除故障，于5月29日再次送授权维修站A站检测，工程师小王检测发现用户手机内部串号与背贴不符合，是一组从来没有见过的奇怪号码，于是询问用户是否在非授权的维修店私修过？张先生不认可，并表示还在保修期内没有理由在外私修。小王随后又把主板串号调出来当着张先生的面进行核对，张先生强烈不满，要求维修站在所开具的维修记录单上说明此情况。张先生拿着手机和维修站检测单到销售商处说理，销售商与张先生一起来到上一级服务支持中心检测，经判断此情况是手机软件故障所致。张先生对此十分生气，不理会服务支持中心的解释，坚持投诉要求索赔，并有向媒体反馈此事的倾向。

启发思考

处理客户投诉过程中不管是态度还是处理方式都需要有一定的技巧，这样才能圆满地解决投诉事宜。

1. 认真倾听，弄清原委

保持谦虚的态度认真听取客户的叙述，全面了解客户所投诉的事情或问题，听明白客户在投诉什么，为什么要投诉。听者要注视客户，不时地点头示意，让对方明白你在认真听取和对待他的意见。边听边做好记录，以示对客户的尊重和对所反映问题的重视。

2. 表示理解，不与争辩

倾听完毕，可以对客户说："我理解您现在的心情，我们一定会认真核实并处理这件事情。"当客户情绪激动时，更要保持平和的心态和语气，绝不能与客户争辩对错。当客户的认识和理解有误时，不宜当场纠正，更不能责怪客户，应站在为什么会导致客户产生误会的角度，从自身工作上找原因。

3. 诚心致谢，勇于认错

从思想上认识到客户向你投诉不是找你的麻烦，而是对你信任的表现。要把客户的投诉当作促进个人提高业务素质，促进企业提高服务和管理水平的一种载体，发自内心地欢迎和感谢客户的批评和抱怨。受理投诉后，应向客户表示："这确实是我们工作的疏忽给您带来的损失，我一定会想办法弥补。非常感谢您给我们提出的宝贵意见，您指出了我们服务中的差错和不足，帮助我们及时发现并纠正。"

4. 区分对待，及时处理

对客户所投诉的事情进行核实后，就要及时采取行动，纠正错误，弥补客户的损失。对于阔绰大方只求尊重的客户，要夸奖他看问题、提意见的思想深度和独到见解，给足面子。对于经济上斤斤计较求补偿的客户要在公司营销政策允许的范围内适当让步，使其求得心理平衡。要让客户知道并同意你的处理决定及具体措施。可以用征求意见的口气说："如果我这样做，您看您是否满意?"如果客户仍不满意,那就将意见反馈给上司,尽量给上司留有处理的余地。不要超越职权范围随意表态或承诺。当场不能解决的,要在采取纠正措施后的第一时间向客户反馈,并征求意见,得到客户的认可。

5. 反思工作,改进服务

在投诉受理完毕后,要把投诉作为案例,完整地整理归档,对投诉时间、地点、当事人、投诉的原因和处理结果做详细的记录。典型的案例,要在工作例会上提出,共同寻找管理和服务的漏洞,从中吸取教训,改进服务,避免类似事件的再次发生,使营销管理和客户关系管理日臻完善。

6. 学会以积极的方式来拒绝客户

有时客户提出的要求是我们无法做到的,此时,应以一种积极的方式来表示拒绝。

(1)向客户说明原因,获得客户的谅解。如果是因公司政策不允许,仅仅说明"公司政策是这样规定的"还不够,最好还能说明公司政策之所以这样规定的原因。

(2)对客户表示理解。

(3)尽量多地满足客户其他要求。

(4)提供其他的选择。

三、异常事件处理

1. 场景导入

2019年7月,众物智联物流与供应链集团KF项目运作异常,客户7日下达紧急订单包车发送至内蒙古自治区呼和浩特市,要求8日到货。车辆在行驶至张家口市时发生故障,导致货物延迟派送,9日车辆到达客户现场后,客户因交货延迟拒收货物,发生异常事件。

2. 任务要求

学生分组讨论,拟定出本次异常事件的处理流程,并针对本次异常事件提出相应的改进措施。

3. 任务实施

1)受理异常事件

首先分析异常事件起因,然后详细登记异常信息。

2)采取应急措施

(1)安抚客户;

(2)解决当前问题;

(3)诚恳道歉。

3)调查并调整

(1) 调查原因。信息延迟传递？技术操作不规范？

(2) 调整方案。整理和总结公司现有操作方案是否存在问题。

4) 反馈并改善

(1) 与客户反馈。

(2) 落实管理制度。

(3) 组织专题培训。

(4) 培训操作人员。

(5) 加强运输环节的管控力度。

(6) 建立紧急联络小组。

(7) 形成反馈报告。

知识链接 5-2

异常事件类型与处理

1. 异常事件的类型

(1) 按异常事件业务性质分，有计划异常、物料异常、设备异常、品质异常、技术异常。

(2) 按异常事件发生特点分，有潜在异常、持续异常、显在异常、突发异常。

2. 异常事件处理原则

快速反应、统一指挥、步调一致、以人为本。

3. 异常事件的处理方法

(1) 异常状态：货差货损、送货延迟等。

(2) 产生原因分析：技术原因、设备原因等。

(3) 处理方法：加强人员培训、优化操作流程。

4. 异常事件的预防措施

(1) 从源头抓起。

(2) 签订合同需慎之又慎。

(3) 投保责任险。

(4) 成立应急中心。

(5) 高度重视商品的特殊性。

(6) 寻求有效补救方法。

(7) 建立风险评估机制。

(8) 制定风险管理程序。

实践运用

素材 2

项目五实训范例

[实训项目五] 客户投诉受理及处理

一、实训目的

通过实践，正确认识客户投诉，掌握处理客户投诉的方法。

二、实训要求和内容

（1）收集各企业客户投诉登记表，分析各投诉登记表的特点及存在的不足。

（2）针对某一具体企业的业务情况和客户投诉处理流程设计客户投诉登记表。

（3）结合具体投诉情境完成信息登记和处理。

三、实训成果与检测

（1）投诉登记表。

要求：业务特征明显，内容完整。

（2）企业投诉处理记录档案。

要求：2个以上投诉情境，处理过程及完整意见。

项目六　客户满意度管理

学习目标

知识目标

1. 了解期望值与满意度之间的关系；
2. 影响客户期望值的因素；
3. 明确客户期望值管理的方法和技巧；
4. 掌握客户满意度的内容和衡量指标；
5. 掌握检验客户满意度的方法；
6. 创新客户服务的内容和方法。

能力目标

1. 能够设计客户满意度调查问卷；
2. 能够设计神秘顾客调查表；
3. 能够实施神秘顾客调查；
4. 能够追踪顾客服务创新内容与方式。

项目导学

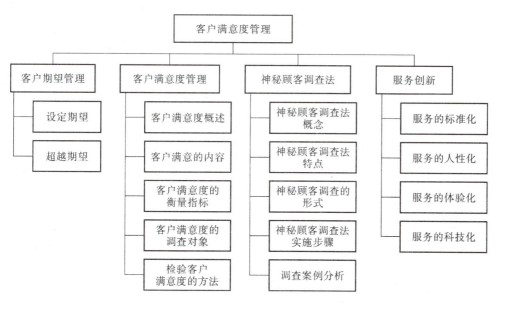

案例引入

卖产品更卖体验，卖家具更卖生活

很多人都很好奇，宜家为什么拥有那么多的忠诚客户，因为在许多人看来宜家存在着诸多弊端：它采用单程道的设计布局让消费者必须走过每一个展区：客厅、饭厅、厨房、书房、卧室、卫生间，再到儿童房，即使部分区域有捷径，你只想买一样东西时也会花费你大量的时间；取货、付款、送货、安装过程比较缓慢；在2019新冠肺炎疫情前网络商城乏善可陈，购买和物流的客户体验都很不理想。但这一系列的不利因素后面展现出的却是宜家逐步攀升的口碑和不断提高的销售额，这一切究竟是为什么？

首先，宜家家居的特点体现在价格、产品、产业链与设计上。表现为低价格、高质量，更简单、更有效率；产品多样，风格种类繁多，以人为本，丰富的儿童友好型产品；占据产业链上下游，更具成本效益；平民化设计，简约中蕴涵时髦。

其次，宜家痛与愉悦的体验流程设计。购物过程体验点很多，从糟糕到喜悦的体验依次有：糟糕的体验，包括绕圈购物、员工服务、寻找物品、搬运物品、安排货运、安排安装；差的体验：停车场、卫生间、付款；一般的体验，店面位置与外观、DIY购物工具、标签与说明、儿童区；舒服的体验，店内装潢、价格、餐厅、1元冰淇淋；喜悦的体验，产品质量、组合展示、产品试用。虽然宜家给顾客的体验并非皆是愉悦的，糟糕和差的体验点也不少，但是根据诺贝尔奖得者心理学家Daniel Kahneman的研究发现，人们对体验的记忆由两件事情决定，高峰时与终极时的感受，影响人们是否再去尝试某种体验。所以对很多人来说，进入宜家，"峰"就是物有所值的产品、实用高效的展区、随意试用的体验、美味便捷的食品，而"终"可能就是出口处那1元钱的冰淇淋，这就让很多人把对宜家的整个购物经历变成了正面的体验、美好的回忆。

再次，宜家家居进行了价值创新，通过为顾客创造更多的价值来争取顾客。它打破传统行业规则的束缚，最大限度地降低企业成本，同时以差异化的产品和服务，充分满足目标客户群体的市场需求。同时，它还通过体验营销努力营造梦想，让宜家更贴近消费者与其形成良性的互动关系，让宜家成为一种社会文化符号和象征——"美好生活，从宜家开始"。

素材1
PPT也精彩

项目六PPT

启发思考

宜家通过价值创新给顾客创造更多价值，满足客户期望，让顾客一边编织梦想，一边以商品体验诠释梦想，这一整套可以持续创造价值的蓝海战略，造就了宜家的成功，成为家具业界巨头。

一、客户期望管理

要想使客户对企业提供的客户服务感到满意，那么企业首先应该了解客户真正需要什么、客户希望企业提供的产品或服务能够达到怎样的要求等。对于客户期望的服务水平，企业还需要根据自身的客观实际，针对具体的客户需求来选择合适的方式加以应对。只有这样才能够提高客户对企业的满意度，从而达到与客户保持长期合作关系的目的。

场景导入

汉堡包是一种快餐，贵在"快"字。设在日本的麦当劳公司原来35秒钟即可把汉堡包提供给客户，真是够快的。然而公司发现，客户点完食物后，就开始不耐烦，总想立刻吃到嘴里，产生一种"越快越好"的心理。所以，公司决心再缩短提供汉堡包的时间，从36秒缩短到32秒。该公司董事长说："这是以科学方法计算出来的，每1秒都很重要，麦当劳能为客户节省时间，所以生意特别兴隆。"

人们十分形象地比喻：麦当劳不是卖汉堡包，而是在"卖时间"。

启发思考

要想使客户对企业提供的服务感到满意，企业首先应该了解客户真正需要什么、客户希望企业提供的产品或服务能够达到怎样的要求等。

1. 设定期望

设定客户期望值意味着要告诉客户，哪些是他可以得到的，哪些是不可以得到的。

1）期望值与满意度

客户期望值是指客户对企业提供何种产品及服务的心理预期，即客户心目中的服务应达到和可达到的水平。客户满意度是指客户通过对一种产品或服务的可感知效果（或结果）与他们的期望值相比较后，所形成的愉悦或失望的感觉状态。如果可感知效果低于期望，客户就会感到不满意；如果可感知效果与期望相匹配，客户就会感到满意；如果可感知效果超过期望，客户就会感到高度满意或欣喜。简而言之，客户满意度就是客户的需求得到一定满足后的心理愉悦程度。企业要想吸引和留住更多的客户就必须要提高客户满意度，而提高客户满意度就需要努力达到和超过客户对产品或服务的期望值。所以说，全面了解客户对于企业提供服务的期望值才是企业提升服务力并赢得客户青睐的关键。

2）三种不同水平的期望值

由于种种主客观因素的存在，不同客户或者相同客户在不同情况下对于企业提供服务的期望值是不同的。按照期望水平的高低划分，客户的服务期望可以分为理想服务、宽容服务和合格服务三大类，如图6-1所示。理想服务是指客户心目中向往和渴望追求的较高水平的服务；宽容服务是指客户心目中正常的、使人放心的服务；合格服务是指客户能够接受的但是要求较一般、甚至较低的服务水平。其中，理想服务的期望值比较高，宽容服务的期望值次之，而合格服务的期望值最低。

图6-1　服务期望值示例图

 知识链接6-1

客户服务期望举例

当你来到一个已经客满的宾馆时，前台服务员殷勤地对你说："对不起，这里客满，我为您查询附近的饭店有没有空房。"这种服务可以把它算作合格服务。

如果服务员请你坐到大堂沙发上等候查询，并为你送上一杯热咖啡，加上一张最新的报纸。那这是宽容服务。

当服务员以上工作都做了，并派人陪你聊天，从中问出你的客户资料，出车把你送到别的饭店，以后每到你的生日或纪念日，他们会为你送去一张小小的贺卡。那这就是理想服务了。

3）期望值设定

一个企业弄清楚客户对服务水准的期望值很重要，这样才不会在客户认为不必要的地方浪费时间、精力与金钱，同时又最大限度地让客户满意。

为了保证两者的关联性，就要有一种科学的方法把客户的期望转换为企业可以内控的指标，具体可以分为四个步骤来完成这种转换：

第一步：收集客户的反馈。

真实、客观、全面地收集客户的反馈，是进行客户期望值转换的前提。企业要从各种可以收集的渠道，如客户抱怨、表扬、满意度调查结果、业务监控等，来收集客户对企业运营的反馈。

第二步：将客户的反馈转换为期望值。

我们不可能也没有理由要求客户清晰、直接地提出对企业的期望，但可以从客户的反馈中分析出客户的期望，这是一个诉求转化的过程。

现在乘飞机出行，只要提前登录到互联网，输入自己的值机信息，就可以自选座位，并且打印出登机牌。这个过程使得我们节省了到机场排队、检票的时间，只要在规定的时间内完成安检就可以了。而这个网上打印登机牌的功能肯定不会是客户直接明确提出来的，更大的可能是客户抱怨在机场手续太烦琐、等待时间太长等，而服务提供者通过这些客户的声音，将其转换为期望诉求，最终演化为一种功能或产品。

第三步：转换为质量关键点。

对于由诉求转换而成的期望值，要把它转化成一项可控的关键指标，纳入企业的运营管理体系中，这样才完成了从虚到实的管控。

知识链接 6-2

期望转换为关键指标

客户抱怨电话难以接入，则客户的期望值就是快速、简单地接入。从全环节流程分析，影响接入便捷度的关键点可能包括：交互语音应答软件系统设置得简单易用，服务接入速度快等。把这些期望转换为关键指标包括：接到人工的平均交互语音应答软件系统的按键次数，用户等待的时长，服务水平等。把客户的期望通过可量化的指标管理起来。

第四步：保证质量关键点的因素。

当知道了全环节的质量关键点，就要分析保证这些关键点达成的支持因素有哪些，从内部运营方面进行管理。例如，要达成服务水平这个质量关键点，必须有合理的预测与排班、控制缺勤、管理员工效率及平均处理时长，才可能达成。

通过这四个步骤，将客户的一句期望，一步一步抽丝剥茧地分析下来，找到可以量化的指标，纳入运营管理体系中，环环相扣，这样就能保证这些数据是真实反映客户需求的。完成了这些指标后，客户的期望也就理所当然地实现了。

2. 超越期望

1）影响客户期望值的因素

（1）客户自身因素。客户自身的经历和需求层次等因素是影响他们对企业服务期望值的主要因素。比如一客户，以前出差经常住的是四星或五星级的宾馆，假如现在入住一家两星级的宾馆，他就会从以前的经历来看这家宾馆，把这家宾馆与五星级的宾馆相比较，那么就会觉得现在住的这家宾馆很差。同样，不同的客户所处的需求层次是不同的，有的需求层次较高，有的需求层次较低，不同的需求层次也影响客户对事物的判断。

（2）环境因素。有的环境因素可以提高客户对服务的期望值，而有的环境因素则可以降低客户对服务的期望值。如客户在环境幽雅的饭店吃饭时，对服务人员的服务水平和饭菜的质量的期望值就会提高。

（3）企业的客户关系。根据实践表明，通常那些不了解企业实际服务水平的新客户对于企业的服务期望值相对较低，而那些曾经享受过企业提供的服务并且对企业的服务感到满意的客户，往往会不自觉地抬高自己对企业的服务期望值。如果老客户发现企业提供的最新的服务低于过去自己享受到的水平，那么就会产生不满意的想法。

（4）广告宣传因素。广告宣传的目的是吸引客户，但是企业的广告宣传往往会在无形之中提高客户的期望值。如果企业自身产品或服务与广告宣传有差距的话，客户会非常不满。服务中如何给予客户一个现实的、合理的期望值，是满足客户期望的一个重要技巧。

（5）竞争对手的因素。竞争对手的服务品质往往会影响客户对这个行业的服务期望值，也就是说，如果竞争对手提供了某项服务，而你的企业却没有，那么客户就会认为你的服务不好；同样，如果你的竞争对手的服务水平不如你的企业，客户就会用你的服务水平来衡量整个行业的服务水平。因此，任何一家企业在专注于本企业的服务水平的同时，要密切注意竞争对手的做法。因此，要提高客户的满意度，企业一方面要不断提高自身产品质量和服务水平；另一方面还需要从影响客户期望值的因素出发，将客户期望值调解在一定的范围之内。

2）服务上多走一步

企业如何在激烈的竞争中取胜，让客户满意，进而使客户对企业忠诚，能不能比别人多走一步就显得非常重要。

（1）与竞争对手的服务品质做一个对比，然后多走一步，即企业的服务品质要比竞争对手的服务品质更高。

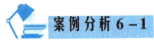

案例分析 6-1

宝洁和联合利华都是制造洗衣粉的公司。在美国的洗衣粉市场里，增加一个百分点的市场份额意味着多取得6 000万美元的收入,所以双方竞争得异常残酷。双方都宣称自己的洗衣粉可以把衣服洗得很白,但是这个标准双方都具备以后,接下来的竞争是:他们的洗衣粉不但把衣服洗得很白,而且非常亮丽,就像新的一样。后来他们又宣称自己的洗衣粉可以洗净身上的污点,包括打球时溅到身上的泥和腋下的汗渍。但是这一特征双方也都具备。

那么,还有什么招数能想出来呢?最后,联合利华这家欧洲的洗衣粉公司,想出了一招:把洗衣粉做成像方糖一样,并且标注洗衬衣时需用1块,洗牛仔裤用2块,洗棉大衣用3块。以前的洗衣粉都是粉末状,在倒洗衣粉时往往一下子倒出太多。现在用联合利华的洗衣粉像丢方糖一样,而且它同样能够迅速溶解。联合利华这种方块糖洗衣粉一推向市场,它的市场份额就马上升起来。

素材2

为什么说联合利华的营销更胜一筹?

问题:为什么说联合利华的营销更胜一筹?

(2)与客户的希望服务水准做一个对比,然后多走一步,即企业的服务品质要比客户所希望达到的程度还要多一点儿。

二、客户满意度管理

设想一下,烈日炎炎的夏日,当你经过一路狂奔,气喘吁吁地在车门关上的最后一刹那,登上一辆早已拥挤不堪的公交车时,洋溢在你心里的是何等的庆幸和满足!而在秋高气爽的秋日,你悠闲地等了十多分钟,却没有在起点站"争先恐后"的战斗中抢到一个意想之中的座位时,又是何等的失落和沮丧!

同样的结果——都是搭上没有座位的公交车,却因为过程不同,在你心里的满意度大不一样,这到底是为什么?

显然问题的答案在于你的期望不一样,炎热的夏天你的期望仅在于能"搭"上车,如果有座位那是意外之喜,而在凉爽的秋天你的期望却是要"坐"上车,而且最好是比较好的座位。同样的结果,不同的期望值,满意度自然不同。

知识链接6-3

关注顾客满意的重要性

市场经历了从生产导向到顾客导向,为了生存和发展,企业开始认识到顾客对产品或服务满意与否,对企业有着至关重要的作用。

> ISO 9000：2000《质量管理体系 基础和术语》的第一条原则"以顾客为关注焦点"，强调组织应充分理解顾客当前和未来的需求，满足顾客要求并争取超越顾客期望。"顾客满意度"成为衡量"企业国际竞争力"中核心能力的主要标准之首。
>
> 统计资料表明：
>
> 赢得一个新顾客的成本大约 4~5 倍于维持一个老顾客的成本。
>
> 企业的销售利润 10% 由一般顾客带来，30% 由满意顾客带来，60% 由忠诚顾客带来。
>
> 施乐公司的高层领导相信：满意顾客的价值是一般满意顾客价值的 10 倍。
>
> 美国最大的 200 家公司中有 90% 的最高管理者认为：最大限度地提高顾客满意可以赢得最大的利润和市场份额。
>
> 93% 的 CEO 认为顾客管理是企业成功和更富竞争力的最重要的因素——Aberdeen Group。
>
> 顾客忠诚度提高 5%，利润的上升幅度将达到 25%~85%——Harvard Business Review。
>
> 一个非常满意的顾客的购买意愿将 6 倍于一个满意的顾客——Xerox Research。
>
> 2/3 顾客离开其供应商是因为顾客关怀不够——Yankee Group。
>
> 一个满意的顾客会：
>
> (1) 保持较长时间作为企业的顾客。
>
> (2) 购买更多的企业新产品和提高购买产品的等级。
>
> (3) 向其他人或潜在顾客传播企业的正面信息。
>
> (4) 忽视竞争品牌和广告并对价格不敏感。
>
> (5) 向企业提出产品或服务的建议。
>
> (6) 由于交易惯例化而比用于新顾客的服务成本低。
>
> 一个不满意的顾客会：
>
> (1) 大多数（约 70%）不满意的购买者将会转向其他品牌。
>
> (2) 使其他更多人对商品或服务质量产生不良印象，从而使他们对该产品或服务产生不良印象。
>
> (3) 24% 的人会告诉其他人不要到提供劣质商品或服务的商店购物。

满意顾客的价值，不仅是他一次购买的金额，而是他一生所能带来的总额，包括他自己以及对亲朋好友的影响。

客户满意度调查是当前市场竞争的一个焦点。客户满意度调查不仅可以用来衡量企业的产品或服务质量，更为重要的是，它可以从客户的角度分析对企业产品或服务不满意的原因,以提高企业的竞争力。

1. 客户满意的内容

要留住新老客户,就要创造客户满意。所谓客户的满意是指客户接受有形产品和无形服务后感到需求得到满足的状态。

顾客满意的构成,在横向层面上,它包括:

1) 理念满意

这是企业经营理念带给客户的满足状态,它应包括经营宗旨满意、经营方针满意、经营哲学满意等方面,它要求企业的质量观、服务观、客户观等经营理念必须体现以客户为中心的思想。企业经营理念的设置必须体现客户第一的精神。

2) 行为满意

它是企业全部的运行状态带给客户的满意度。行为满意系统包括行为机制满意、行为规则满意、行为模式满意三个方面的内容。

3) 视听满意

这是企业可视性和可听性外在形象带给企业的内外客户的满意状态。视听满意系统强调了各个视听要素带给客户的满意侧面。视听满意系统应包括企业名称满意、标志满意、标准色满意、标准字满意和应用系统满意等内容。

4) 产品满意

这是企业产品带给客户的满意状态,其内容有产品质量满意,产品功能、设计、包装和产品价格满意等。

5) 服务满意

这是企业服务带给客户的满足状态。服务满意系统包括绩效满意、系统满意、完整性满意、方便性满意、情绪与环境满意等。

在纵向层次上,它包括三个逐次递进的满意层次:

(1) 物质满意层次,即顾客对组织产品的核心层。

(2) 精神满意层次,即顾客对组织产品的形式层和外延层。

(3) 社会满意层次,即顾客在对组织产品和服务的消费过程中所体验到的社会利益维护程度,主要指顾客整体的社会满意程度。

企业案例6-1

迪士尼乐园的经营理念

享誉全球的"迪斯尼乐园(Walt Disney World)"每年接待着数百万计慕名而来的游客。

人们来到这里,仿佛到了童话般的世界,世界建筑荟萃、海底世界珍奇、三维立体电影、地震洪水模拟、高空坠落、探险者之路、民族歌舞、彩车游行、晚间灯火璀璨、礼花绽放，真是人间胜景，美不胜收。游客们惊讶不已，流连忘返。然而，人们更为称赞的是这里的服务质量，环境清新洁净，氛围高雅欢乐，员工热情友好。

事实上，"迪斯尼乐园"的成功之处不仅在于其由高科技所提供的娱乐硬件，更重要的在于其服务质量管理的经验和软件，核心部分是迪斯尼的经营理念和质量管理模式。

经营理念之一：给游客以欢乐；

经营理念之二：营造欢乐氛围；

经营理念之三：把握游客需求；

经营理念之四：提高员工素质；

经营理念之五：完善服务系统。

2. 客户满意度

1）客户满意度的概念

客户满意度其实是一个相对的概念，是指客户满意的程度，是客户期望值与最终获得值之间的匹配程度，用公式来表示为

$$客户满意度 = 理想产品 - 实际产品$$

"理想产品"是客户心中预期的产品，客户认为自己支付了一定数量的货币，应该购买到具有一定功能、特性和达到一定质量标准的产品，而"实际产品"是客户得到产品后，在实际使用过程中对其功能、特性及质量的体验和判断。

2）客户满意度存在的三种状态

"实际产品" < "理想产品"，那么客户就会产生不满意，甚至抱怨；

"实际产品" = "理想产品"，客户的期望得到验证，那么客户就会感到满意；

"实际产品" > "理想产品"，那么客户不仅会感到满意，而且会产生惊喜、兴奋。有些国外厂家就宣称其目标不是"客户满意"而是"客户惊喜"。

企业推出产品时对自己产品的介绍也是客户形成其"理想产品"的信息源之一，因此企业对客户的"理想产品"的形成具有一定的影响力和控制力，尤其在客户对产品不熟悉的情况下，这种影响力和控制力会影响到客户的满意度。如果企业言过其实地宣传自己的产品或服务，结果导致客户的"理想产品"超过"实际产品"，客户发现自己吃亏上当，必然产生严重的不满；如果企业实事求是地宣传自己的产品或服务，客户的"理想产品"必然接近于"实际产品"。由于感觉到企业是讲实话的，客户不仅对产品实体感到满意，而且对企业行为也感到满意，从而增强了对企业的信任；如果企业"名副其实"地宣传自己的产品或服务，且在介绍时"留有余地"，那么"实际产品"必然超过客户

的"理想产品",惊喜的情形就会发生,客户对企业就会格外信任,客户满意自然会提升到一定高度。

知识链接 6-4

顾客让渡价值

顾客让渡价值 = 顾客总价值 - 顾客总成本。

顾客总价值是指顾客购买某一产品与服务所期望获得的一组利益,它包括产品价值、服务价值、人员价值和形象价值等。

顾客总成本是指顾客为购买某一产品所耗费的时间、精神、体力以及所支付的货币资金等,因此,顾客总成本包括货币成本、时间成本、精神成本和体力成本等。由于顾客在购买产品时,总希望把有关成本包括货币、时间、精神和体力等降到最低限度,而同时又希望从中获得更多的实际利益,以使自己的需要得到最大限度的满足,因此,顾客在选购产品时,往往从价值与成本两个方面进行比较分析,从中选择出价值最高、成本最低,即"顾客让渡价值"最大的产品作为优先选购的对象。企业为在竞争中战胜对手,吸引更多的潜在顾客,就必须向顾客提供比竞争对手具有更多"顾客让渡价值"的产品,这样,才能使自己的产品被消费者所注意,进而购买本企业的产品。为此,企业可从两个方面改进自己的工作:一是通过改进产品、服务、人员与形象,提高产品的总价值;二是通过降低生产与销售成本,减少顾客购买产品的时间、精神与体力的耗费,从而降低货币与非货币成本。

使顾客获得更大"让渡价值"的途径之一是改进产品服务、人员与形象从而提高产品或服务的总价值。要实现最大程度的顾客"让渡价值",仅仅创造价值还是远远不够的,与此同时,还应该设法降低顾客购买的总成本。

企业案例 6-2

超值服务案例

美国总统里根访问上海时下榻锦江饭店,饭店知道夫人喜爱鲜艳的服饰,特意定做大红缎子的晨装,夫人早晨起床穿上它竟然很合身!

斐济总统身材高大,来华访问期间一直没有穿到合脚的拖鞋;锦江饭店为斐济总统专门定做了拖鞋,使总统非常满意,对锦江饭店留下了深刻的印象。

酒店里的超值服务：

进入大厅时的香槟酒

花园里的太阳镜

DVD加上精选的节目

枕头上面第二天的天气预报

Mini – Bar 上免费的花生米

卫生间里的报纸

化妆盒

浴缸中供你游玩的玩具鸭子及水下收音机

与账单同时送上的礼品表……

讨论：生活中还有哪些超值服务案例令你印象深刻？

3. 客户满意度的衡量指标

美国最权威的客户服务研究机构美国论坛公司投入数百名调查研究人员，用近10年的时间对全美零售业、信用卡、银行、制造、保险、服务维修等14个行业的近万名客户服务人员和这些行业的客户进行了细致深入的调查研究，发现一个可以有效衡量客户服务质量的指数，包括：

1）信赖度

信赖度是指一个企业是否能够始终如一地履行自己对客户所做出的承诺，当这个企业真正做到这一点的时候，就会拥有良好的口碑，赢得客户的信赖。

2）专业度

专业度是指企业的服务人员所具备的专业知识、技能和职业素质，包括：提供优质服务的能力、对客户的礼貌和尊敬、与客户有效沟通的技巧。

3）有形度

有形度是指有形的服务设施、环境、服务人员的仪表以及服务对客户的帮助和关怀的有形表现。服务本身是一种无形的产品，但是整洁的服务环境、餐厅里为幼儿提供的专用座椅、麦当劳里带领小朋友载歌载舞的服务小姐等，都能使服务这一无形产品变得有形起来。

4）同理度

同理度是指服务人员能够随时设身处地地为客户着想，真正地同情理解客户的处境、了解客户的需求。

5）反应度

反应度是指服务人员对于客户的需求给予及时回应并能迅速提供服务的愿望。当服务出现问题时，马上回应、迅速解决能够给服务质量带来积极的影响。作为客户，需要的是积极主动的服务态度。

经过美国论坛公司的深入调查研究发现，对于服务质量这五个要素重要性的认知，客户的观点和企业的观点有所不同：客户认为这五个服务要素中信赖度和反应度是最重要的。这说明客户更希望企业或服务人员能够完全履行自己的承诺并及时地为其解决问题。而企业则认为这五个服务要素中有形度是最重要的。

4. 客户满意度的调查对象

由于不同的客户在事前对企业的期待是不同的，有的客户容易满意，有的客户却不容易满意，因此在测试客户满意度时，仅调查少数人的意见是不够的，必须以多数人为对象，然后再将结果平均化。

1）现实客户

现实客户即已经体验过本企业产品和服务的现实（既有）客户。由于大多数的企业不是因为吸引客户过少而失败，而是由于未能提供客户满意的产品和服务造成客户流失和业绩减退。因此，调查并提高现实客户满意度非常重要。

2）使用者和购买者

客户满意度测试的对象是以商品或服务的最终使用者还是以实际购买者为测试对象，这需要事先明确。由于商品或服务性质的不同，这两者经常存在差异。

通常的理解是合二为一，以购买者为测试对象，这是惯用的做法。

3）中间商

有些企业并不直接与消费者见面，而需要经过一定的中间环节，如零售商。这时，客户对产品或服务的满意度，与批发商、零售商这样的中间商有很大关系，因此调查中不可忽略中间商。

4）内部客户

客户满意度的测试不仅要包括对传统的外部客户的调查，还要包括对企业内部客户的调查。

许多企业没有"内部客户"的观念，各部门之间隔阂很严重。各部门员工对外部客户的需求很重视，却忽视了上下线其他部门这样的内部客户，互不合作甚至互相拆台的事情时有发生。

实际上，企业作为对外提供产品和服务的整体，内部各部门彼此之间也应该以对待外部客户那样的方式相待，只有整个流程的各部门都能为其他部门提供满意的制品和服务，才有可能最终提供给客户（消费者）满意的产品和服务。

因而，企业的内部客户满意度是客户满意调查中不能忽视的一个方面，内部客户也是重要的调查对象。

5. 检验客户满意度的方法

1）投诉和建议制度

一个以客户为中心的组织应为其客户投诉和提建议提供方便。许多饭店和旅馆都备有不同表格，请客人诉说他们的喜忧。医院可以在走廊上设建议箱、向病人提供评议卡、出钱雇一位病人去收集病员的意见。有些客户导向的公司，诸如宝洁公司、通用电气公司、惠而浦公司等，都开设了"免费客户热线"为客户提要求、谈建议、发牢骚敞开了大门。这些信息流为公司带来了大量好的创意，使他们能更快地采取行动，解决问题。

2）神秘顾客调查法

收集客户满意情况的另一个有效途径是花钱雇一些人，装扮成客户，报告他们在购买公司及其竞争产品的过程中所发现的优点和缺点。这些佯装购物者的人甚至可以故意提出一些问题，以测试公司的销售人员能否适当处理。所以，佯装购物者的人可以对餐馆的食品表示不满意，以试验餐馆如何处理这些抱怨。公司不仅应该雇用佯装购物者的人，经理们还应经常走出他们的办公室，进入他们不熟悉的公司以及竞争者的实际销售环境，以亲身体验作为"客户"所受到的待遇。经理们也可以采用另一种方法来做这件事，他们可以打电话给自己的公司，提出各种不同的问题和抱怨，看他们的员工如何处理这样的电话。

3）客户满意调查

仅仅靠一个投诉和建议制度，公司无法全面了解客户的满意和不满意。一些研究表明，客户在每4次购买中会有1次不满意，而只有5%以下的不满意的客户会抱怨。客户可能会觉得他们的抱怨无关紧要，或者觉得这样做有点傻，或者认为说了也没有人理解。大多数客户会少买或转向其他供应商，而不是抱怨，结果公司就失去了客户。所以，公司不能以抱怨水平来衡量客户满意度。敏感的公司通过定期调查，直接测定客户状况。他们在现有的客户中随机抽取样本，向其发送问卷或打电话询问，以了解客户对公司业绩各方面的印象。他们还可以向买主征求其对竞争业绩的看法。

在收集有关客户满意的信息时，询问一些其他问题以了解客户再购买的意图，将是十分有用的。一般而言，客户越是满意，再购买的可能性越高。衡量客户是否愿意向其他人推荐本公司及其产品也是很有用的。好的口头评语意味着公司创造了较高的客户满意度。

素材 3

客户满意度调查任务分解 PPT

> ### 知识链接 6-5
>
> #### 客户满意度调查问卷
>
> 非常感谢您使用罗拉公司的产品，为了更好地为您服务，我们需要了解您的最新建议，以便我们不断提高产品质量和服务。为此，我们在近期开展客户满意度调查，您的任何意见和建议都是我们的宝贵财富，并将激励我们不断改善提高。

客户满意调查问卷如下。客户满意度测评体系，如表6-1所示。

您的公司名称：

您的称呼：

您的联系电话：

1. 贵公司购买过我公司的（　　）产品。

A. 通道系统　　　B. 电子门票系统　C. 门禁考勤系统

D. 停车场系统　　E. 巡更系统　　　F. 消费系统

具体产品为：_____

2. 您对我公司产品质量的评价是（　　）。

A. 很满意　　　B. 满意　　　C. 一般　　　D. 不满意

简要评析：_____

3. 您对我公司业务人员水平的评价是（　　）。

A. 很满意　　　B. 满意　　　C. 一般　　　D. 不满意

简要评析：_____

4. 您对我公司售后服务的评价是（　　）。

A. 很满意　　　B. 满意　　　C. 一般　　　D. 不满意

简要评析：_____

5. 您对本公司的整体感觉是（　　）。

A. 很满意　　　B. 满意　　　C. 一般　　　D. 不满意

简要评析：_____

6. 我公司对产品的市场宣传广告您（　　）。

A. 经常看到　　B. 偶尔看到　　C. 很少看到

7. 您是通过（　　）得知我公司的。

A. 网络　　　　B. 杂志　　　　C. 同行介绍

D. 罗拉公司彩页　E. 其他

请写出具体网站、杂志或其他：_____

8. 您对我公司的综合建议：

_____

_____

_____

_____

再次感谢您提供以上信息，希望能得到您持续的支持！

2019年10月

表6-1 客户满意度测评体系

类型		内容
客户满意度指标	客户期望	客户对产品和服务的总体期望 客户对产品和服务满足需求程度的期望 客户对产品和服务稳定性的期望
	客户对质量的感知	客户对产品和服务的总体评价 客户对产品和服务的满足需求程度的评价 客户对产品和服务可靠性的评价
	客户对价值的感知	给定价格时客户对质量级别的评价 给定质量时客户对价格级别的评价 客户对总成本的感知 客户对总价值的感知
	客户满意度	总体满意度 感知与期望的比较
	客户抱怨	客户抱怨 客户投诉
	客户忠诚	客户购后状态

4）分析流失的客户

对于那些已停止购买或已转向另一个供应商的客户，公司应该与他们接触一下，以了解产生这种情况的原因。当国际商用机器公司（即IBM）流失一个客户时，他们会尽一切努力去了解他们在什么地方做错了——是价格定得太高、服务不周到，还是产品不可靠等。公司不仅要和那些流失的客户谈话，而且还必须控制客户流失率，如果流失率不断增加，无疑表明该公司在使其客户满意方面不尽如人意。

6. 创新客户服务，提升客户满意度

要提高客户的满意度，要尽可能将客户期望值和客户需求统一起来，才能让满意度不断提高，才会增强对企业产品和服务的信任感和安全感。提高满意度是培养和巩固忠诚度的法宝。

1）建立客户反馈机制

重视客户的反馈意见，建立客户反馈机制，是改善客户服务的一个重要途径。这里主要是指提取和收集有关客户反馈的资料，从而进行服务满意度改善。为了充分获得客户的反馈意见，要注意以下几点：

（1）反馈简单化：实现设计好客户反馈意见表或者客户服务满意度调查问卷，在合适的时候让客户填写。

（2）主动要求客户反馈：主动要求客户反馈是指一线客服人员主动要求客户对其提供的服务进行反馈，如在提供服务后直接要求客户对其服务进行评价。

2）制定切实可行的客户满意度提升方案并实施

（1）客户参与产品研发。把客户视为产品创新的伙伴，让客户参与产品功效设计、概念设计、款式设计、制作流程等产品开发过程。

（2）客户接触点测评。对客户服务流程接触点进行客户满意度测评，统计整理满意度情况。

（3）流程再造。根据接触点满意度测评结果，对评价较低的接触点进行服务改进。以客户满意为目标，调整企业各个运营环节。

（4）销售人员能力建设。重视员工的需求和期望，帮助员工有效提升服务水平及能力。

（5）销售方式的创新。注重与客户的每一次接触，无缝隙地传递目标信息，创造差异化的服务体验。

案例分析 6-2

宜家家居体验分析报告

从宜家家居的案例来总结客户满意度提升的方法。资料如图 6-2 所示。

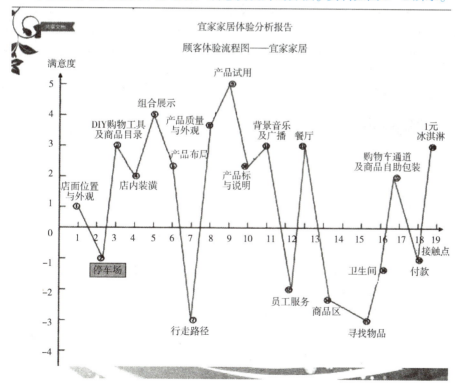

图 6-2　顾客体验流程图——宜家家居

(1) 第一步，通过收集客户反馈，做出客户满意报告。

(2) 第二步，分析客户的期望，也就是处于"负"满意度的接触点，顾客的期望在哪里。比如在"付款"接触点，客户反映排队时间长，那就是希望加快收款速度。

(3) 第三步，是根据客户的希望，将"加快收款速度"这个期望转换为质量关键点，这个质量关键点需要进行量化，才能够保证可行性，比如设置客户平均收银时间，控制整体的效率。

(4) 第四步，要保证质量关键点执行顺利，需要各方支持，通过增加人员、设备、改进流程等，保证达成质量关键指标。

客户满意度提升的方法总结：调查，了解，分析，改进，提升。

三、客户服务创新管理

客户对服务品质的期望与日俱增，如果企业安于现状，即使服务的品质并未下降，客户的不满也会日趋增加。客户的期望值是不断变化的，因此，服务创新是企业在客户服务管理中一项永无止境的课题。

场景导入

小米手机推出的前三年，出货量惊人，一度销量排名中国第一，世界前三，而且主要依靠自有电商渠道，不得不说是一个奇迹。为了寻找新的增长点，小米创始人雷军宣布小米进军新零售实验，计划5年内在全国开1 000家小米之家线下实体门店。

启发思考

如今客户服务越来越多元化，企业经营者应以更开放的眼光寻求服务创新来提高顾客的忠诚度。

1. 服务的人性化

人性化服务就是要"以人为本"，要以满足人的需要、实现人的价值、追求人的发展为趋向，以充满人文关怀、体现美与和谐的形式来开展客户服务。无论是初始的服务业、新兴的服务业，乃至网络上的服务业，最核心的服务价值就是"人性化的服务"。服务人员应该不断地总结人性化服务的要点，并对此进行不断的探索和创新。

服务的人性化应把握的主要技能点有：

1) 树立以人为本的服务理念

客户第一、服务至上是现代服务的主要理念，这就要求客户服务人员要理解、关心、爱护和尊重客户，形成一个以客户为中心的经营环境。

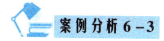

案例分析 6-3

海尔的服务创新

海尔的服务创新已然又以一个加速度开始了新的领跑：海尔人 20 年持之以恒的人性化服务赢得了用户的心。海尔服务的规定之细甚至已经达到了怎么敲用户的门，管理之细从服务规范、服务礼仪、服务用语、岗位衔接、互动制约、动态考核、政策激动、等级排序、星级升降等都一一规范清楚并严格执行。海尔的服务被有的管理学家称之为"闭环式服务体系"。服务是海尔的产品质量监测器，是海尔的市场需求感应器，是海尔的人际情感交换器，还是海尔的品牌传播助推器。在海尔科研部门墙上始终贴着这样一句话："用户的难题就是海尔的课题"，这实际上是海尔研发一直在贯彻"从群众中来，到群众中去"的写照，而"从群众中来"靠的正是海尔庞大的市场服务体系，是其服务介入产前环节的秘籍。在海尔服务人员眼里，抱怨的背后是需求，通过信息化筛选出的数据足以物化出最受欢迎的产品。通过优秀的服务，卖一件产品可以感动一家人甚至足以形成邻里间的民间舆论场，持续提升服务水平正是努力做大做强舆论引导力，品牌会因此而声名远扬，并逐渐赋有传奇色彩，客户口中的传奇故事又为公司设立了新的服务标准，用不断创新的服务创造顾客忠诚度，最终将获得令人望尘莫及的竞争优势。

问题：企业为什么需要服务创新，海尔是如何做到服务创新的？

分析提示：海尔认为，只有通过持续性推出亲情化的、能够满足用户潜在需求的服务新举措，才能拉开与竞争对手的距离，形成差异化的服务，提升海尔服务形象，最终创造用户感动，实现与用户的零距离。海尔星级服务的每次升级和创新都走在同行业的前列，如"先设计后安装""五个一服务""星级服务一条龙""一站式通检服务""海尔全程管家365""神秘顾客"。在市场竞争日益激烈的今天，要始终抓住用户的心，就必须解放思想，不断创新，敢于否定自我，海尔集团恰恰做到了这一点，也正是因为做到了这些，海尔的服务才得到了消费者的高度评价。

2）创造人性化的服务设施

这就要求服务设施应根据客户的意愿和方便来增减，设施的放置应以客户方便为第一等。

3）创造客户的感官效应

这是指被服务的客户在接受服务的过程中，其感官能否有所享受。比如，能让客户的视觉感受到轻松，能让客户从听觉享受到愉悦。

4）为客户营造亲切的服务环境

每个客户接受服务，其最大的希望就是能从中享受到温馨与和谐。这就要求客户服务人员能够将客户看成自己家人一样，使客户有种宾至如归的感觉，任何一种服务方式都不应使客户感到窘迫等。

知识链接 6-6

24 万个秘密

3 年前，韩国一家大集团副总裁到澳大利亚出差。当他住进丽滋卡尔登饭店，打电话给该饭店客房服务部门，要求将浴室内原放置的润肤乳液换成另一种婴儿牌的产品，服务人员很快满足了他的要求。

事情并没有结束。3 周后，当这位副总裁住进美国新墨西哥的丽滋卡尔登饭店，他发现浴室的架子上已摆着他所熟悉的乳液，一种回家的感觉在他心中油然而生。

"凭借信息技术和多一点点的用心，丽滋卡尔登饭店使宾至如归不再是口号。"丽滋卡尔登饭店澳大利亚地区品质训练负责人琴道顿女士道出了饭店成功的秘密。在丽滋卡尔登全球联网的计算机档案中，详细记载了超过 24 万个客户的个人资料。这是每一个客户和丽滋卡尔登员工共同拥有的小秘密，以使客户满意在他乡。

2. 服务的标准化

服务的标准化，是指就服务标准而言，从制定标准到发布标准及全面实施该项标准的全部活动过程。服务标准是服务向高层次发展的标志，是使服务工作量化和规范化、提高服务质量的重要保证。

一般而言，服务的标准化要掌握下面一些基本技能：

1）明确建立服务标准的优点

建立服务标准的好处很多，如确保服务质量的稳定，可以使客户购买时放心；提供服务绩效评判依据，可以提高客户的满意度，促使员工持续改进服务行为等。

2）掌握制定服务标准化的着眼点

一般而言，制定服务标准化的着眼点有三个，即产品质量标准、程序快捷程度标准和技术的准确性标准。

3）明确服务标准化的具体要求

服务标准化的具体要求很多，一般可概括为服务标准必须明确具体，服务标准必须具有可衡量性等。

知识链接 6-7

拉斯迪宾馆的服务标准

客户就座 2 分钟之内侍从和客户说话；

客户点饮料后 4 分钟之内饮料送到；

第一杯酒送上去 5 分钟之内，看看是否再来一杯，观察客户的满意情况；

饮料上好后 4 分钟之内询问客户是否想点菜（如果不上饮料，在就座后 4 分钟之内询问）；

可口小吃、凉拌菜或酒 5 分钟之内送到；

在客户点菜后 10 分钟内上主菜；

盘子收拾完后 5 分钟之内上甜点、咖啡和饭后饮料；

甜点上好后（如果没有甜点，在盘子收拾后）4 分钟之内出示账单；

客户把现金或信用卡放在布台上后 2 分钟之内，服务员把它拿走。

3. 超值服务

借用管理学家奥雷罗·彼得·杰尔林的话说，"超值服务就是指超越常规的服务，也就是做到规定的服务之外，自觉地使这种服务无限延伸，超越客户的要求。这种超值服务，会使客户深切感受到无微不至的关怀，从而使客户和企业之间建立起友好、融洽的关系，这是对传统服务观念和服务行为的挑战"。

在服务过程中充分发挥主动性和积极性，增强工作投入感、责任感，时时对客户保持以最快的反应，在最短的时间内为客户提供所需服务，努力和客户建立良好稳定的关系，不仅使客户感受到企业的贴心服务，同时也感染到企业每一位客服人员的愉快心情。

掌握超值服务应把握的主要环节有以下三个：

1) 超值服务理念的确立

每一个客户服务人员都应该深深掌握超值服务的理念，以指导自己的服务实践，为客户带来超值享受，确保客户的忠诚度。

2) 耐心细致，态度和蔼可亲

在提供超值服务时应该让客户感觉到你是真心在为他服务，而不是敷衍他。这就要求工作人员在提供服务时态度一定要好，对客户的问题要及时、耐心地解答。

3) 细心观察，捕捉客户的超值服务点

通过细心观察了解客户真正关心的问题、困难，然后给客户提供帮助，这是赢得客户忠诚的最好办法。

超值服务一定是在自己力所能及的范围内进行，防止不切实际的承诺或盲目行动。

4. 体验服务

体验服务是让客户对产品或公司全面体验的过程，它以提高客户整体体验为出发点，注重与客户的每一次接触，通过协调，整合售前、售中和售后等各个阶段，各种与客户的接触点或接触渠道，有目的地、无缝隙地向客户传递目标信息，创造匹配品牌承诺的正面感觉，以实现良性互动，从而创造差异化的客户感知价值，实现客户的忠诚。体验服务是全新的服务理念，它区别于传统的教唆式服务，转而使客户参与产品的体验，以便公司能通过直接与客户接触而改善和提升产品质量。

融合客户体验内容后，客服人员会更多地从客户的角度出发（而不是从公司目前所能够提供的产品和服务的角度出发），在真正理解客户更高层次需求的基础上，围绕产品（或服务）将带给客户什么样的感觉、什么样的情感联系，以及产品或服务将如何帮助客户等多种体验来进行，这是对客户各种体验的全面考虑。

体验服务的要点主要有以下几个：

（1）体验服务的出发点是树立客户的忠诚度。

（2）体验服务的目的是实现与客户的直接互动。

（3）体验服务是让客户自己来体验产品和公司，避免教唆式的市场推广。

（4）体验服务过程是与客户倾心交谈、让客户感觉十分亲切的享受过程。

（5）体验服务过程中服务是随时可根据客户要求来调整的。

案例分析6-4

小米的线下体验店

雷军曾说过：互联网思维最关键有两个点，一是用户体验，二是效率。

1. 线上购物缺少体验性

电商虽然能让商品信息传递更高效，但无法让消费者体验商品，比如衣服无法试穿，沙发不能试坐感受效果，手机更无法握在手中操作体验。

2. 线上购物缺少即得性

电商可以通过集中式仓库来提高效率，但快递配送也导致消费者不能立刻获得商品，无法获得即时满足。

而线下实体店可以解决这两个问题。用户可以在店内随时感受使用产品，手机屏幕有多大，拍照像素高不高，智能音箱音质好不好等，这些关乎用户体验的关键细节，在实体店里都可以随时感知到。

5. 顾问式服务

顾问式服务指的是受过正规培训的服务人员综合分析客户的社会地位、经济实力、工作性质等多方面因素后，向他（她）提出合理化建议。形象地说，就是要帮客户挑出一件"适合他（她）身材的衣服"。顾问式服务是帮助客户创造价值的亲情化、智能化的"全程无忧服务"，其核心是摒弃传统的以商品推介为中心的"说服式"销售，在服务的过程中，全面实施以客户为中心的"顾问式"全新服务模式，以最大限度地满足客户消费的理性需求和个性需求。与传统服务模式相比，"顾问式服务"模式以解决问题和满足客户的消费需求为前提，针对客户不同需求提供个性化和人性化的解决方案，是当今最为先进的营销服务模式之一。

顾问式服务的服务要点主要包括以下几个方面：

（1）服务的核心是帮助客户寻找适合的产品。

（2）服务的重点是随时解答客户关于产品的疑问。例如客户对电脑硬件的维护等问题，要求客户服务人员能够提供专业的解决办法。

（3）以客户服务人员的专业化服务水平为重要条件。

（4）一般适合价值高、操作复杂的高新技术行业或奢侈品行业，对于大众化产品实施顾问式服务没有多大必要。

案例分析 6-5

施乐传真机销售的问题点

施乐公司销售刚刚面世的传真机，虽然产品有很多优势，但始终不能打开市场。因为传真机价位很高，大约在五六十万元人民币，市场份额相对很小。施乐公司的销售人员将这种情况的问题点归结为两个：一是产品的成本太高；二是现代客户有许多手段可以替代传真机，如电话、电报或者快速邮递。

针对销售不畅的实际情况，施乐公司请辉瑞普公司的产品专家来帮助考虑如何将传真机推向一个新的领域，打开市场。产品专家通过研究传真机的一些特性，发现传真机有3个非常重要的特性，这3个特性是当时市场上所有的通信工具和手段都无法替代解决的：速递式，跨距离，以及可以传送数据和文字。

解决方案：

辉瑞普公司的产品专家根据传真机的3个特性到市场上去找必须使用

个问题？您认为怎样的解决办法比较好？

（3）遵守规定应付无礼客户。如果客户做出粗暴无礼的言行，经努力仍无法使他配合工作，则可以告知对方，在这种状态下是无法帮助他解决问题的，请他先离开，另找时间商谈，或按照规定请公司有关部门处理。

4. 找出问题所在

仔细倾听客户的描述，并有针对性地提问，提问能帮助我们确定产生问题的原因。复述客户的话，以确认你听到的信息。

5. 制订、实施解决方案

获得足够信息后，要与客户一同寻找最合适的解决方案。让客户参与进来，这种参与感和责任感能平息客户先前的怒气，并帮助你找到最能令客户满意的方案。在双方就解决方案达成共识后，按步骤实施，并通过电话、邮件、拜访等方式跟进，确保解决方案已经生效。

单元三　处理客户投诉的流程

客户投诉带给企业很大的压力和烦恼：客户要求退货、赔偿，企业的销售业绩和收入会受到影响；客户投诉的处理牵扯了大量的人力，增加企业的人力成本费，浪费企业的资源；有的投诉客户唯恐事情搞不大，到处散播不利信息，威胁到企业的声誉。一旦处理不慎，客户投诉会给企业带来严重的影响。所以，作为一名客户服务人员，我们需要从态度、言语、处事方式等方面想方设法地为客户的问题找到最好的解决方案。解决方案应建立在了解客户需求、期望的基础之上。知道了客户对服务有哪些要求，期望出现什么结果，才可能妥善地解决问题，令客户满意。

一、处理客户投诉的一般流程

一般而言，处理投诉基本遵循以下流程，包括掌控情绪、收集客户信息、掌握客户类型、与客户沟通、领会客户动机与需求、谈判、方案的落实、跟踪结果等。

场景导入

一位顾客在实体店购买的新手机没几天就出现了故障，致电售后要求维修，却被拒绝，客户十分生气，拨通了投诉电话："还没用几天，手机反应竟然变慢，刚打电话咨询，你们同事却说没办法维修，服务态度非常差。"接着开始抱怨关于手机的各种问题。客服认真听取并做记录，说："您的心情我能理解。"客户提高了声调："说好的保修一年的，况且我还是新买的，这3个特性的客户，以及必须用这3个特性来解决工作中难题的客户。很快发现了目标客户，那就是美国壳牌石油公司。美国壳牌石油公司在太平洋有很多钻井平台，他们每天要派直升机往返两次从钻井平台上采集与钻井采油相关的所有的数据，再将这些数据通过一种特殊的方式传递到总部，由总部的专家来分析这些数据。可以想象，用直升机每天往返两次到钻井平台，如果是10个钻井平台，就需要更多的直升机；对于数据要从钻井平台传到海岸，又由海岸再传到总部，整个传递需要很长时间才能完成。于是，施乐公司根据这些情况向壳牌石油公司推荐了传真机。壳牌公司采购了将近1 000台传真机，这是施乐公司当时的一个非常大的订单。

问题：根据案例，分析为什么问题点对顾问式销售很重要。

分析提示：这就是如何通过发现顾客的问题点，了解客户的真实情况，引导和理解客户的现实，提供其解决方案的过程，最终产生了一个非常大的订单，引发了非常大的市场需求。这与一般的销售代表仅仅通过表面现象去发现问题点，或者仅仅通过一个问题点就进行强行推销有本质的区别，当然也会产生绝对不同的效果。

（资料来源：编者根据网络资料编写。）

[实训项目六] 客户满意度调查

一、实训目的

通过客户满意度调查访问，全面观察服务单位的服务情况并进行综合分析。

二、实训要求和内容

各小组选择下列任务之一，并完成相应工作。

（1）组织客户满意度访谈会。设计访谈问题，组织访谈人员，撰写调查报告。

（2）客户满意度问卷调查。选取某一知名零售企业设计客户满意度调查问卷，抽取调查样本，通过网络实施调查，撰写调查报告。

（3）神秘顾客调查。根据某一企业顾客服务制度或要求，设计神秘顾客调查表，进行暗访（非现场形式），填写神秘顾客调查表，完成神秘顾客调查报告。

三、实训成果与检测

按小组提交：客户满意度调查问卷；客户满意度调查报告。

项目七　客户忠诚度管理

学习目标

知识目标

1. 理解客户忠诚度及其价值；
2. 掌握忠诚度的衡量指标；
3. 熟悉客户忠诚度计划的常见模式；
4. 掌握实现忠诚度的途径；
5. 掌握客户数据收集的内容和技巧；
6. 掌握客户数据分析的技巧。

能力目标

1. 能够制订忠诚度计划；
2. 能够对客户资料进行分类整理和利用。

项目导学

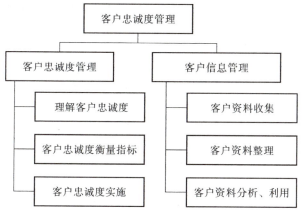

案例引入

旅游市场培养客户忠诚新思考

"世界那么大,我想去看看。"一位郑州教师的辞职心声化作了旅游业的一句至理名言。旅游业的市场确实太大了,有些国家将旅游作为主要的战略产业;还有些国家领导人决定将旅游写入国策;即便是行业门类齐全的中国,旅游业也是非常重要的发展板块,尤其对于疫情后的经济回升更为关键。提振内需,特别是给服务业加温,成为短期迅速拉动经济的必然选择。于是,政府对旅游业倍加关注,理所当然,包括江西在内的很多地方出台了"周五下午与周末结合"的2.5天休假模式,鼓励人们出去旅游,至少满足了近距离自驾游的时间需要。

但是旅游业有一个根本逻辑——旅游基本上属于"一次性消费品",旅游业普遍没有期望产生"回头客"。旅游业真的不需要做回头客的生意吗?表面看,一般很少有人重游或反复游同一个景点,但口碑是永久的"回头客"。从商业角度看,"回头客"是不连续的,但影响却是深远的,可对其梯度开发、持续经营。

那么,从经营层面如何让旅游业对"回头客"引起重视,如何培养"回头客"呢?

(1)如果旅游产品经过精心打造,不断升级迭代,增加和提升服务内容,观光游就可以催生深度游、精细游、专业游(指游客为一个知识点、一个领域的疑惑做研究,必须反复进入同一个景点或景区,如摄影爱好者);初次游就可以带动分享游、聚众游、团队游;国内游还可以升级为国外游、互动游(指通过相同或相近的主题,开发国内外的产品互动,让游客能接触和解剖一个系统)、虚拟游(指借助虚拟技术,就同一主题,与世界任一地区联动,实现远程观光)。

(2)社会发展到现在这个阶段,人将成为旅游产品或已经成为旅游产品的重要组成部分,接触人、认识人、结交人将成为旅游目的之一。现在出现的旅游达人、文化达人按既定设计路线带着自己的拥趸(指拥护者、支持者)外出旅游的成功案例,粉丝们跟随着自己的"达人团长",不仅能感受共处的快乐时光,同时也能随时获取新知识和独特观点,也就是"文化的力量"。

(3)一个景区往往积累了海量的粉丝群,借助大数据,通过服务创新和迭代升级,可以产生极高的引流价值和大量再消费的机会。旅游业产品的价值链很长,价值共享和转换的机会也多,消费者也更接受小费、打赏付费经济。

这个案例告诉我们:通过客户关系数据库管理,能够更好地进行客户需求满足调查,做好客户关系维护,赢得客户忠诚。这是客户服务管理的重要一环。

(资料来源:编者根据网络资料整理。)

素材1
PPT 也精彩

项目七 PPT

单元一　客户忠诚度管理

产生客户忠诚的因素主要包括以下四点：产品和服务的特性、降低客户的相关购买成本、避免购买风险、符合客户的心理因素。

客户忠诚是企业发展、受益，并最终赢利的关键原因所在。

1）销售量上升

忠诚客户都是良性消费者，不会刻意追求价格上的折扣。

2）加强竞争地位

忠诚客户会排斥企业竞争对手的产品，则企业在市场上的地位会变得更加稳固。

3）减少营销费用

忠诚客户常常会以口碑进行推荐，给企业带来新客户，从而降低吸引新客户的成本。

4）有利于新产品的推广

忠诚客户会很乐意尝试企业的新业务并向周围的人介绍，有利于企业拓展新业务。

一、理解客户忠诚

1. 客户忠诚的含义

客户忠诚，是指客户选择一个企业或一种产品而不是选择其他企业和产品来满足特定需要的倾向，即客户承诺与某一特定企业形成生意关系，重复购买企业的产品和服务。当客户强烈地感到你能最好地满足他们的相关需要时，你的竞争者实质上就被排除在考虑范围之外了，而且客户几乎专门从你推荐的东西当中购买，这时候就形成了客户忠诚。客户忠诚涉及长期性的关系，而所有这样的关系都建立在信任的基础之上。信任是忠诚的必要条件，它是在长时间的互动中形成的，难以赢得，却易于被破坏。

不可否认，客户满意度是导致重复购买最重要的因素，当满意度达到某一高度时，会引起忠诚度的大幅提高。客户忠诚度的获得必须有一个最低的客户满意水平，在这个满意度水平线下，忠诚度将明显下降。但是，客户满意度绝对不是客户忠诚的重要条件。

由此看来，企业必须"两手抓，两手都要硬"，既要抓客户满意，又要抓客户忠诚。

知识链接 7-1

客户忠诚度调查问卷

快递大学生客户群忠诚度调查问卷示例。

快递大学生客户群忠诚度调查问卷，是专门针对大学生的调查。旨在通过此次调查，了解大学生对快递的认识情况，明白大学生的快递需求，培养客户群。

欢迎参与调查。

问题 1：您所认识的快递公司有哪些？（多选题）
☐ 速尔物流
☐ 中城快递
☐ 顺丰快递
☐ EMS
☐ 宅急送
☐ TNT
☐ 中通速递
☐ 联邦快递
☐ 韵达快递
☐ 天天快递
☐ UPS
☐ 圆通快递

问题 2：您是通过什么途径了解快递公司的？（单选题）
☐ 网络广告
☐ 经人介绍
☐ 电视广告
☐ 其他广告
☐ 其他

问题 3：影响您选择快递公司的因素是什么？（多选题）
☐ 运费价格
☐ 运递时限
☐ 运达品质
☐ 服务质量
☐ 为客户提供个性化服务
☐ 使用便捷

☐品牌及口碑

问题4：您觉得现在快递行业的主要问题是什么？（多选题）

☐提货准点率低

☐丢失事故较多

☐损坏事故较多

☐信息反馈及时准确率低

☐服务态度和意识差

问题5：您认为快递人员的服务态度是影响您选择快递公司的重要因素吗？（单选题）

☐是

☐不是

问题6：您是否会坚持长期使用一家快递公司？（单选题）

☐会

☐不会

☐不一定

问题7：您认为怎样才是一名合格的快递人员？（多选题）

☐诚信

☐热情

☐友善

☐高效

☐专业

问题8：您认为快递公司有待改进的地方有哪些？（单选题）

☐提高物流运营质量

☐提高客服质量

☐提高员工专业技术水平

☐降低价格

☐提高事故处理速度

2. 客户忠诚价值

客户忠诚为企业所带来的收益是长期且具有累积效果的，也就是说，一个客户能保持忠诚越久，企业从他那里得到的利益就越多。客户忠诚的价值主要体现在以下几个方面：

（1）服务成本低。企业经营中几乎没有比获得一个新客户的代价更大的了，不光需要付出时间和努力，而且获得客户的成本在一段很长的时间内是会超出其基本贡献的。现在已经有了很多计算争取潜在客户和保留现有客户的成本差异的方法,大部分的方法都是根据与客户的第一次和第二次交易的成本来做比较。一般认为,第一次交易成本大约是第二次交易成本的5~10倍。由此可见,致力于经营现有客户的关系,是降低销售成本的主要方法。

(2)增加消费额。在一定时期内,客户对某一品牌服务产品的重复购买次数越多,说明其对这一品牌的忠诚度越高,反之则越低。对于经营多种产品的企业来讲,重复购买本企业品牌的不同产品,也是对企业高忠诚度的一种表现。

(3)价格敏感低。事实表明,对于喜爱和信赖的服务或产品,客户对其价格变动的承受能力强,即敏感度低,而对于不喜爱和不信赖的服务或产品,客户对其价格变动的承受能力弱,即敏感度高。

更重要的是忠诚客户在社会上给企业的正面宣传是很难得的免费资源,他们不但自己购买企业的产品,而且会推荐给他人。

知识链接7-2

客户忠诚度管理的奥秘

向新客户推销产品的成功概率是15%,然而向现有客户推销产品的成功概率是50%;如果将每年的客户关系保持率增加5个百分点,则可使利润增长85%;

以客户为导向的公司的利润比非以客户为导向的公司利润高出60%;

向新客户进行推销的花费是向现有客户推销所进行的花费的6倍。

以上数据充分说明:衡量一个企业是否成功的标准也将不再仅仅是企业的投资收益率和市场份额,而将是该企业的客户保持率、客户份额及客户资产的收益等指标。商家只有关注并转向对客户关系管理的实施与应用,才能赢得更多的客户,并获取持久竞争力。

3. 对忠诚客户进行分类

(1)垄断忠诚:指客户别无选择(无可奈何、不得已)。政府规定只能或市场上仅有一个供应商。如,消费者对公共服务——公交、铁路、水电气等属于垄断忠诚;再如,微软很多产品也是具有垄断忠诚的性质。

(2)惰性忠诚(习惯忠诚):指客户因惰性而不愿意去寻找其他供应商,其实他们对企业并不满意。

(3)方便忠诚:这种忠诚类似于惰性忠诚,只图方便。

(4)价格忠诚:即只忠诚于提供最低价的厂商——就低不就高。

(5)激励忠诚:这类客户光顾是因为公司提供一些奖励。当公司有奖励活动时，客户都会来此购买；当活动结束时，就转向其他有奖励的或是有更多奖励的公司。

以上：垄断忠诚、惰性忠诚、方便忠诚、价格忠诚、激励忠诚的客户，之所以"忠诚"，是因为缺乏替代品，或者是因为受便利、优惠等因素的影响，本质上属于——低依恋、虚假忠诚的客户，如果打破垄断，或者竞争者主动出击，让其得到更多实惠，就容易被挖走——靠不住！

（6）超值忠诚：指顾客对使其从中受益的产品和服务情有独钟，他们不仅自觉抗拒竞争者的诱惑，一如既往、乐此不疲地购买企业的产品和服务，而且还积极宣传其好处，热心向他人推荐。

超值忠诚是高依恋、高重复的购买，是一种典型的感情忠诚或品牌忠诚，这种忠诚最有价值。

（7）潜在忠诚：指客户本来愿意不断购买产品和服务，但由于企业的一些不合理规定（如，老客户没有得到比新客户更多的优惠，多买也得不到优惠）或是由于其他因素（如，环境杂乱、恶臭等）而限制了他们的忠诚。老客户会流失，新客户也不愿成为老顾客。

二、忠诚客户计划

由于科技的进步、产品的多样化和品牌竞争的日趋激烈，企业要留住客户和提升客户忠诚度的难度越来越大了。而客户忠诚度计划作为客户管理的重要技巧之一，正在悄悄风行。

1. 客户忠诚度计划的含义

客户忠诚度计划就是通过维持客户关系和培养客户忠诚度而建立客户长期需求，并降低其品牌转换率的客户计划，通常的形式包括客户分级会员制、累计消费奖励制度等，如航空公司的里程计划、信用卡的累计使用奖励。

2. 忠诚计划的几种模式

（1）独立积分计划。独立积分计划指的是某个企业仅为消费者对自己的产品和服务的消费行为和推荐行为提供积分，在一定时间段内，根据消费者的积分额度，提供不同级别的奖励。这种模式比较适合于容易引起多次重复购买和延伸服务的企业。很多超市和百货商店发放给客户的各种优惠卡、折扣卡都属于这种独立积分计划。

目前这种忠诚计划已经非常普遍，随着积分项目被越来越多的商家广泛使用，手里持有多张积分卡的客户会越来越多，这些客户在不同的商家那里出示不同的会员卡，享受相应的折扣或者积分优惠，因此，对于客户忠诚度的提高作用很小。

（2）积分计划联盟模式。联盟积分，是指众多的合作伙伴使用同一个积分系统，这样客户凭一张卡就可以在不同商家积分，并尽快获得奖励。相比较于企业自己设立的积分计划的局限性，联盟积分则更有效、更经济、更具有吸引力。

知识链接 7-3

英国的 NECTAR

目前世界上最成功的联盟积分项目是英国的 NECTAR，积分联盟由 NECTAR 这个专门的组织机构设立，本身并没有产品，只靠收取手续费赢利。项目吸引了包括 Barclay 银行、Sainsbury 超市、Debenham 商场和 BP 加油站等很多企业加入。客户凭 NECTAR 卡可以在特约商户消费，或者用 Barclay 银行卡消费者，都可获得相应积分，并凭借积分参加抽奖或者领取奖品。NECTAR 因此把消费者对他们的忠诚转变成对特约商户的忠诚，并由此向特约商户收取费用。在很短时间内，NECTAR 就将 5 880 万英国居民中的 1 300 万变成了自己的客户，并从中取得了巨大的收益。除此之外，航空业也普遍采取这种联盟形式，现在，更是出现了航空业、酒店业、租赁业等企业的联盟。

联盟积分卡可以通过互相为对方提供物流、产品、客户资料方面的支持，降低企业的各种压力，使企业能获得更多的新的客户资源。

这种联盟最大的问题是联盟中商家实力不对等，如我国航空公司与国外战略伙伴在国际航线上的竞争力往往不对等，如果大量旅客在别人的国际航线上积累里程，而到我们的国内市场兑换免费机票，将对我国航空公司造成冲击。因此，在谈判联盟协议时，对这些问题要加以考虑。

（3）联名卡和认同卡。联名卡是非金融界的盈利性公司与银行合作发行的信用卡，其主要目的是增加公司传统的销售业务量。例如，美国航空公司和花旗银行联名发行的 AAdvantage 卡就是一个创立较早而且相当成功的联名卡品牌。

知识链接 7-4

美国航空公司的 AAdvantage 计划

美国航空公司的 AAdvantage 计划在全球范围内已经拥有大约 5 000 万名会员。客户可以通过飞行里程、酒店住宿、汽车租赁、信用卡消费及其他各类消费赢取积分。同时他们也可以用累积的积分兑换机票、酒店住宿、汽车租赁和其他奖品。

根据统计，参加 AAdvantage 计划的客户能够以多达 1 500 种的不同方式累积和消费积分。这还不止，客户累积的飞行里程越多，他们从美利坚航空得到的奖励就越多。这些奖励包括 VIP 机票预订、快速安检以及机场贵宾室待遇等，这些奖励为旅客们带来了真正的价值，所以它们在旅客选择航空公司时，有着巨大的影响。

认同卡是非营利团体与银行合作发行的信用卡，持卡人主要为该团体成员或有共同利益的群体。这类关联团体包括各类专业人员，持卡人用此卡消费时，发卡行从收入中提取一定百分比给该团体作为经费。运动协会、环保组织、运筹学管理科学协会的认同卡就是这方面的成功例子。

与前述积分计划联盟模式的不同点在于，联名卡和认同卡首先是信用卡，发卡行对联名卡和认同卡的信贷批准方式与一般的普通信用卡很接近，对它们的运营和风险管理也有许多相通之处。在管理方式上，银行需要与合作的盈利公司或非营利团体签有详细的利润分成合同，对加强信用卡发行单位和签约单位的客户忠诚度非常有效。

（4）会员俱乐部。有的企业客户群非常集中，单个消费者创造的利润非常高，而且与消费者保持密切的联系非常有利于企业业务的扩展。他们往往会采取俱乐部计划和消费者进行更加深入的交流，这种忠诚计划比单纯的积分计划更加易于沟通，能赋予忠诚计划更多的情感因素。

作为忠诚计划的一种相对高级的形式，会员俱乐部首先是一个"客户关怀和客户活动中心"，但现在已经朝着"客户价值创造中心"转化。而客户价值的创造，则反过来使客户对企业的忠诚度更高。

知识链接 7-5

酒店客户忠诚计划之：希尔顿荣誉客会 Hilton HHonors

希尔顿家族的所有酒店和度假村皆参加此项计划，在亚太地区，每间加盟酒店的会员资格和奖励要求是相同的。加入 HHonors 是免费的，可以登录 Hilton HHonors 的网站在线申请，也可前往 HHonors 的加盟酒店办理或致电就近的希尔顿预定和客户服务中心办事处。

Hilton HHonors 会员级别分为四类：蓝卡会员、银卡贵宾会员、金卡贵宾会员和钻石卡贵宾会员。要想保留某个贵宾级的会员资格，会员必须达到一年中有效入住次数、天数或基本积分的要求，见表7-1。

表7-1　Hilton HHonors 会员级别

要求	蓝卡	银卡	金卡	钻石
	无	4次/10晚	20次/40晚/7.5w基础分	30次/60晚/12w基础分
根据您的客户偏好快速预订和入住	√	√	√	√
延迟退房	√	√	√	√
快速退房	√	√	√	√
第二位客人免费住宿	√	√	√	√
第5晚享受免费住宿		√	√	√
精英等级奖励		15%	25%	50%
免费使用健身中心和健身俱乐部		√	√	√
免费获赠两瓶水		√	√	√
升级至自选客户			√	√
每日欧陆早餐			二选一	√
1 000点奖励积分			二选一	√
使用行政酒廊				√

要成为 Hilton HHonors 的银卡贵宾会员，您一年中至少要在希尔顿旗下酒店有效入住4次或10晚。

要成为 Hilton HHonors 的金卡贵宾会员，您需要在希尔顿旗下酒店有效入住20次或40晚，或者赢取75 000点基本积分。

要成为 Hilton HHonors 的钻石卡贵宾会员，您需要在希尔顿旗下酒店有效入住30次或60晚。如果您在一年中赢取了120 000点基本积分，您也将获得钻石卡贵宾会员资格。

蓝卡会员：使用 HHonors 会员订房专线；享受 HHonors 会员专享的快速入住服务；开始赢取 Points & Miles，并提升至贵宾等级。

银卡贵宾会员：在所有 HHonors Base 积分的基础上获得15%的奖励积分。入住期间可免费使用酒店拥有或经营的健身俱乐部或健身中心。HHonors 银卡贵宾会员可以兑换专供特别贵宾选择的奖品。

金卡贵宾会员：在所有 HHonors Base 积分的基础上获得 25% 的奖励积分。HHonors Gold VIP 会员可在希尔顿旗下酒店免费享受客房升级或使用各种便利设施。

钻石卡贵宾会员：在所有 HHonors Base 积分的基础上获得 50% 的奖励积分。只要提前 48 小时（以酒店当地时间午夜 12 时为界）预订，钻石卡贵宾会员便可获得订房保证。钻石卡贵宾会员可在希尔顿旗下酒店免费享受客房升级或使用各种便利设施。

Hilton HHonors 会员可以在入住时同时获得积分和飞行里程，Hilton HHonors 称之为"Double Dip"。在众多常客奖励计划中，唯有 Hilton HHonors 的计划允许会员 Double Dip。

三、客户忠诚实施途径

客户忠诚计划在一定程度上提高了客户忠诚，但由于实施成本比较高，实施难度比较大，做不好的话反而会损害忠诚度，对企业的品牌造成很大的影响。一般企业可以从以下三个方面来培育客户的忠诚度：一是提高客户的满意度；二是加大客户的转换成本；三是留住核心员工。

1. 提高客户满意度

其是指使客户感到满意，培养客户成为企业长期的、忠诚的客户。具体措施有：

（1）构建满意的客户服务体系。要构建满意的客户服务体系首先要加强与客户的沟通，准确了解客户需求。一个企业只有真正了解了客户的需求，才能更好地为客户服务，向客户提供最实用的技术和解决方案，让客户少花钱、多办事。其次要在研究客户需求的基础上设计服务质量和实施服务。同时，任何企业的资源都是有限的，如何使有限的资源得到最大限度的利用，尽可能满足客户的需求，需要企业根据客户需求，审视自己的能力，从而制定合理的服务项目和质量标准。在此基础上，还应建立一整套完善的行政管理制度、业务流程和人力资源来保证成功地管理企业。

（2）制定合理有效的服务质量标准。由于服务是不可触摸的特殊商品，具有无形性，客户选择服务的依据仅仅是供应者的承诺和以往的经验。此外，服务有滞后性，客户往往接受服务后再交费。服务的这种无形性的特点，是服务提供者首先要解决的问题：一方面要使无形的服务变成质量可控的服务；另一方面使滞后交付的服务，在客户投入时就明确自己的权益。服务标准化是解决这一问题的有效途径，通过对服务操作步骤、操作过程的技术要求、人员分工等加以明确规定，使服务质量做到可行、可见、可控；再将这种标准化的服务通过与客户签订的书面协议明确下来,使客户的花费具有保障。

海尔集团的"12345"法则

海尔集团老总张瑞敏要求"海尔"的所有服务人员向用户承诺做到:

1个证件——上门服务要出示上岗证;

2个公开——公开统一收费标准并按标准收费,公开出示维修或安装记录单并在服务完毕后请客户签署意见;

3个到位——服务后清理现场到位,电器演示到位,向客户讲明使用知识到位;

4个不准——不准喝客户的水,不准抽客户的烟,不准吃客户的饭,不准要客户的礼品;

5个———递一张名片,穿一双拖鞋,自带一块垫布,自带一块抹布,赠送一件小礼品。

问题:这个法则的特点是什么?

分析提示:海尔的"12345"法则实际上都是无形服务有形化理念的体现。它们像抓产品质量一样重视服务质量的研制,不仅精心、科学规划设计好服务的每一个细节和步骤,并进行有规律的规划,使之简洁直观,让员工融入自己的服务。

(3) 提高客户服务的快捷性和持续性。高效、快捷的服务响应是客户对企业提出的基本要求。要想构建最佳的客户满意度,企业必须注意提供服务的速度。先进的通信手段为提供更快捷的服务带来可能,发展远程支持服务是提高快捷性的重要手段。完善的服务网络是优质服务的基石,现场支持、硬件维护、设备更换、客户培训等服务必须依靠完善的服务网络才能保证响应速度。

持久的客户满意度意味着企业持久、快速的发展。企业应在与客户充分沟通的基础上,努力完善自己的服务模式,力求营造最佳的客户满意度,实现整个市场的健康、和谐发展。

2. 加大客户的转换成本

转换成本是指当客户从一个产品的提供者转向另一个提供者时所产生的一次性成本。这种成本不仅仅是经济上的,也是时间、精力和情感上的,它是构成企业竞争壁垒的重要因素。如果客户从一个企业转向另一个企业,可能会损失大量的时间、精力、金钱和关系,那么即使他们对企业的服务不是完全满意,也会三思而行。

(1) 转换成本的种类。具体包括:

①经济危机成本,即客户如果转投其他企业的产品或服务,有可能为自己带来潜在的负面结果,比如说产品的性能并不尽如人意、使用不方便等;

②评估成本，即客户如果转投其他企业的产品或服务，必须花费时间和精力进行信息搜寻和评估；

③学习成本，即客户如果转投其他企业的产品或服务，需要耗费时间和精力学习产品或服务的使用方法及技巧，如学习使用一种新的电脑、数码相机等；

④组织调整成本，即客户转投其他企业，必须耗费时间与精力和新的产品或服务提供商建立关系；

⑤利益损失成本，即企业会给忠诚客户提供很多经济等方面的实惠，如果客户转投其他企业，将会得不到这些实惠；

⑥金钱损失成本，即如果客户转投其他企业，可能又要缴纳一次性的注册费用等；

⑦个人关系损失成本，即如果客户转投其他企业，可能会造成人际关系上的损失；

⑧品牌关系损失成本，即如果客户转投其他企业，可能会失去和原有企业的品牌关联度，造成在社会认同等方面的损失。

其中经济危机成本、评估成本、组织调整成本和学习成本，主要是在时间和精力上的成本，可以把它们归属于程序方面的转换成本；利益损失成本和金钱损失成本，主要是在经济上的成本，可以把它们归属于财政方面的转换成本；个人关系损失成本和品牌关系损失成本，主要是在情感上的成本，可以把它们归属于情感方面的转换成本。

（2）转换成本的应用。企业要提高客户的转换成本，首先应该考虑如果自己的客户转投竞争对手，将会在程序、财政和情感三方面有哪些损失，然后通过提高客户八种转换成本中的一种或几种，来增加客户转换的难度和代价。有的企业通过宣传产品、服务的特殊性，让客户意识到他们的转换成本将很高。例如，信用卡公司可以向客户宣传金融服务的复杂性和学习过程很长，让他们感知到程序转换成本很高，因此不愿意轻易更改服务提供商。同样，可以通过宣传企业自身的特殊性和不可替代性，为消费者提供一整套适合他们的不同功能的产品或服务，来增加客户对他们的依赖性，从而让消费者意识到其是不可替代的，也有效地抵挡了其他企业忠诚计划的诱惑。比如佳洁士就成功地通过宣传不含氟牙膏的风险（产生蛀牙），提高客户对替代性产品的风险认知，减少客户的转换行为。而零售店增加老客户转换成本最常用的方式就是会员制，对老会员实行优惠或积分奖励。

3. 留住核心员工

所谓核心员工是指那些终日与客户直接面对面地打交道或通过电话与客户进行各种业务洽谈，因而可以称之为公司的"形象大使"或"形象代言人"的一群人；核心员工还包括那些从事与企业的生死存亡休戚相关的核心业务的人。

由于核心员工处在防止客户满意度下降的第一线，其薪资水平往往又要占公司整个薪资支出的绝大部分,因此,对于公司的生存与发展而言,重要的是不仅留住他们的人,更要留住他们的心,进而充分挖掘其潜力。

知识链接 7-6

企业里的核心员工

管理学者 Sibson 通过对 1 350 名美国企业员工的研究揭示出如下规律:
- 超过 70% 的核心员工认为他们对组织负有责任,但只有 51% 的人认为组织真正关心他们。对目前的薪酬水平感到满意的还不到半数。
- 核心员工对组织的忠诚正受到他们对自己薪酬的不满和组织在动荡的 20 世纪 90 年代所发动的一系列变革的威胁。
- 与其他群体相比较而言,薪酬满意度在决定核心员工对组织的承诺方面是一个更加主导的因素。
- 核心员工认为组织的支持是对组织承诺最强有力的推进剂,但核心员工不太认为他们得到了足够的组织支持。
- 不论群体性质如何,包括核心员工在内,组织的工作环境同样也是对组织承诺的强有力的推动因素。

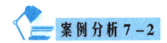
案例分析 7-2

Bayer 公司的员工参与管理

Bayer 公司通过与其在 Myerstown 的工厂员工进行咨询,意识到什么是员工所认为的当前公司所面临的最紧要问题。当公司于 1994 年年底收购这家工厂时,员工由于对 20 世纪 90 年代初期公司的裁员政策不满而冷嘲热讽。管理方认识到让员工投入到变革活动中去是克服嘲讽和实施变革的关键。Bayer 使员工参与的方法包括两个步骤:首先召开交互式大群体会议和成立热点小组以收集全体员工有广泛代表性的信息,然后,召集由更小的核心员工群体参加的追踪会议。每位员工都有参与的机会。由于活动并不是在走过场,在讨论的基础上,公司内部就如何改进绩效展开对话,员工也为自己设定了在刺激性的薪酬方案中的绩效目标,因而改革得以稳步推进。

素材 2

Bayer 让员工参与管理的好处是什么?

问题:让员工参与管理的好处是什么?

(1)培育核心员工对企业的认同。妨碍核心员工业绩提高的一个因素是在一线员工中缺乏关于企业的真正的和有意义的信息。大多数的公司并未将信息共享放在一个优先地位。结果，许多一线员工对公司究竟取得什么样的收益，自己如何能为公司做出更大的贡献等只有一个笼统而模糊的概念。而只有让核心员工更多地了解企业的运营状况、公司的理念，让他们对公司感到骄傲以及增进他们对公司客户需求的认识和了解才能有效地达到"双赢"。

（2）让核心员工做有意义的参与。对企业存亡负有责任的核心员工并不会自发产生对企业的认同，除非他们真正认识到自己的日常活动是如何与公司业绩挂钩的。事实上，提高核心员工满意度的一个关键在于让其做有意义的参与。

（3）制定明晰的目标。没有明确的、可测量的绩效目标，企业的投入对核心员工的忠诚和绩效的影响将微乎其微。要想使核心员工的忠诚与绩效之间的联系看得见、摸得着，就必须让员工理解目标并定期进行考核。

（4）切实提高员工对工作的安全感。由于经济的全球一体化和商业竞争的日趋激烈，有保障的工作已逐渐成为陈年旧事，但这并不意味着员工就不需要工作安全感。工作安全感只是意味着：如果员工正确地完成他的工作并帮助他所在的企业取得成功，那么这个成功将有助于他保住自己的饭碗或提高他发现另一个工作机会的概率，并且这还会反映到其薪酬的增长上。

（5）向核心员工提供富有刺激性的一揽子奖励方案。要想使核心员工对组织具有较高的承诺和卓越的绩效表现，最后一项条件就是提供一个极具竞争力的和刺激性的一揽子奖励方案。总之，只有那些对核心员工的忠诚和业绩给予高度关注的企业才能在竞争中长期处于一种优势地位。事实上，留住了核心员工的人和心也就留住了企业的命根。

单元二　客户数据库管理

无论是开发新客户，还是巩固老客户，客户信息的管理都是最基础、最重要的工作。如何建立客户信息数据库，处理分析数据库，并以此为基础，研究客户的购买倾向，发现适合企业发展的目标客户群体，有针对性地向客户提出各种建议，以更加有效地说服客户接受企业的产品和服务，已成为企业客户管理的一个重要内容。

一、客户资料收集

1. 客户资料收集的内容

建立客户档案就要专门收集客户与企业联系的所有信息资料，以及客户本身的内外部环境信息资料。它主要有以下几个方面：

（1）有关客户最基本的原始资料。企业客户基本情况是企业客户最基本的原始资料，主要包括企业客户的名称、地址、电话、所有者、经营者、管理者、法人代表及其个人的性格、兴趣、爱好、家庭成员、学历、年龄、能力；创业时间、与本企业交易的起始时间；企业组织形式、业种、资产等。此外，消费者客户（包括个人或群体）的资料，如市场规模、市场结构、购买偏好、行为特征及个人性格、兴趣、爱好、家庭成员、学历、年龄、收入等也是企业应掌握的资料。表7-2是个人客户资料卡。

表7-2 个人客户资料卡

客户姓名		性别		住址	
学历		年龄		性格特征	
职业		平均收入		联系方式	
购买的商品		购买日期			
付款方式					
备注：					

（2）关于客户特征方面的资料。企业所面对的客户主要指批发商、经销商、零售商等中间商，此外还有企业的最终客户，以及其他相关企业。客户特征资料是企业重要的客户信息。客户特征主要包括：服务区域、销售能力、发展潜力、经营观念、经营方向、经营政策、经营特点等。

（3）关于客户业务状况方面的资料。客户业务状况主要包括客户规模、销售业绩、经营管理者和业务人员的素质、与其他竞争者的关系、与本企业的业务关系及合作态度等。

（4）关于交易现状的资料。交易现状主要包括客户的销售活动现状、存在的问题、保持的优势、未来的对策以及企业形象、声誉、信用状况、交易条件和出现的信用问题等方面。

2. 客户资料来源

（1）内部资料。这是指本企业的内部资料，也是调查人员最先、最容易获取的资料。内部资料的来源有以下两种：

第一种是企业档案。企业本身的业务活动常常可以为做好客户调查工作提供大量有参考价值的资料，内部会计系统可提供大量的资料。另外，还可参阅企业客户名单、历年销售记录、本企业推销人员提供的客户报告、客户往来函电。

第二种是调查资料。每完成一项调查工作，调查人员可把获取的全部资料编制索引后归入专用档案备查。

（2）情报机构资料。世界上任何一个国家都有向人们提供客户信息（已公布的或未公布的资料）的机构，客户调查人员应全力与这类机构及有关工作人员保持密切联系，详细了解他们能够提供哪方面的资料。

知识链接 7-7

俄罗斯的私人情报机构和情报个体户

苏联解体及克格勃解散后，成千上万的克格勃官员，以自己的情报专长下海经商，成为俄罗斯经济领域中十分引人注目的"景观"。他们创办的公司大多是被声称为"保安公司"的私人情报机构，经营安全保障、情报咨询、情报合作、反经济间谍等方面的业务，向客户提供商业和市场情报信息，为西方企业调查其俄罗斯合伙人的情况（财力、债务、个人爱好乃至私生活等），提供有关俄罗斯工业发展趋势和政治稳定程度的分析报告等。

（3）图书馆资料。图书馆是信息的集中地，但对于客户信息的收集人员来说最有价值的是外贸部或促进贸易的主管部门附设的图书馆。这些图书馆至少可以提供有关贸易的具体数字和某些客户的基本经济情况等方面的资料。

（4）政府机关资料。可从国家各级政府机关，如商务部、国家统计局、中国人民银行等取得相关资料，尤其是统计部门专门负责整理和公布的各种统计资料，如人口资料、经济统计等。有时候，即使是还未公布的统计资料，政府机关也可以提供。

（5）商会资料。商会一般属于半官方组织，当客户调查人员需要和其下属的会员企业交往时，商会经常起到第一联络人的作用。商会经常可以为调查人员提供很多有用的资料，如会员公司名单，当地客户习惯使用的贸易方式、贸易条件和有关贸易规定等。机构较为庞大的商会还附设商业图书馆，供会员公司或非会员公司使用。

（6）行业协会资料。各种类型的行业协会、联合会往往承担部分行业管理或研究职能，自办有定期出版的报刊，公布关于本行业的统计数字资料、相关信息以及会员名单。

（7）商业出版社资料。很多商业出版社会专门组织出版一些对客户调查很有参考价值的书刊，如工商行名录、商品评论、系列统计资料、工业专题论文等。客户调查人员应与这类出版社建立联系，请求他们经常邮寄即将出版的书刊目录等。

（8）银行资料。银行是一个丰富的客户信息收集的资料来源处。客户调查人员应先与本公司的往来银行联系索取有关资料。一般来说，银行乐意向其关系户提供服务。

(9) 各类媒体资料, 如互联网、报纸、杂志经常会有一些对企业有用的信息。

(10) 各类客户资料, 包括老客户和潜在的客户, 客服人员可通过问卷、面谈等获得客户信息。

3. 客户资料收集的技巧

(1) 随时记录客户的个人资料。对于重要客户要留心观察, 专门准备一个本子, 随时记录客户的个人资料, 要尽可能详细。

(2) 将记录发展为一个完整系统。当资料积累到一定程度后, 及时把它发展为一个完整系统, 从中可以分析出客户的需要和喜好, 以及客户愿意与之共享的其他资讯。这套系统既包括基本资料, 供自己与客户联系, 也包括特别资料, 记录客户个性化的嗜好, 有助于为客户提供贴身服务。系统可以是一本笔记簿, 也可以做成一个电子文档或一张一张的卡片。对每位客户要分页记录, 以便日后查找。

(3) 留意客户最新情况信息。在客户购买产品的时候, 要对客户进行有意识的观察, 包括客户挑选商品的表情、购买的时间、购买次数等。客户走后, 要对这些信息进行分析, 掌握客户的购买喜好、消费额等带有规律性的情况以及最近的变化。

(4) 主动询问客户, 挖掘信息。挑选比较热情、开朗的客户, 主动了解他们的有关情况, 如姓名、住址、喜好、家庭成员等情况, 询问他们最近有什么样的需求, 对购买的产品有什么意见等。迪斯尼乐园有2 000名员工, 不管是小丑演员, 还是救生员、检票员, 每天都至少要和5位游客交流。通过这种交流, 迪斯尼收集了大量的客户信息, 获得了许多建议和反馈, 这也是迪斯尼能长盛不衰的重要原因之一。

(5) 让客户主动留下信息。设计一些有关客户个人资料的卡片, 在客户愿意的前提下, 让客户填写。对客户要说清楚, 填写卡片的目的是为了更好地为他开展个性化服务, 争取客户的理解和支持。

总之, 在实际业务活动中, 要留心观察, 勤动手记录, 勤开口说话, 通过各种合适的途径掌握客户的有关信息, 只有掌握了客户的信息才能对客户进行有效而准确的分类, 提供有针对性的服务。

 知识链接7-8

沃尔森法则

把信息和情报放在第一位, 金钱就会滚滚而来 (提出者: 美国企业家S. M. 沃尔森)。

> 日本尼西奇公司原是一家生产雨伞的小企业，一次偶然的机会，董事长多博川看到了一份最近的人口普查报告。从人口普查资料获悉，日本每年有250万个婴儿出生，他立即意识到尿布这个小商品有着巨大的潜在市场，按每个婴儿每年最低消费2条计算，一年就是500万条，再加上广阔的国际市场，潜力是巨大的。于是他立即决定转产大企业不屑一顾的尿布，结果畅销全国，走俏世界。如今该公司的尿布销量已占世界的1/3，多博川本人也因此成为享誉世界的"尿布大王"。
>
> 多博川从一份人口普查报告中看到了巨大的商机，从而取得了巨大的成功，这得益于他对市场的敏锐观察力和及时出击的战略。获取情报重要，快速对情报作出反应更重要，这就要求商家要善于根据新情况、新问题，及时调整原来的思路和方案，采取相应的对策，做到市场变我也变。
>
> 你能得到多少，往往取决于你能知道多少。

二、客户资料分类整理

1. 资料信息的分类

为了提高服务效率、促进服务工作更顺利地进行，客户服务部门应将企业拥有的客户资料信息进行科学划分。常用的有以下两种分类方法：

（1）横向分类。横向分类是为了便于销售业务的展开，即企业按客户的性质进行分类，通常的分类标准如下：

按客户所在地理位置划分，客户信息可分为商业中心店信息、交通枢纽店信息、居民区店信息、其他店铺信息等。

按客户收入类型划分，客户信息可分为高收入层客户信息、中等收入层客户信息和低收入层客户信息等。

（2）纵向分类。纵向分类是根据企业对客户的商品管理、销售管理和贷款回收管理的实际情况，确定客户等级标准，将现有客户分为不同的等级。通用的客户等级分类标准有以下三种：

一是按客户与本企业的交易数量，客户信息可分为大客户信息、普通客户信息或A级客户信息、B级客户信息、C级客户信息、D级客户信息等。

二是按客户的信用状况，可将客户信息分为不同的信用等级。

三是按客户在服务链中所处的位置划分，可分为中间商客户信息与最终客户信息。

2. 建立客户资料信息卡

资料收集结束以后，要对这些有用的资料信息进行分类、整理，并建立一系列信息卡，建立客户信息档案，以备查用。企业一般应制作以下 5 种资料信息卡：

（1）客户资料卡。客户资料卡即记录客户信息的卡片，包括客户名称、地址、负责人、主要经营项目、主要联络人、与客户的交易额、资本额以及与本公司的业务往来情况，建卡日期等，这是记录客户信息资料最主要的方式。通过记录这些资料，可在工作中及时查找客户信息。

（2）客户管理卡。客户管理卡，顾名思义就是对客户资料进行有效管理的卡片。相对于客户资料卡而言，客户管理卡更为具体、详细，涉及的范围更为广泛。其内容包括：客户的基本信息，如公司名称、地址、电话号码、法人代表、成立日期、工作人数、管理人员结构、管理水平、开户银行等；客户的业绩，如销售额、日常利润等。

（3）客户地址分类。客户地址分类的目的是便于使用、查找。标准的客户地址分类一般包括客户名称、地址、经营类别、所在地区、负责人以及适宜访问的时间等。

（4）客户等级分类表。在客户服务过程中，还需要做一个客户等级分类表，根据情况可以把客户分成几个等级（重要的、一般的和不重要的）。这样做的目的是通过区分不同的客户，采取有针对性的服务。

（5）客户投诉记录表。企业要做好售后服务管理工作，不能缺少客户投诉管理，客户的抱怨和投诉能使企业得到进步，获知客户的抱怨是至关重要的。因此，企业应建立客户投诉系统，对每一位客户的投诉及其处理都要做详细的记录，包括投诉的内容、处理过程、结果、客户满意情况等。

3. 整理资料注意事项

（1）信息必须全面详细。客户档案所反应的客户信息，是我们对该客户确定一对一的具体服务政策的重要依据。因此，档案的建立，除了客户名称、地址、联系人、电话这些最基本的信息之外，还应包括它的经营特色、行业地位和影响力、分销能力、资金实力、商业信誉、与本公司的合作意向等这些更为深层次的因素。

（2）内容必须真实。这就要求客户服务人员的调查工作必须深入实际，那些为了应付检查而闭门造车胡编乱造客户档案的做法是最要不得的。

（3）对已建立的档案要进行动态管理。

三、客户数据整理分析

（1）关联分析：关联分析是一种简单、实用的分析技术，就是发现存在于大量数据集中的关联性或相关性，从而描述了一个事物中某些属性同时出现的规律和模式。

关联分析是从大量数据中发现项集之间有趣的关联和相关联系。关联分析的一个典型例子是购物篮分析。该过程通过发现顾客放入其购物篮中的不同商品之间的联系，分析顾客的购买习惯。通过了解哪些商品频繁地被顾客同时购买，这种关联的发现可以帮助零售商制定营销策略。其他的应用还包括价目表设计、商品促销、商品的排放和基于购买模式的顾客划分。

（2）聚类分析：聚类分析是依据研究对象的特征，对其进行分类的方法，以减少研究对象的数目。分析的各类事物缺乏可靠的历史资料，无法确定共有多少类别，分析目的是将性质相近事物归入一类。研究对象各指标之间具有一定的相关关系。聚类分析被用来发现不同的客户群，并且通过购买模式刻画不同的客户群的特征。聚类分析是细分市场的有效工具，同时也可用于研究消费者行为，寻找新的潜在市场、选择实验的市场，并作为多元分析的预处理。

（3）分类：分类就是要找出一个类别的概念描述，它代表了这类数据的整体信息。即该类的内容描述，并用这种描述构造模型，一般用规则或决策树模式表示，分类是利用训练数据集通过一定的算法而求得分类规则，可被用于规则描述和预测。

（4）时序模式：时序模式是指通过时间序列搜索出的重复发生概率较高的模式，与回归一样，它也是用已知的数据预测出的，但这些数据的区别在于变量所处时间的不同。

（5）偏差分析：在偏差中包括很多有用的知识。数据库中的数据存在很多异常情况，发现这种异常情况是非常重要的。偏差检验的基本方法就是寻找观察结果与参照之间的差别。

四、市场情况分析

1. 年度计划分析

年度计划分析是指销售人员随时检查完成的业绩与年度计划的差异，确认企业能否实现年度计划中预期的销售额、利润、市场份额等目标。

2. 盈利能力分析

盈利能力分析是指分析不同的产品、销售区域、市场及渠道的盈利能力，这有助于销售管理人员决定哪些产品或渠道需进一步拓展、或缩减甚至淘汰，从而合理利用资源。

3. 营销效率分析

营销效率分析指对销售人员、广告、分销和促销的效率分析。进行分析时要注意短期和长期的综合分析，以保持企业长期有效的发展势头。

4. 客户构成分析

客户构成分析的基本步骤是：第一，将企业的客户按不同的方式进行划分，比如可以划分为批发、零售、代理、特许加盟、连锁、专营类等；第二，汇总各客户的销售额；第三，合计各客户的总销售额；第四，计算出各客户在该类中所占销售额比重；第五，运用 ABC 分类法分类管理。

5. 销售构成分析

根据销售额等级分类，分析在公司的销售额中，各类等级的客户所占比重，并据此确定未来的营销重点。销售构成分析即统计分析各类客户、各类客户中每个客户在企业总销额中所占比重，及其这一比重随时间推移的变动情况。其用以表明企业产品和服务的主要销售对象、划分不同规模的客户。这对于明确促销重点、掌握渠道变动情况是十分重要的。

6. 地区构成分析

通过分析企业总销售额中不同地区所占的比重，借以发现问题，提出对策，解决问题。分析企业客户总量中各地区客户分散程度、分布地区和各地区市场对企业的重要程度，是设计、调整分销和服务网络的重要依据。

7. 不同商品销售分析

通过分析企业商品总销售量中各类商品所占的比重，并通过分析历史数据而区别各种不同的客户，以确定对不同客户的维护重点和对策。

8. 影响客户对企业利润贡献的主要因素分析

主要影响因素有客户经济状况分析、客户购买实力分析、客户购买决策群体分析、客户与供应商的关系分析。

9. 客户服务成本分析

客户成本是指企业为吸引客户，向客户销售、服务客户及保留客户而花费的各类资源，这包括花费在宣传促销、经营、计划、服务以及营销部门的某些销售费用等活动上的费用。客户成本可以分为售前成本、制造成本、物流成本和售后服务成本。

五、客户资料利用

1. 实现客户的分类管理

通过对客户资料的统计分析，可以从中找到有许多个方面相同或相似的客户群体，按照客户价值分类，找到最有价值的客户（即关键客户）才是企业最重要的工作，而 ABC 客户分类法就是一种比较实用的方法。ABC 客户分类法以消费额或利润贡献等重要指标为基准，把客户群分为关键客户（A 类客户）、主要客户（B 类客户）、普通客户（C 类客户）三个类别。

在清楚地了解了客户层级的分布之后，即可依据客户价值来策划配套的客户关怀项目，针对不同客户群的需求特征、消费行为、期望值、信誉度等制定不同的营销策略，配置不同的市场销售、服务和管理资源，对关键客户定期拜访与问候，确保关键客户的满意程度，借以刺激有潜力的客户升级至上一层，使企业在维持成本不变的情况下，创造出更多的价值和效益。

（1）对关键客户（A类客户）的管理。关键客户是金字塔中最上层的金牌客户，是在过去特定时间内消费额排在前5%的客户。这类客户是企业的优质核心客户群，由于他们经营稳健，做事规矩，信誉度好，对企业的贡献最大，能给企业带来长期稳定的收入，值得企业花费大量时间和精力来提高该类客户的满意度。

对这类客户的管理应做到：①指派专门的营销人员（或客户代表）经常联络，定期走访，为他们提供最快捷、周到的服务，让他们享受最大的实惠，企业领导也应定期去拜访他们。②密切注意该类客户所处的行业趋势、企业人事变动等其他异常动向。③应优先处理该类客户的抱怨和投诉。

（2）对主要客户（B类客户）的管理。主要客户是指客户金字塔中在特定时间内消费额排在前20%的客户中，扣除关键客户后的客户。这类客户一般来说是企业的大客户，但不属于优质客户。由于他们对企业经济指标完成的好坏将构成直接影响，因此企业应倾注相当的时间和精力关注这类客户的生产经营状况，并有针对性地提供服务。

对这类客户的管理应注意以下几点：

①指派专门的营销人员经常联络，定期走访，为他们提供服务的同时要给予更多的关注，营销主管也应定期去拜访他们。②密切注意该类客户的产品销售、资金支付能力、人事变动、重组等异常动向。

（3）普通客户（C类客户）的管理。普通客户是指除了上述两种客户外，剩下的80%的客户。此类客户对企业完成经济指标贡献甚微，消费额占企业总消费额的20%左右。由于他们数量众多，具有"点滴汇集成大海"的增长潜力，企业应控制在这方面的服务投入，按照"方便、及时"的原则，为他们提供大众化的基础性服务，或将精力重点放在发掘有潜力的"明日之星"上，使其早日升为B类客户甚至A类客户。企业营销人员应保持与这些客户的联系，并让他们知道当他们需要帮助的时候，企业总会伸出援助之手。

2. 客户资料的其他应用

要想在商战中出奇制胜，为公司带来辉煌业绩，必须从分析客户的日常行为、特征和心理倾向着手，充分发掘客户信息，并采取各种途经来拉近彼此的关系。高效利用客户资料的具体做法为：

(1) 编上代码。一些公司根据客户业务的赢利情况为其编上代码,为每一个账户分配一个代码,并向员工下达如何有针对性地服务每一类客户的指示。

(2) 接转电话。

根据客户的代码,电话中心可将客户接转至不同的专业人员。

消费数额大的客户应立即交给高级别的、能解决问题的人。

(3) 锁定目标。详细分析客户资料之后,就可以在很多情况下有针对性地使用,如寄发广告信函、订立收付款计划、订立时间计划、对信用度分类、决定佣金折扣、区别现有客户与潜在客户等。根据客户业务的价值,不同级别的客户可以免交许多费用及享受其他一些隐性折扣。

(4) 共享信息。公司也许会把有关某个客户的交易历史数据转手给其他企业,实现企业间的信息共享,但是这里的信息共享一定要注意客户信息的保密问题。

知识链接 7-9

瑞士"镇国之宝"已有 80 年

《瑞士银行保密法》已存在 80 年之久,有瑞士"镇国之宝"之称。正是这项严格保护客户隐私的法律使瑞士银行得以吸收世界各地的巨额资产,使瑞士成为世界上吸收离岸财富最多的国家。

对客户了解越多就越能为其提供服务,但应有一个限度,不过分打扰、不滥用资料引起客户的忧虑和反感。

[实训项目七] 客户忠诚度管理

一、实训目的

通过客户忠诚度管理实践分析,全面总结和分析线上服务单位的忠诚度管理方式。

二、实训要求和内容

(1) 各小组阅读以下案例并进行组内交流。

天虹:零售企业如何用数字化重塑顾客服务?

数字化时代已经来临,当前的消费者行为日益呈现"移动化+个性化+社交化"的特征,开始热衷线上、线下无缝链接的全新服务体验。数字化浪潮也在不断重塑零售企业的顾客服务，随着顾客沟通需求呈多元化、线上线下融合化、多渠道跳跃化的变迁，传统的沟通渠道和客服工具已无法满足不断变化的顾客需求。

1. 零售企业的顾客服务新趋势

1）全渠道顾客服务日趋整合

以顾客为中心整合无缝式的服务体系，覆盖线下服务、线上服务（PC、WAP、微信、App）及电话等全渠道，持续满足跨所有实体和数字触点的顾客期望已经成为零售企业的必然选择，确保顾客无论以何种方式体验和购物，都能感知到个性化、便捷化的体验。

2）顾客画像、消费场景逐渐清晰

过去，顾客之声往往只来源于零售业线下门店服务人员与顾客的互动。在数字化驱动下，企业为顾客提供服务触点的数量和交互频率大大增加，能从多视角、多渠道去洞察顾客画像，让产品和服务的决策更加"千人千面"。

3）拉动内部运营优化

顾客服务体验优化，是企业不断追求的目标。从顾客体验视角不断发现体验盲区，从外部不断发现需弥补、要改进和需创新的产品、服务触点和全链路标签点，并以此作为内部建立起循环迭代能力的基础，持续提升顾客体验。

2. 四大关键词，诠释天虹的数字化顾客服务

天虹商场股份有限公司（以下简称"天虹"）自1984年成立以来，连续多年入围中国连锁百强企业。目前，已经拥有1 800万数字化会员。综合来看，天虹的数字化顾客服务有四大关键词：

1）高效率

天虹目前已在公众号、App、WAP、PC、电话端引入智能客服，天虹将呼叫中心、在线接待统一整合在一个工作台，实现了对内部客服人员的赋能，持续满足顾客跨渠道多场景无缝互动需求。

2）智能化

天虹目前已经搭建了全面的数字化营销和会员体系，一些门店会员数字化程度甚至达到90%以上。每一次服务接待，客服工作台窗口会显示顾客的基本资料、服务记录、用户来源、浏览轨迹，天虹对用户的行为、需求偏好、行为模式有了更全面的认知。多维度的数据指标，也便于深入分析顾客特征，形成更精准的顾客画像。

3）有温度

天虹所有门店绩效及员工个人绩效都与服务相关，除了对销售额、利润等业绩指标进行考核，服务质量考核、顾客满意度作为高权重目标，打造有温度的顾客服务。数据大屏帮助管理者实时监控业务多重指标，包括坐席工作状态、通话数量、排队等待情况等，准确了解每个客服人员的工作状态，维护客服质量的规范性，保证每一次呼叫、在线接待都是一次有温度的体验。

4）赋能业务

对于天虹的客服团队来说，每一次服务接待的结束并不是顾客服务的终点，而是服务设计、流程优化的起点。客服团队除了日常的服务接待，还是服务设计、产品迭代的重要参与者，推动了顾客服务对业务流程、产品运营的赋能。融合化、智能化的顾客服务解决方案，也让每一次服务设计、业务流程优化变得更加"有数据可依"。

总结："数字化"是零售行业未来发展的重要方向，天虹作为零售业数字化先驱者，以顾客为中心，通过数字技术、业务场景、运营管理的深度融合，持续驱动线上、线下无缝链接的优质顾客服务体验。

（2）各小组结合上述案例或其他电商企业案例，对企业进行忠诚度管理分析，总结出企业如何利用客户关系管理技术进行客户忠诚度管理。

（3）数智驱动新客服领域：新零售、教育培训、金融等。

电商知名企业：每日优鲜、百果园、钱大妈、蜜芽、达令家、VIPKID 英语培训等。

三、实训成果与检测

按组提交文档作业。作业要求有自己的分析和观点。字数 800 字以内。完成后在课堂进行讲评。

项目八　客户分级管理

学习目标

知识目标
1. 了解客户分级的必要性；
2. 明确客户金字塔与大客户的内涵。

能力目标
1. 熟知将客户分级的方法；
2. 掌握构建大客户服务体系的方法。

项目导学

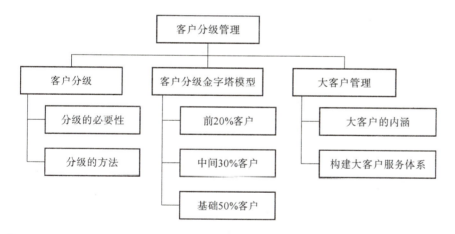

案例引入

戴尔公司向一家报社的编辑部销售了一大批电脑，编辑们对电脑非常满意，但对键盘有些争议。销售人员决定给该大客户定制键盘。于是，销售人员在编辑部找来了相关人员，召开了一次会议，想征求一下定制键盘的特殊要求，参加会议的有编辑部主任、技术部门的工程师、编辑和记者等。

编辑部主任：编辑、记者每天都要用键盘来工作，一定要给你们配上最好的键盘。

> 记者小王：A键盘手感非常好，又脆又响。
>
> 编辑小李：A键盘是手感很好，但是声音太大了，编辑室30多个人，烦也烦死了。B键盘不错，很安静。
>
> 技术部门：A、B键盘都不好。根据我们的维修报告，C键盘的故障率是最低的。
>
> 谈到最后，销售人员不知道到底哪个是最好的键盘，大家争执不下，编辑部主任就说了，算了，我们不要换了，还是用原先的键盘吧……
>
> 随着市场竞争的日趋激烈，"以客户为中心"成为越来越多企业所奉行的准则。在生产销售服务等各个环节，越来越强调了解客户需求、满足客户需求。但是，客户这么多，需求也各不相同，到底应该以哪个客户为中心呢？

素材1
PPT也精彩

项目八PPT

启发思考

每个用户关心的内容都不一样，所以在对大客户做产品介绍的时候，就要"看菜下饭"，有针对性地向企业的不同岗位的人员做产品介绍。要落实好大客户计划，是一项系统且复杂的工作，企业如何最大限度地让大客户满意，这就是这章我们要讨论的内容。

单元一　客户分级

企业绝对不能对每个客户不加区分、一视同仁地对待，这会使企业因有限的资源被低价值客户占用，而使高价值客户无法得到应有的服务和支持，这是一种资源浪费，也会引起高价值客户的不满而出现危局。

并不是所有的客户都是公司需要关注和满足的客户，公司的产品不可能、也不应该满足所有客户的需求，公司应该将客户进行细分，甄选出对公司有价值的客户，按照不同的价值等级，有的放矢地提供相应的产品，实施相符的服务政策、价格政策和信用政策。

客户的分级是企业综合考虑客户对企业的不同价值和重要程度等各种因素，将客户区分为不同的层级，从而使得企业能够高效地分配资源，创造更大的效益。

一、客户分级的必要性

1. 不同的客户对企业的价值贡献有很大的差异

市场是不均衡的，每个客户所能带给企业的收益也是不均衡的。让我们先来看一组数据，英国航空公司 35% 的客户带来了公司 65% 的利润；17% 的家庭购买了市场上 79% 的速溶咖啡……根据意大利著名的经济学家和社会学家维尔弗雷多·帕累托在研究中所发现的神奇比率 20/80，对于企业来说，企业 80% 的利润来自 20% 的客户，另外 80% 的客户为企业带来的只是少量的利润，甚至是无利或赔钱。

除此之外，根据美国学者雷奇汉的研究，企业从 10% 最重要的客户那里获得的利润，往往比企业从 10% 最次要的客户那里获得的利润多 5~10 倍，甚至更多。

所以，客户应该是分层次的，中心也应该是多层级的：具有最大价值的客户在最核心的位置，对他们需求的了解和满足也是最重要的，具有次要价值的客户则处于次核心的位置，对他们需求的了解和满足也处于次重要的位置。

那么是否说占有企业市场份额越大的客户其对此企业贡献的价值越大呢？

从图 8-1 和图 8-2 可以看出，虽然客户 C 所占的市场份额是最大的，但是考虑到贡献利润，C 客户却不是最大的；而客户 B 尽管其市场份额不足客户 C 的 1/2 但其却创造了近乎 2 倍于客户 C 的利润。所以，以上的种种数据告诉我们这样一个道理：客户有大有小，客户对企业所贡献的价值大小是不一样的，但客户对企业的贡献的价值大小并不与其所占的市场份额有直接关系。何谓价值，其内涵因不同的公司而异。

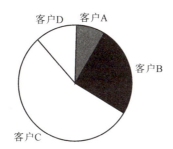

图 8-1 某公司的市场份额

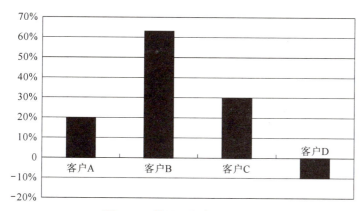

图 8-2 某公司客户利润贡献

2. 不同价值贡献的客户需求不同

一方面，随着80后、90后不断成为市场上各种产品消费的主力军，差异化、个性化、定制化的产品和服务越来越受到企业的重视，然而，要想能生产出这样的产品，对客户的细分以及在此基础上的再次分级，则是必不可少的前提之一。只有这样，才能有效地满足不同级别客户的个性化、多样化、差异化的需求。正如中国惠普有限公司打印成像及消费市场集团副总裁、市场部总经理盛红勤女士所言："当产品进了主流后，客户需求的差异化就非常重要。高低端用户有什么样的需求，就需要整个产品组合进一步细分，针对细分市场才有机会做得更好。"

惠普就曾和全球领先的网上书店 Amazon.com 有一个战略合作，以惠普 indigo 数字印刷的方案为那些需要购买出版商已经不再重印的书籍的网友提供个性化的数码印刷服务，它甚至可以根据顾客的需求为他定做一本书。盛女士同时指出："客户对个性化的服务会更满意，而不介意个性化的服务收费高一点。对于运营商来讲，因为提供了附加增值服务，他的利润可以更好。"

另一方面，正因为客户为企业创造的价值不尽相同，他们对企业的预期待遇与服务要求也有很大的差别。如果企业能够根据本公司客户分级的结果，为各个级别的客户提供不同的服务标准，并且能针对不同级别的客户推出不同的活动优惠，可以使客户切实可行地享受和感知到优惠。企业如果能区分出这部分利润贡献大的客户，然后为他们提供有针对性的服务，他们就有可能成为企业的忠诚客户，从而持续不断地为企业创造更多的利润。

例如，航空公司将客舱分为：头等舱、公务舱、经济舱，每种客舱对应的客户都有不同的需求，这些需求在同一客舱内非常相似，可以视为一个群体，而不同客舱的客户需求差别非常大。航空公司通过不同的营销组合，如机票价格的差异、服务的差异来区别对待不同客舱的乘客。这样做的结果是，在同一个航班上，对于同样时间的飞行，乘客所付的费用可以有很大的差别。而这样大的差价，乘客并没有意见，相反，各得其乐，因为他们的需求不同。

3. 企业必须对不同价值贡献的客户区别对待

"以客户为中心"并不代表以所有的客户为中心。企业的人力、物力资源总是有限的，有限的资源投入要能够产生最大的产出，就必须把资源投入到对企业最有利的客户身上。也就是说企业没有必要为所有的客户提供同样卓越的产品或服务，否则，往往"事倍功半"，造成企业资源的浪费。

价值贡献小的客户和价值贡献大的客户若享受相同的待遇，前者当然没有意见，而后者就会心理不平衡，更谈不上有丝毫尊贵的感受，长此以往，怨言累积，不满愤恨，最后叛离企业。

所以，企业必须区别对待不同价值贡献的客户。一方面，从企业资源分配上有所区别，用更多的人力、物力、财力来取悦贡献多的客户，适当地过滤与淘汰贡献价值小或负利润的客户。

比如，美国花旗银行进入中国时，对低于3 000美元的储户收取服务费，这在当时中国境内曾掀起了轩然大波，国内各大媒体也争相报道，老百姓甚至不能理解这一做法，感到心理不平衡，而随着时间的推移，人们才逐渐接受了这一做法。

另一方面，从提供的产品、沟通的方式方法等上面也要有所区别。结合不同级别客户的心理，采用合适的沟通方法，这才有助于进一步客户价值挖掘和客户价值评估，发现客户的赢利能力和价值潜力，从而挖掘出更多的销售机会，使客户的利润贡献率大大提高，最终实现客户价值最大化。

比如，中国移动根据客户的消费能力，将其客户群分为高端客户（全球通客户）与中低端客户（神州行客户）；在高端的全球通客户群中又分为钻石客户、金卡客户和银卡客户，每种层次配备不同的资源来满足其客户的需求。当全球通客户拨打10086服务热线时，会直接转由人工服务，同时他们中的钻石级客户还配备专门的大客户经理为他们提供更有针对性的服务。

特别是当两个客户有利益冲突，如当两个客户的订单交期有冲突时，可以优先完成级别高的客户订单；当发生缺料时，优先完成级别高的客户订单；甚至在付款条件等方面，也可以给级别高的客户比较宽松的付款条件等。

案例分析8-1

银行客户分级

美国第六大银行First Union的客户服务中心采用了一套新型数据库系统——"Einstein"系统，这套系统能在电脑屏幕上用颜色对客户的分级进行区别。例如，红色标注的是不能为银行带来赢利的客户，对他们不需要给予特殊的服务，利率不得降低，透支也不准通融；绿色标注的是能为银行带来高赢利的客户，需多方取悦，并给予额外的服务。

英国巴克莱银行也十分重视对客户群的细分，并有一套划分客户的办法，主要标准就是看给银行带来利润的大小，同时注意潜在的重点客户，即能给银行带来潜在利润的客户。巴克莱银行将客户共分为四级，相应的，将服务分为四个层次：一是基本的、必不可少的服务；二是一般服务，即在基本服务基础上增加一些不是对所有客户都提供的服务，如电话银行；三是高级服务，包括一些可以不提供但提供了能使客户很高兴的服务；四是全面服务，包括一些客户本身都没有想到的、为客户特定提供的服务。

（资料来源：编者根据网络资料整理。）

问题：客户分级的根本目的是什么？

素材2

客户分级的根本目的是什么？

知识链接 8-1

客户服务分级的作用

1. 广度上

获得客户，通过细分客户，识别客户特征，分析客户购买偏好，找到潜在客户及其需求，使营销活动更具针对性和有效性，销售目标命中率更高，从而获得更多新客户。

2. 长度上

保有客户，通过客户价值分层管理，对不同价值等级的客户提供更具针对性的服务和产品，使客户满意度提高，从而维持长久、稳固的客户关系，降低客户流失率，保证企业利润的实现。

3. 深度上

提升客户赢利能力，通过客户价值挖掘和客户价值评估，发现客户的赢利能力和价值潜力，挖掘出更多的再销售机会，实现交叉销售、增量销售和推荐销售，使客户的利润贡献率大大提高，最终实现客户价值的最大化。

4. 进行客户分级管理的条件

只要满足以下三个条件，企业就可以考虑对客户进行分级管理。

1）客户数量已经超出营销管理者所能管理的幅度

一个营销管理者所能够管理的客户幅度是有限的，超过管理幅度的客户需要通过客户分级分配给企业内部不同层级的人员去开发或维护。

最重要的客户可能由营销管理者亲自主导销售或提供服务，而较次要的客户则可以交给次一层次的销售人员或服务人员。

因此，对于客户主要是企业的公司来说，当客户数量在几十家（包括已有的和潜在准备开拓的客户数量）的时候，就可以考虑对客户进行分级管理了，超过 100 家的时候，客户分级可能就成为一项非常有价值的工作。

2）同一客户可能带来两次或两次以上的销售或服务

如果一个客户的销售或服务机会只有一次，那么客户分级就转变为销售机会分级或服务机会分级，客户的价值也等同于销售机会的价值或服务的价值。

只有客户可能带来两次或两次以上的销售或服务时，客户价值才会不同于单个销售机会和服务机会的价值，才会需要对客户进行专门的分级。

3）不同客户间的价值差异明显

客户分级的主要目的在于区别出价值最大的客户，客户价值的层级差异越明显，客户分级的意义也就越大。反之，如果客户之间的价值差异不大，则客户分级就不必要了。

例如：一家小区便利店的店主可以同时为小区内几百家住户提供零售服务，而无须考虑客户分级。因为小区居民虽多，但通常都是零星的小额采购，并不会出现经常大额采购的客户，也不会有哪一户居民的采购能够占到便利店零售额的显著份额（如5%以上），因此对小区居民客户的分级管理可能就是不必要和无意义的。

二、客户分级的方法

准确地划分客户的层级，是后续区别对待客户的基础与前提。客户分级的目的在于区分客户价值，相应的，客户分级的方法通常也基于客户价值分析。

那么，如何评估客户的价值就成为关键的一个环节了。通常已有客户分级要考虑如下的几个要素：累计销售额、年度/季度/月度平均销售额、信用状况、销售利润率、销售额增长率等，你可以用如上几个指标对客户的价值进行评估。需要注意的是，客户价值评估应该是评估客户的终生价值，即其在整个生命周期内的价值。客户价值评估所用的客户资料不仅是客户的近期购买行为，而且包括其基本的信息，如收入情况、教育背景等。客户价值评价体系如图8-3所示。

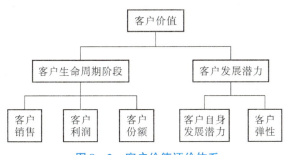

图8-3　客户价值评价体系

一般情况下，根据价值评估结果，企业可以将客户按所计算出的客户价值由小到大"垒"起来，就可以得到一个客户金字塔模型排序，给企业带来最大价值的客户位于客户金字塔模型的顶部，给企业带来最小价值的客户位于客户金字塔模型的底部，如图8-4所示。

在图8-4中，将客户金字塔模型进行四层级划分，这四层是：重要客户、主要客户、普通客户和小客户。当然，也可以视企业的具体情况，将不同层级的客户进行其他的命名。

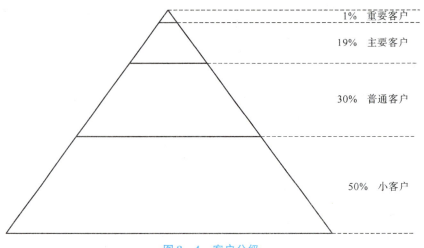

图 8-4 客户分级

知识链接 8-2

客户分级标准

根据企业要求的不同,客户分级有不同的分级标准。CRM 系统采纳了在企业中普遍使用的标准,用户可以根据自己的需要,选择不同的标准。

1. 客户的信用状况

企业统计客户最近一年的付款情况是否及时,有否拖延及拖延的天数与原因,然后根据这些因素来判定客户的级别。

2. 客户的下单金额

统计企业近一年或者两年的客户下单金额,然后,按照其下单量从大到小进行排列。下单量可以从下单的金额进行考核,也可以从下单的数量进行考核。

3. 客户的发展前景

这主要针对新客户,企业通过考察、了解等,挖掘客户的潜在价值,然后去人为地判断其重要性。新客户因为没有历史交易的情况,所以很难用具体的数据来支持企业的决策,只有通过主观的判断,才可以指定客户的优先级别。

4. 客户对企业利润的贡献率

这种方法,不但从客户下单的金额考虑,还涉及其购买产品的成本与利润问题。统计一年客户的销售订单量及其购买产品的利润率,然后算出其给企业创造了多少利润,再以这个利润的大小进行排名,最后进行优先级的排名。

5. 综合加权

以上几个指标都只是从一个方面进行衡量，不免有点偏颇，如虽然客户信用状况很好，但是，有可能其一年才下个100万元的订单，就算其信用状况最好，其也没有给企业创造多少价值；再如，客户的下单量虽然比较大，但是，其购买的产品都是低利润的产品或者其信用状况不是很好，老是拖欠，那也不一定是价值高的客户。为此，现在很多企业都喜欢从多个角度来衡量客户的价值，如把以上各个指标按一定的比例进行加权，如"客户的信用状况"占10%，"客户的下单金额"占30%，"客户对企业利润的贡献率"占60%，以100分为基础，然后按分数从高到低进行排列，对客户进行分级。

三、客户金字塔

"客户金字塔"是一种相当实用的工具，它能帮助企业清楚区分与界定客户价值。客户金字塔有两种常用的分类方法：

1. 将客户分为 VIP 客户、主要客户、普通客户与小客户

（1）VIP 客户。VIP 客户指的是金字塔中最上层的客户，也称为重要客户，就是在过去特定期间内，购买金额所占最多的1%的客户。

VIP 客户往往是产品的重度用户，他们对企业忠诚，对价格不敏感，是企业客户资产中最稳定的部分，他们能为企业创造绝大部分和长期的利润，不但有很高的当前价值，还有巨大的增值潜力；同时，企业只需支付较低的服务成本。

所以，VIP 客户是最有吸引力的一类客户，可以说，企业拥有重要客户的多少，决定了其在市场上的竞争地位。企业对这类客户要采取特殊的服务政策，把他们视为贵宾，使其享有企业最尊贵和优质的服务。

（2）主要客户。客户金字塔中，除了 VIP 客户外，消费金额最多的前20%的客户，一般被称为主要客户，他们一般占客户总数的19%。

主要客户，也许是企业产品或者服务的大量使用者，也许是中度使用者，但是他们对价格的敏感度比较高，因而为企业创造的利润和价值没有重要客户那么高；他们也没有重要客户那么忠诚，为了降低风险他们会同时与多家同类型的企业（供应商）保持长期关系；他们也在真诚、积极地为本企业介绍新客户，但在增量销售、交叉销售方面已经没有多少潜力可供进一步挖掘。

主要客户数目比较多，对企业的价值贡献率较高。企业要把重点放在他们身上，倾听他们的意见，研究他们的需求，以便紧紧地抓住他们。

（3）普通客户。除了 VIP 客户与主要客户，购买金额最多的前 50% 的客户，他们一般占客户总数的 30%。

普通客户包含的客户数量较大，但他们的购买力、忠诚度、能够带来的价值却远比不上 VIP 客户和主要客户，不值得企业去特殊对待。

（4）小客户。小客户是客户金字塔中最底层的客户，指除了上述三种客户外，剩下的后 50% 的客户。小客户既包含了利润低的"小客户"，也包含了信用低的"劣质客户"。

这类客户是最没有吸引力的一类客户，购买量不多，忠诚度也很低，偶尔购买，却经常延期支付甚至不付款；他们还经常提出苛刻的服务要求，几乎不能给企业带来赢利，而又消耗企业的资源；有时他们是问题客户，会向他人抱怨，破坏企业的形象。

对于这类客户，企业完全没有必要花费过多的精力，只需要进行简单的维护。

2. 将客户分为铂金层级客户、黄金层级客户、钢铁层级客户与重铅层级客户

（1）铂金层级客户。铂金层级客户代表那些赢利能力最强的客户，他们对价格并不十分敏感，愿意花钱购买，愿意试用新产品，对企业最为忠诚。

（2）黄金层级客户。黄金层级客户赢利能力低于铂金层级客户，他们希望价格能打折扣，没有铂金层级的客户忠诚，但他们也有可能是重要客户。他们往往与多家企业而不是一家企业做生意，以降低他们自身的风险。

（3）钢铁层级客户。钢铁层级包含数量众多的客户，能消化企业的产能，但他们的消费水平、忠诚度、赢利能力不值得企业去特殊对待。

（4）重铅层级客户。重铅层级客户不能给企业带来赢利，他们的要求很多，超过了其消费支出水平和赢利能力对应的要求，有时他们是问题客户，向他人抱怨，消耗企业的资源。

比如，联想集团就曾从当前价值和增值价值的高低来识别这四类用户。

重铅层级的客户是最没有吸引力的一类客户，该类客户的当前价值和增值潜力都很低，他们偶尔下一些小额订单，经常延期支付甚至不付款，提出苛刻的客户服务要求，或定制化要求过高。

钢铁层级的客户具有低的当前价值和高的增值潜力，这类客户的业务总量很大，但是企业目前只能获取其很小的业务份额。

黄金层级的客户有高的当前价值和低的增值潜力，他们几乎将其业务 100% 地交给本企业，并一直真诚、积极地为本企业推荐新客户，但是在增量销售、交叉销售和新客户推荐方面已经没有多少潜力可供进一步挖掘。

铂金层级的客户既有很高的当前价值又有巨大的增值潜力，是最有吸引力的一类客户，他们和黄金层级的客户一样，对企业高度忠诚，已将其当前业务 100% 地给了本企业，不同的是这类客户本身具有巨大的发展潜力，他们的业务总量在不断增大，因此这类客户未来在增量销售、交叉销售等方面尚有巨大的

潜力可挖。

"客户金字塔"划分方法包含着一种重要的思想，那就是：企业应为对本企业的贡献最大的20%客户（VIP和主要客户能够贡献企业80%的利润），尤其是VIP客户提供最优质的服务，配置最强大的资源，并加强与这类客户的关系，从而使企业的赢利能力最大化。当然，由于产业或企业的差异，贡献最大的客户比例，并不一定非得是20%，可能是10%~30%不等。

综上，了解了客户的金字塔分析之后，就能够很清楚地看出客户层级的分布了，并辅以数字化的金字塔架构，将更有助于企业依据客户的价值设计出配套的客户服务项目。

知识链接8-3

某电子产品销售公司的客户价值金字塔

徐先生是一家电子产品销售公司的老总，经过徐先生及其团队的共同努力，公司的业务有声有色。随着公司的发展，老客户越来越多，名气也越来越大，甚至经常有新客户慕名打电话来咨询业务。一时间，公司上上下下忙得不亦乐乎，可是还是有些重要客户抱怨公司的响应太慢，服务不及时，而将订单转向了其他厂商。为此，徐先生决定加大投入，招聘了更多的销售及服务人员，来应付忙碌的业务。

一年辛苦下来，徐先生满以为利润不错，可是公司经理给出的年终核算报告显示，利润居然比上一年还少！经过仔细分析，徐先生终于发现了其中的症结所在：原来虽然不断有新的客户出现，但是他们销售额却不大，而这些客户带给销售和服务同事的工作量却是不小，甚至部分新客户还严重拖欠款项。与此同时，一些对利润率贡献较大的老客户，因在忙乱中无暇顾及，已经悄悄流失……

为此，徐先生改进了公司的工作方法：首先梳理客户资料，从中选出20%的优质客户（考量的标准要从销售额、销售量、欠款额、采购周期等多角度权衡），针对这20%的客户制定特殊的服务政策，进行重点跟踪和培育，确保他们的满意度。同时，针对已经流失的重点客户，采用为其提供个性化的采购方案和服务保障方案等手段，尽量争取客户回归，针对多数的普通客户，采用标准化的服务流程，降低服务成本。

经过半年的时间，在财务经理再次给出的半年核算报告中，利润额已经令徐先生笑逐颜开了！

（资料来源：编者根据网络资料编写。）

四、各类客户管理法

1. 核心客户管理法

1) 核心客户界定

核心客户是对企业具有特殊性的重要客户,这些客户能够为企业带来巨额收入或利润,占客户总数的20%。

(1) 大客户:大客户是指那些能给企业带来最大利润的客户。

(2) 一般老客户:一般老客户是指企业的忠诚客户。

2) 核心客户与较差客户的区别

对于企业来说,核心客户就是其最佳顾客,这些客户会让企业做其擅长的事;认为企业做的事情有意义,并愿意购买企业的产品等。而较差客户则相反,比如让企业做那些企业做不好或做不了的事情;分散企业的注意力,使其改变方向,与企业的战略和计划脱离等。

3) 核心客户管理的步骤

(1) 识别20%的核心客户。

(2) 向核心客户提供特别的服务。

(3) 针对核心客户开发新服务或新产品,特别为他们量身定做。

(4) 留住核心客户。

4) 核心客户资料卡的管理

(1) 核心客户资料卡的内容。

①基础资料。

②特征记录。

③业绩分析。

④交易现状。

⑤满意程度。

(2) 核心客户资料卡的管理技巧。

①动态管理:核心客户的资料应随时加以调整。剔除过去已经变化了的资料,及时补充新的资料,跟踪核心客户的情况变化,使核心客户管理保持动态性。

②灵活机动:建立核心客户资料卡或管理卡后不能束之高阁,应以灵活的方式及时、全面提供给客服人员及其他有关人员。

③专人负责。

④放眼未来:核心客户不仅包括现有核心客户,而且还包括未来核心客户。

5) 与核心客户的联系

(1) 登门拜访。

(2) 书信、E-mail 和电话联络。

(3)赠送纪念品。

6)如何与核心客户实现双赢

(1)双赢策略的目标。

①真正的双赢策略营销是以达到合作双方互利互惠的境界为目的。

②双赢策略营销的基本目标是为了赢得客户的信赖、好感与合作。

(2)双赢策略的实施。

①双赢策略要求建立专门的管理部门,用以追踪了解核心客户、经销商以及营销体系中其他参与者的态度。

②双赢策略营销必须建立一个反馈系统,用以连接关系的双方。

③双赢策略营销的动态应变性来源于公司的组织结构和经营风格,以便于公司收集和利用反馈信息,挖掘新的市场机会。

(3)通过沟通和感情交流,密切关注双方的关系。

①有目的、有计划地拜访关键客户。

②经常性地征求关键客户的意见。

③及时、有效地处理关键客户的投诉或者抱怨。

④充分利用包括网络在内的各种手段与关键客户建立快速、双向的沟通渠道。

⑤增进与关键客户的感情交流。

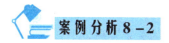

案例分析 8-2

银行存款窗口分级

熊小姐到银行存款,见两个窗口前排着长队,另一个仅有两、三个客户。排长队的通道入口处立着一块客户提示牌:存款 20 万元以下客户请在此排队;客户较少的通道口的提示牌写着:存款 20 万元以上客户请在此排队。熊小姐知道自己存款不到 20 万,就自觉地排到长队末尾。不久,发现办理"20 万元以上"的窗口没有客户,就前去存款。

熊小姐:"这边没有客户,请帮我办一下。"

柜员:"小姐,您的存款余额达 20 万元了吗?"

熊小姐:"没有,我看这边没人啊。"

柜员:"这边是大客户服务专用窗口,您请到那边排队,马上就有大客户来了。"

熊小姐:"为什么要这样?"

柜员:"我们为了做好分层次服务,优先服务好 20% 的大客户,使他们感受尊重啊。"

熊小姐:……

思考:如果你是熊小姐,能否理解银行的服务?

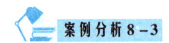

宝洁与沃尔玛的合作实现双赢

宝洁与沃尔玛的合作堪称是企业与关键客户合作的典范。1987年，沃尔玛公司成为宝洁公司的主要零售商，两家公司的高层主管经过会晤，提出双方的主要目标和关注的焦点始终应该是：不断改进工作，提供良好的服务和丰富优质的商品，保证客户满意。

此后，宝洁公司安排了一个战略性的客户管理小组与沃尔玛总部的工作人员一起工作，双方共同制定出长期遵守的合约。宝洁公司还向沃尔玛透露了各类产品的成本价，保证沃尔玛有稳定的货源，并享受尽可能低的价格；沃尔玛也把连锁店的销售和存货情况向宝洁传达。

双方还共同讨论了运用计算机交换每日信息的方法，宝洁公司每天将各类产品的价格信息和货源信息通过计算机传给沃尔玛，而沃尔玛每天也通过计算机把连锁店的销售和库存信息传给宝洁。

这种合作的关系让宝洁公司更高效地管理存货，因而节约了约300亿美元的资金，而毛利大约增加了11%，另外也使沃尔玛自行调整各商店的商品构成，做到价格低廉、种类丰富，从而使其客户收益。

2. 普通客户管理法

（1）针对有提升潜力的普通客户，努力培养其成为关键客户。

①增加从普通客户获得的价值，就要设计鼓励普通客户消费的项目。

②根据普通客户的需要扩充相关产品线，或者为普通客户提供"一条龙"服务。

③鼓励现有客户购买更高价值的产品或服务。

（2）针对没有升级潜力的普通客户，减少服务，降低成本。

①针对没有升级潜力的普通客户，企业可以采取"维持"战略，在人力、财力、物力等限制条件下，不断降低投入，甚至减少促销努力，以降低交易成本，还可以要求普通客户以现款支付甚至提前支付。

②另外，还可以缩减对普通客户的服务时间、服务项目、服务内容，或对普通客户只提供普通档次的产品或一般性的服务，甚至不提供任何附加服务。

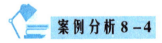

Home Depot通过一条龙服务提升了客户层级

美国家居装修用品巨人Home Depot，锁定两大潜力客户群——想要大举翻修住家的传统客户和住宅小区与连锁旅馆的专业维护人员。为此，刻意在商场内增加"设计博览区",展示了运用各种五金、建材与电器组成的新颖厨房、浴室,系列产品装饰的高档样品房。

这些设计中心为客户提供他们可能会需要的一切产品和服务,包括装修设计服务和装修用品。此外,还提供技术指导、员工培训、管理咨询等附加服务。

由于 Home Depot 为客户提供了一条龙服务,增加了客户对企业的需要,也因此增强了客户与企业的关系,伴随着客户级别的提升,企业利润也提升了。

3. 小客户管理法

对于低价值的客户,企业通常的做法有两种:一种是坚决剔除,不再与他们联系和交易;另一种是坚决保留,信奉客户是上帝,无论小客户多么难缠,都不遗余力地与其保持关系。但这两种做法都过于极端、不可取。具体做法如下:

1)判断有没有升级的可能

①科学评判小客户。

②如果有升级的可能,企业应帮助其成长。

③如果没有升级可能,也要考虑是否非淘汰不可。

2)是不是非淘汰不可

①开发新客户的成本是老客户的 5~6 倍。

②成本优势。

③失去成本优势。

3)有礼节地淘汰

(1)为什么要有礼节地淘汰。

如果不有礼节地淘汰,会产生以下不良影响:

①客户的不良口碑。

②投诉企业。

(2)怎样有礼节地淘汰。

①提高价格。

a. 向小客户收取以前属于免费服务的费用。

b. 提高无利润产品或服务的价格,或者取消这些无利润的产品或服务。

c. 向小客户推销高利润的产品,使其变成有利可图的客户。

②降低成本。

a. 适当限制为小客户提供的服务内容和范围,压缩、减少为小客户服务的时间。

b. 运用更经济、更省钱的方式提供服务。

(3)坚决淘汰劣质客户。

五、客户分级管理配套措施

1. 组织的差异化

客户经理制：客户经理制是客户分级管理的一种重要形式，不同客户的管理差异在于是否有专职客户经理提供长期的、一对一的专业服务，或者在于由不同水平的人员担任不同类别客户的客户经理。

代理制：某些企业可能同时存在代理销售和直接销售两种销售模式，对于中小客户，他们主要通过代理商进行销售和提供服务，而对于大客户，他们则往往通过自己的销售组织和销售人员直接进行销售和提供服务。

2. 流程的差异化

通过差异化的流程来为不同级别客户提供差异化的服务，或者针对不同级别客户，采取不同的市场、销售策略。

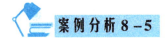

某电脑商运用客服分级管理实现差异化服务

VIP客户20秒内人工接通水平要达到90%。

中端客户和普通客户20秒内人工接通水平要达到85%。

极个别的不受欢迎用户将被列入黑名单，在排队时永远处于优先级最低的位置。

单元二 大客户服务

一、大客户的内涵

大客户（Key Account，KA，又被称为重点客户、主要客户、关键客户、优质客户等）有两个方面的含义，其一指客户范围大，客户不仅包括普通的消费者，还包括企业的分销商、经销商、批发商和代理商；其二指客户的价值大小，不同的客户对企业的利润贡献差异很大，20%的大客户贡献了企业80%的利润，因此，企业必须要高度重视高价值客户以及具有高价值潜力的客户。

本书中的大客户指的是后者，是指公司所辖地域内使用产品量大或单位性质特殊的客户，也就是客户金字塔中最高层和次高层的客户总和，主要包括经济大客户、重要客户、集团客户与战略客户等。

其中经济大客户是指产品使用量大，使用频率高的客户。重要客户是指满足党政军、公检法、文教卫生、新闻等国家重要部门的客户。集团客户是指与本企业在产业链或价值链中具有密切联系、使用本企业产品的客户。战略客户是指经市场调查、预测、分析，具有发展潜力，会成为竞争对手的突破对象的客户。

不管是哪种类型的大客户，都应符合如下标准：

（1）大客户应该是企业客户中极少数的龙头客户，他们是创造企业当前以及未来利润的功臣。

（2）大客户应该是那些对企业销售目标的实现起着至关重要作用的客户。

（3）大客户应该是企业业务拓展的潜在资源。

（4）大客户的离去将严重地影响企业的业绩。

（5）企业在他们身上花费了大部分的时间。

虽然提出了上述标准，但应特别强调的是，仅符合上述标准是不够的，有关什么是大客户的规则只有一个，那就是由企业自己制定的规则。企业的大客户管理应该是动态的，随着市场环境不断变化，很可能去年的小客户将成为今年的大客户，而今年的大客户却未必是明年的大客户。在识别公司的大客户时，既要关注现在，又要展望未来，对大客户的管理实质上是对未来的管理。

二、构建大客户服务体系

正因为大客户创造了公司80%的利润，是企业利润的重要组成部分，也是企业可持续发展的重要保障之一。如何更好地服务大客户，是否有规范、科学的大客户服务体系来制约客户服务人员，如何做好大客户的服务就成为现代企业非常关注的问题。大客户服务是一种面向未来的服务，它直接影响着企业未来的发展，牢牢地抓住大客户这个龙头，才能以点带面、以大带小，才能使企业保持竞争优势，才能使企业在市场竞争激烈的环境中有立足之地。大客户服务的目标是提高大客户的满意度和忠诚度，不断保持大客户与企业的关系，并且能提升大客户给企业带来的价值。为此，大客户服务要做好如下几个方面的工作，以保障完善的大客户服务体系的建立。

1. 成立专门的大客户服务团队或委派专人负责

现实生活中，许多企业对于这些大客户都是比较重视的，处理与这些大客户的关系时，经常是企业的高层主管亲自出面，但往往缺乏系统性、规范化管理。在国外，许多大型企业，为了更好地处理与大客户之间的关系，往往是建立一个全国性的大客户管理部。譬如，施乐这样的大企业，他们有250个大客户，与这250个大客户之间的业务就是由大客户管理部来处理的，其他客户的工作，则由一般的销售队伍来负责。

一般来说，要给重要的大客户安排一名优秀的客户经理并长期固定地为其服务，相对而言规模较小的客户则可以几个客户安排一个客户经理，如中国香港电讯公司对大客户按不同行业分类进一步细分市场，如贸易、制造业、金融业、运输业、旅游业等，对不同行业的大客户都设有专职的客服人员，有些客服人员一个人就负责两家大客户，久而久之，这些人就成了"行业专家"，能够根据不同行业对电信的需求，对自己的专门客户提供最新的服务项目、最优的政策和最佳的服务。

当然，是否建立大客户管理部要视企业的规模而定，对于规模小一点的企业，客户数量较少，大客户则更少，对大客户的工作，就需要企业主管人员亲自来抓；如果企业的大客户有 20 个以上，那么建立大客户管理部就很有必要了。

2. 重视服务细节

因为大客户在企业客户中有较高的客户价值和较大的影响，企业应以大客户为中心，采取项目组或者团队的形式为大客户提供增值、个性化的服务，提高大客户的满意度和忠诚度，培育良好的大客户关系，从而提升企业的营销效率和效益。

（1）优先满足大客户的需求。大客户的销售量较大，优先满足大客户对产品的数量及系列化的要求，是大客户管理部的首要任务。尤其是在销售上存在淡旺季的产品，大客户管理部要随时了解大客户的销售与库存情况，及时与大客户就市场发展趋势、合理的库存量及顾客在销售旺季的需货量进行商讨，在销售旺季到来之前，协调好生产及运输等部门，保证大客户在旺季的货源需求，避免出现因货物断档导致客户的不满。

（2）对客户显示良好的积极态度。在与大客户合作的过程中，大客户会遇到许多问题需要解决，甚至会对公司的产品或服务产生抱怨和投诉，这个时候，客户期待的是公司对其显示积极的态度，重视并及时解决其所反映的问题。这个时候的客户问题是必须解决的，也是最容易解决的。对企业来说这是挽留客户的最好时机。

（3）企业内部有标准化的服务流程。大客户总是希望企业有标准化的内部服务体系来满足客户的需求。每个行业一般都有自己的服务流程体系，企业建立了标准化的内部服务流程后，就能在一定范围内，按照流程来处理问题，满足客户的需求。

（4）个性化服务。大客户也希望公司能够为他们提供差异化的个性服务。不同行业的不同客户都有自己的实际情况，他们希望公司能够根据他们的自身情况，量身定做出符合自身的服务解决方案。

比如，南京依维柯推出"客户服务经理制度"，公司通过客户经理与购车用户之间建立了"一对一"的服务关系，即每位客户都有一位专门的客户经理为其提供全方位的服务。针对每一位用户自身使用的特点进行细致的分析，从而提供一系列量身定做的细致化服务建议。每一位南京依维柯的用户都会亲身感受到，购买了南京依维柯的产品，就拥有了属于自己的服务团队。"客户服务经理制度"所蕴含的人性化与个性化使南京依维柯的用户得到了独一无二的归属感。

（5）主动性服务。世界上最好的企业都把自己的业务称为服务，产品生产出来后，实现本身价值的过程是第一次竞争，售前、售中和售后服务是第二次竞争，第二次竞争对客户更有吸引力，更能使客户倾心。

客户，尤其是大客户，也是有感情的，期待着我们能够主动为他们提供真诚的贴心服务，就像对待自己的亲人一样，主动地为客户着想，"永远比客户先一步想到结果，永远比客户晚一步拥抱结果"。

比如，南京依维柯就提出"主动：像做销售一样做服务。服务不是卖出产品之后就坐等用户发现问题，然后再去解决，我们就是要让所有南京依维柯的服务队伍像销售队伍一样，哪里有客户，哪里就有我们的服务，主动，主动，再主动。"

3. 制订客户关怀计划

关怀客户，保持和扩大客户关系，首先应是公司有组织的行为，是客户服务阶段的重要工作。从公司的高层领导到具体负责的客户人员，都应参与进来，同时也是一个长期的过程，需要精心呵护，才能达到持续经营客户的目的。

通过制订客户关怀计划能够与客户深入沟通，倾听客户的意见，随时关注客户的新需求，解决客户的难题，关注企业客户资源的动态变化，挖掘客户更多、更深层的应用，为客户提供更多、更新的应用。

（1）常见的客户关怀计划行动。

其一，亲情服务。根据客户的基本信息选择出特定的客户列表，在客户的生日或在重要节假日，寄送本公司的贺卡、小礼品等，以示祝贺；派代表参与客户的周年庆典等重要活动等。

其二，产品推荐。根据对客户分析得到的各类客户群体特征，针对不同的群体，宣传公司提供的最适合该类客户的各项服务产品。

其三，客户俱乐部。如果客户群非常集中，单个客户创造的利润非常高，而且与客户保持密切的联系非常有利于企业业务的扩展，企业可以采取俱乐部的形式和客户进行更加深入的交流。作为忠诚计划的一种相对高级的形式，通过互动式的沟通和交流，可以发掘出客户的意见和建议，有效地帮助企业改进设计，完善产品。同时，用俱乐部这种相对固定的形式将客户组织起来，在一定程度上讲，也是有效狙击竞争者进入的堡垒。

其四，优惠推荐。根据对客户分析的结果，可以针对不同的客户群体，制定不同层次的优惠政策，主动推荐给客户。

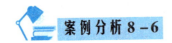

电信的"领导走访制"

对于电信企业来说,大客户是重要的战略性资源,尤其在中国电信拆分工作完成、整个行业竞争进一步加剧的情况下,大客户更是当前和将来电信市场竞争的核心、争夺的焦点。大客户的通信消费水平在不断提高,个性化需求也会日益增长,网络应用层出不穷,这些将给电信企业带来新的发展机遇。

大客户部推出公司领导走访制,成为全区大客户服务工作的一大"亮点"。每周、每月公司领导都会按计划陪同客户经理多次走访不同行业大客户的高层领导,进行亲切会谈,向客户介绍中国电信的转型,亲自讲述电信与企业信息化建设结合共同发展新理念,并帮助客户经理攻克一个又一个难关。在中秋佳节家家团聚之时,公司总经理没有和远在外地的家人相聚,而是根据客户经理的信息披星戴月地来到某施工工地,探望加班的××公司总经理,深厚的友谊在不断建立,业务合作协议的谈判也有了实质性的进展。公司领导走访制一直在持续着,公司领导的言传身教,让客户经理近距离地感受和学习了高层的营销艺术,这要比死啃书本来得更生动,记忆更深刻,与此同时也提高了公司中层领导乃至员工对大客户工作的重视和支持,调动了全公司的"人力资源",使得大客户经理在"前方"攻关打"前战"时,从不感到孤独和无助,因为身后有全公司这样强有力的后盾在支持……

问题:难道客户也需要关怀?

分析提示:随着社会市场的不断完善,客户已不能被简单理解为上帝,而更应该作为我们的朋友。朋友就需要用心去维护,用心去经营,就需要你用真心去了解。

(2)常见的针对群体的关怀计划活动形式有研讨会、交流会、学术研讨、行业考察、培训安排、旅游等。比如,中信银行、北京银行、商业银行等各大银行就经常举办高层论坛,邀请大客户参加,为他们提供一个交流、讨论与学习的平台。

(3)企业实施关怀计划参考表单。

4. 提供战略上的支持与合作

客户服务的最高层次是基于战略的考虑。这个层面上,客户不仅仅是一个人、一个产品的问题,要上升到企业战略的高度来把握。客户期望公司能够提供战略层次上的帮助,资源共享,优势互补,结成战略合作伙伴,成就双赢。

例如,为了全力打造双赢的文化,抓住共赢的商业机会,本着"诚信、沟通、理解、共进"的宗旨，中国电信曾发起建立了"信之缘"会员制俱乐部，定期组织开展各种活动，努力使之成为和大客户加强沟通交流、增进友谊的平台。来自原国家计委、国家经贸委、公安部、中国人民银行、海关总署、银河证券、中石化、中石油、西门子、IBM 等 35 家单位的 86 名相关领导和主管成为俱乐部首批会员。后来，电信大客户事业部依托该俱乐部成立了中国电信跨国公司客户服务论坛，面向跨国公司客户提供服务交流：技术研讨和业务咨询，来自全球 500 强企业的 34 家客户代表参加了论坛。通过加强与客户的联系，更加全面了解客户需求及决策信息，为改进服务、提高竞争力打下了基础。广州电信根据客户的需求，推出了"电信商旅"大客户培训，通过现场专家讲授、机房参观、设备试用、交流讨论等方式，让客户清晰地了解到电信线路的故障排除方法、企业内部组网方式、电信应用维护、流程管理等多种多样的信息。

  这种会员俱乐部不仅能让客户清晰地了解电信产品和电信业务的提供能力，而且为客户主管人员提供了一个自身再提高的平台，因此成为广大客户最为欢迎的增值平台之一。客户关怀计划见表 8 - 1 ~ 表 8 - 3，客户关怀行动检核表见表 8 - 4。

表 8 - 1　客户关怀计划（一）

客户经理：　　　　　　　　　　　日期：

客户名称		客户编号	
客户情况简介			
上一阶段工作总结			
客户重大决策或重大事件			
我们对客户的最大价值			

续表

主要问题和障碍分析				
主要障碍	重要程度	产生部门	采取的主要措施	对此的决策态度与事项

表8-2 客户关怀计划（二）

客户经理：　　　　　　　　　　　　日期：

客户名称		客户编号	
我们的长期客户目标			
我们的扩大客户关系目标			
我们的销售目标			
主销产品/服务	预计签约日期	预计成交额	预期利润
主要策略			

续表

与客户的关系							
谁支持	如何与他建立关系	关系进展情况	高层态度	满意度	主要投诉	以往合同	合约期

优势与强项

劣势与弱点

表8-3 客户关怀计划(三)

客户经理：　　　　　　　　　　日期：

客户名称			客户编号	
扩大客户关系行动计划				
行动内容	行动时间	负责人	所需资源	提交成果

主要问题	采取措施

重要事项备忘

表8-4 客户关怀行动检核表

客户经理：　　　　　　　　　　　　日期：

客户名称		客户编号	
行动时间	年　月　日到		年　月　日
行动方式选择			
行动内容再确认			
下一步计划安排			
所需资料、资源和协助的落实情况			
竞争者基础情况			
我们的应对策略是否有效			
费用情况	差旅费： 应酬费： 其他：		
备注			

5. 建立完善的客户信息库

大客户管理部很重要的一项工作就是对大客户的有关销售数据进行及时、准确地统计、汇总、分析，并上报上级主管，通报给生产、产品开发与研究、运输、市场营销策划等部门，以便针对市场变化及时进行调整。这是企业以市场营销为导向的一个重要前提。而收集大客户的资料就成为建立大客户信息库的必要前提，通常企业会借助"大客户资料卡"来完成这项工作。个人大客户资料卡相关内容在上一项目已有涉及，这里不再赘述。表8-5和表8-6就是企业客户资料卡的范例。

表8-5 企业客户资料卡（一）

单位名称				单位电话	
单位地址				单位传真	
单位网址				单位性质	
注册时间				注册资金	
所属行业				员工人数	
法人代表					
单位宗旨					
企业文化					
所获荣誉					
经营项目					
经营范围					
经营产品					
公司主要成员情况					
姓名	性别	职务	出生年月	电话	传真	手机	E-mail
公司曾参加过的活动					
时间	名称	参加人员	评价	备注

表8-6 企业客户资料卡（二）

企业名称		主管部门		归口行业名称	
法人代码		法定代表人		法人联系电话	
企业地址		经济类型		企业规模	
注册资金/万元		电子邮箱		企业网址	
企业注册日期		开户银行		信用等级	
联系人		联系电话		邮政编码	
传真号码		职工总数/人		其中技术人员总数/人	
占地面积		建筑面积/m²		信息更新日期	
基本情况：					
经营范围：					
经济效益指标（万元）：					

客服人员将收集的客户信息填入客户资料卡,再记入客户信息库。完善的客户信息库有助于提升企业的服务价值和形象价值。信息库包括客户信息和项目信息两方面的内容,对客户的服务并不应该随着项目的终止而结束,一方面建立客户信息库,包括与客户过去合作的状况、关键联系人的状况、竞争者的状况、当前合作的状况、预计今后的合作可能等项目。通过这个客户信息库,可以更好地服务于客户。另一方面建立项目信息库,对这个项目负责。通过对客户的回访了解设计实际存在的问题,改正设计工作中的错误,采取有效的措施来防止同类错误的发生。如何防患于未然要重要于对错误的惩罚。

今天的时代是以客户为主的时代,只有树立"以客户为中心"的服务理念,制定出完善而优化的客户服务体系,并通过严格的执行来确保优质服务,才能增加客户的满意度,从而赢得客户,赢得市场,保证企业的可持续发展。

知识链接 8-4

服务大客户

(1) 大客户服务队伍的建立与考核。

①大客户部在公司的地位。

②大客户部的成员组成。

③大客户部经理应具备的素质:产品技术知识;指导和建议能力;较高的亲和度;多样性及不确定性能力;文化和语言能力;变革与创新的能力;项目管理能力;改善服务团队成员态度的能力;沟通、协作能力;财务知识。

(2) 推行大客户项目经理制和建立完善项目小组制。

①大客户项目经理的职责。定期走访客户,了解客户需求,研究竞争对手的动态,提出有针对性的服务措施,制订、完善并负责组织和实施针对大客户的服务"解决"方案。

②成立项目小组,完善大客户的服务。

(3) 形成和谐的大客户关系管理运营环境。

(4) 加强大客户的经营分析。建立大客户经营分析制度,将其列入生产经营分析会议的日常议题,进行动态分析。

(5) 帮助大客户提升自己的价值。

(6) 提供个性化服务。

(7) 对大客户进行回访。大客户回访是指客户服务人员为了解决大客户可能遇到的相关问题和了解大客户对公司业务的反馈信息等，而进行的一种相互合作和相互沟通的过程。

(8) 与大客户合作共赢。

①要与专项大客户加强合作，建立长期合作伙伴关系。

②要与竞争对手争夺大客户，及时捕捉信息，实行项目管理，进行专人负责。

③要加强与大客户单位的沟通与联系。

(9) 实施大客户战略联盟。

①大客户战略联盟是指企业从长远的战略目标考虑，为了企业和大客户之间的共同发展，通过资源共享、优势互补，结成一种长期的合作、发展关系。

②大客户战略联盟需要掌握以下几个方面：实行大客户的系统化管理；帮助大客户发展业务；互相合作，资源共享；明确和大客户联盟的方式。

知识链接 8-5

维护大客户关系的关键因素

(1) 信任。

(2) 竞争对手。竞争对手的存在也是威胁企业与大客户关系的重要因素，可以通过制造进入障碍和巩固退出障碍来限制竞争对手，巩固与大客户的关系。

(3) 制造进入障碍。所谓制造进入障碍是指使得竞争对手难以与某特定大客户建立起交易关系，从而达到加强我方与大客户关系的目的。

(4) 巩固退出障碍。巩固退出障碍是指从大客户角度出发，通过各种措施使得我方成为大客户不可或缺的供应商，使其不能选择竞争对手的产品。

(5) 合作性风险。

知识链接 8-6

影响大客户忠诚度的因素

（1）完美的采购经历。

（2）"理念"：正确的应该是"理念"的销售而不是产品或服务本身，企业在销售过程中应当鲜明地体现企业的服务理念。

（3）真正的互动。

（4）优质的服务。

（5）客户的参与决策权。

（6）关系质量。

（7）产品差异化：外观差异化；分类指导，提供服务；技术手段先进，反应灵敏、及时；制订星级服务计划。

知识链接 8-7

提高大客户忠诚的策略

（1）优先保证大客户的货源充足。

（2）充分调动大客户中的一切与销售相关的因素，提高大客户的销售能力。

（3）新产品的试销应首先在大客户中进行。

（4）充分关注大客户的一切公关及促销活动、商业动态，并及时给予支援或协助。

（5）安排企业高层主管对大客户的拜访工作。

（6）根据大客户不同的情况，和每个大客户一起设计促销方案。

（7）经常性地征求大客户对营销人员的意见。

（8）对大客户制订适当的奖励政策。

（9）保证与大客户之间信息传递的及时、准确，把握市场脉搏。

（10）组织每年一度的大客户与企业之间的座谈会。

[实训项目八] 大客户回访计划

一、实训目的

通过实践，掌握如何有步骤地进行大客户回访。

二、实训要求和内容

请各组以知名企业员工身份，通过收集大客户资料，设计回访计划。

三、实训成果与检测

按组提交回访计划表、回访记录表和回访报告表。

项目九　高级服务管理

<<<<<<<< 学习目标 <<<<<<<<<<<<<<<<<<<<<<<<<<<<<<<

知识目标

1. 了解服务质量管理的重要性并正确理解其在公司服务管理框架体系中的位置；
2. 掌握服务质量管理评估模式和服务质量控制过程。

能力目标

1. 能够完成客户服务组织结构设计，编制岗位客户服务部门岗位说明书；
2. 能够完成服务流程的初步设计和服务标准撰写。

<<<<<<<< 项目导学 <<<<<<<<<<<<<<<<<<<<<<<<<<<<<

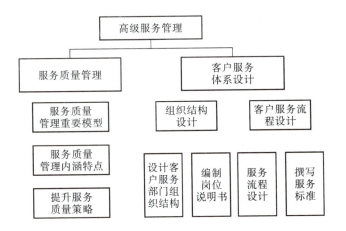

案例引入

福田主动服务制胜

2019年，世界品牌实验室发布《中国500最具价值品牌》排行榜，福田汽车以1 528.97亿元排名第34名，位居商用车行业第一、汽车行业第四。

累计产销汽车887.1万辆,海外出口56万辆,连续8年位居中国商用车出口第一。福田汽车从1996—1999"四年三大步"起步,经过2001—2009"新三步"全系列发展,2010年至今,向全球化企业迈进,企业的战略目标是2025年成为绿色、智能高科技的全球主流汽车企业。

福田汽车已经形成了整车制造、核心零部件、汽车金融、车联网为一体的汽车生态体系。率先在国内创建一站式全周期服务的商用车服务品牌——FULL SERVICE全程无忧,拥有国内汽车行业先进的全媒体全球客户互动中心、全球物流配件中心、全球服务培训中心。中国服务网络7 000多家,遍布31个省市、平均服务半径小于40千米,为客户提供"全天候、全方位、全过程"和"规范化、亲情化、个性化、专业化"的服务,通过"统一的服务理念、统一的服务形象、统一的服务标准、统一的服务流程、统一的服务培训、统一的服务配件",让客户真切体验到"服务无忧、配件无忧、救援无忧、关爱无忧、诚信无忧"。响应速度快、服务网点多、一站式服务优。连续多年荣获"售后服务质量诚信单位"。

在当前经济全球化的背景下,随着汽车市场竞争程度的加剧,汽车大产业的利润越来越向服务领域转移,国外相关分析显示,在一个完全成熟的国际化的汽车市场,汽车的销售和零部件供应利润约占整个汽车业利润的40%,而其售后维修保养等服务领域的利润将占到50%~60%。因此,汽车售后市场被经济学家称为汽车产业链上最大的利润"奶酪"。根据分析测算,目前我国汽车服务业进入了发展的黄金时期,到2020年,预测将形成1.5万亿元以上的超大规模市场,因此中国汽车服务业"钱"景无限。作为中国商用汽车制造业的主力军,福田汽车自然将"服务"的理念延伸到汽车产业的各个价值链环节。

福田汽车以用户为中心,打通汽车全生命周期,为用户提供360度解决方案,促进"工业4.0"及"车联网+物联网"互通互联,实现线上线下一体化的人·车·生活高效互联,为用户提供科技化、互联化、专业、便利、无忧的汽车消费全周期超级体验。福田服务价值链包括内外部市场价值链,内部服务价值链包括信息调研、产品开发、生产制造以及售前、售中和售后等环节;外部服务价值链包括供应商、福田汽车、经销商(服务商)和客户、政府、媒体、合作伙伴等环节。在福田人看来,后者既是前者的客户,又是下一环节的供方。整个价值链的价值建立在客户价值的基础上,其使命就是为终端客户提供满意的产品和服务,从而实现整个价值链的价值。服务创造价值,客户的价值就在于满足客户的需求,甚至超越客户的需求。

(资料来源:根据福田汽车官网资料整理。)

素材 1
PPT 也精彩

项目九 PPT

这一案例说明：企业只有以用户为中心，通过科学的组织系统、有效的人员管理，全方位打造用户满意的产品和服务，实施全周期服务质量管理，才能通过服务创造价值，从而实现整个价值链的价值。

单元一 服务质量管理

随着互联网+时代的到来，科技及信息产业迅猛发展。然而，这同时也导致了各大行业之间都面临着一个相同的问题，那就是产品的同质化。如今，各企业之间竞争不仅仅是单纯的产品竞争，服务开始逐渐成为企业之间竞争的核心因素，而服务质量亦成为企业在日新月异的经济环境中能否生存与发展的关键。无论是竞争型，还是垄断型企业，打造企业核心竞争力要从传统的以产品为主要关注点转变为以客户为主要关注点，从推行标准化的服务，转为推行个性化、差异化服务。要确保提供高质量的服务品质，获得客户的认可，提高客户的忠诚度，才能真正留住客户。

1982 年芬兰学者 Grönroos 首次提出了顾客感知服务质量的概念，他认为服务质量实际上是一种用户自身的感知体验，是用户对服务的期望与实际服务绩效之间的比较。Grönroos 认为服务质量与商品有形的质量不同，是由功能质量和技术质量组成，功能质量（How，服务过程）是消费者在服务交互中感受到的服务水平，技术质量（What，服务结果）是顾客在服务结束后得到的服务结果，顾客总体感知服务质量是顾客期望质量与顾客实际感知质量之间的差距。他提出了一套感知服务质量评价方法与差异确认结构，是服务质量研究领域重要的理论基础，对感知服务质量研究具有开创性的意义。1998 年北美学者 Parasuraman、Zeithaml 和 Berry（PZB）认为服务质量是一种感知质量，不同于客观质量，它是消费者对服务整体优点和优势综合判断。顾客总体感知服务质量是顾客期望质量与顾客实际感知质量之间的差距。之后又不断修改，开始构建服务质量差距模型（Service Quality Gap Analysis Model），将顾客期望与顾客感知之间的差距（Gap5）细分为四种差距（Gap1-4），进而形成了 PZB 五差距模型，用来探讨顾客期望与感知之间产生差距的原因，进而更有效、更针对性地提出相应的解决措施，有效提升服务的质量。在后来的研究中他们将服务质量感知决定要素合并为 5 项，即服务质量的 5 个维度：可靠性、响应性、保证性、移情性、有形性，在此基础上又提出了衡量顾客感知服务质量的 SERVQUAL 模型。SERVQUAL 模型是在 PZB 服务质量差距模型的基础上，依据全面质量管理理论在服务行业中提出的一种新的服务质量评价体系。SERVQUAL 将服务质量分为五个层面：可感知性、可靠性、反应性、保证性、移情性，每一层面又被细分为若干个问题，通过调查问卷的方式，让用户对每个问题的期望值、实际感受值及最低可接受值进行评分，由其确立相关的 22 个具体因素来说明它，然后通过问卷调查、顾客打分和综合计算得出服务质量的分数。模型以差别理论为基础，即顾客对服务质量的期望，与顾客从服务组织实际得到的服务之间的差别。SERVQUAL 是一个评价服务质量和用来决定提高服务质量行动的有效工具。SERVQUAL 是目前为止应用最为广泛的评价服务质量的量表。研究表明，SERVQUAL 适合于测量信息系统服务质量，同时也广泛应用于银行、酒店、图书馆、口腔诊所、保险业、零售业、医院、旅行社等行业。虽然在不同的服务行业及发展程度不同的国家中发现其维度还不够稳定，但大量学者依然沿用 SERVQUAL 量表，结合不同服务的环境和特点，对其进行修改和重组。SERVQUAL 量表 22 项调查项目见表 9-1。

表 9-1 SERVQUAL 量表 22 项调查项目

维度	所包含的项目
	SERVQUAL 五个维度所包含的调查项目
有形性	1. 现代化的服务设施 2. 服务设施有吸引力 3. 员工有整洁的服装和外套 4. 公司的设施环境与所提供的服务相匹配
可靠性	5. 公司向顾客承诺的事情都能及时完成 6. 顾客遇到困难时，能表现出关心并给予帮助 7. 公司是可靠的 8. 能准时提供所承诺的服务 9. 正确的记录相关事项
响应性	10. 不能指望他们告知顾客提供服务的准确时间 11. 期望他们提供及时的服务是不现实的 12. 员工并不总是愿意帮助顾客 13. 员工因为太忙一直无法立即提供服务，满足顾客需求
保证性	14. 员工是值得信赖的 15. 在从事交易时，顾客感受到放心 16. 员工是礼貌的 17. 员工可以从公司得到支持，以提供更好的服务

续表

SERVQUAL 五个维度所包含的调查项目	
维度	所包含的项目
移情性	18. 公司不会针对顾客提供个别的服务 19. 员工不会给予顾客个别的关心 20. 不能期望员工了解顾客的需求 21. 公司没有优先考虑顾客的利益 22. 公司提供的服务时间不能符合所有顾客的需求

根据以上服务质量管理理论归纳服务质量管理基础知识如下：

一、服务质量的内涵和特性

1. 服务质量的内涵

服务质量是企业为使客户满意而提供的最低服务水平，也就是企业保持这一预定服务水平的连贯性。这一概念包含了以下三个方面的内容：

（1）目标客户。目标客户是指那些由于他们的期望或需要而要求得到一定水平服务的人。客户需求的多样性导致企业提供服务的多样性。

（2）服务水平。服务水平是一个相对的概念，是相对于满足目标客户的期望而言的。只要其服务满足了目标客户的期望，就可以认为服务质量达到了优良水平。

（3）连贯性。连贯性是服务质量的基本要素之一，它要求服务提供者在任何时候、任何地方都保持同样的优秀服务水平。

2. 服务质量的内容

服务质量包括技术性质量和功能性质量两个方面。

（1）技术性质量。技术性质量也叫结果质量，即服务的结果，也就是顾客在服务过程结束后得到了什么。由于技术质量涉及的是技术方面的有形内容，故客户容易感知且评价比较客观。由于服务创新不能通过专利来保护，一种新的技术一旦问世，很快就会被模仿，因此在服务业建立技术优势比制造业更难。而通过以往对顾客的研究得知只要服务的技术质量达到了客户可接受的水平，则顾客就不会对此给予过多的关注。

（2）功能性质量。功能性质量也叫过程质量，指的是企业如何提供服务以及顾客是如何得到服务的，涉及服务人员的仪表仪态、服务态度、服务方法、服务程序、服务行为方式等。相比之下功能性质量更具有无形的特点，因此很难做出客观评价。在功能性质量评价中客户的主观感受占据主导地位。企业应把建立竞争优势定位于服务的功能质量而不是技术质量方面。

3. 服务质量的特性

要真正了解和重视服务质量，就必须了解服务质量的特性。根据美国学者PZB所提出的服务质量模型，服务质量具有五个主要特性：

（1）可感知性。可感知性即"有形部分"，主要指服务人员的仪容外表以及服务现场的设施、设备、宣传标志等。由于服务的本质是一种行为过程，而不是某种实物形态，因而具有不可感知的特征。因此，客户正是借助这些有形的、可见的部分来把握服务的实质。有形部分提供了有关服务质量本身的线索，同时也直接影响到客户对服务质量的感知。

（2）可靠性。可靠性是指服务提供者准确地、无误地、一致地完成所承诺的服务。客户认可的可靠性是最重要的质量指标，它与核心服务密切相关。许多以优质服务著称的服务企业，正是通过强化可靠性来建立自己的声誉的。可靠性要求避免服务过程中的失误。如果企业在向客户提供服务的过程中，因某种原因而出现差错的话，不仅会给企业造成直接的经济损失，而且更重要的是会损害企业的形象，使企业失去潜在的客户，这种损失是无法估计的。

（3）反应性。反应性主要指反应能力，即随时准备为客户提供快捷、有效的服务。对客户的各项要求能否予以及时满足，表明企业的服务导向，即是否把客户利益放在第一位。服务传递的效率是企业服务质量的一个重要反映，客户往往非常重视等候服务时间的长短，并将其作为衡量服务质量好坏的一个重要标准。因此，企业应尽可能缩短让客户等待的时间，提高服务传递的效率。

（4）保证性。保证性是指服务人员良好的服务态度和胜任服务工作的能力，增强客户对企业服务质量的信心和安全感。服务人员良好的服务态度会使客户感到心情愉快，自然会影响客户的主观感受，从而影响客户对服务质量的评价。服务人员具备渊博的专业知识，能够胜任服务工作，会使客户对企业及其提供的产品产生信心，并对获得满意的服务感到愉快。

（5）移情性。移情性是指企业和客服人员能设身处地为客户着想，努力满足客户的要求。这便要求客服人员有一种投入的精神，想客户之所想，急客户之所需，了解客户的实际需要，以至特殊需要，千方百计予以满足，给予客户充分的关心和体贴，使服务过程充满人情味，这便是移情性的体现。

企业案例9-1

联邦快递：互联的世界更加美好

FedEx Express是全球最大的快递运输公司之一，专为全球客户及企业提供全面的运输、电子贸易和商业服务。借助环球航空及陆运网络，为美国各地和全球超过 220 个国家及地区提供快捷、可靠的递送服务。FedEx Express 通常在一至两个工作日内就能迅速递送有严格时间要求的货件，而且确保准时送达。FedEx Corp. 年营业收入达到 580 亿美元，旗下多家公司共同参与竞争，并全部归于享誉市场的"联邦快递"品牌下统一管理，致力于提供综合业务应用方案。

联邦快递的创始者弗雷德·史密斯有一句名言——"想称霸市场，首先要让客户的心跟着你走，然后让客户的腰包跟着你走"。长期以来，联邦快递以其可靠的服务，在客户中赢得了良好的声誉。

联邦快递可向客户提供 24~48 小时内完成清关的门对门服务。快速、准时、可靠是这家著名的速递公司的特色。该公司旗下有 40 多万团队成员，每个工作日日运送量超 1 000 万件。为了保证是名副其实的"快递"，该公司拥有一个庞大的机队，近千架货机随时待命。中国区有分公司 78 家，地面操作站近 90 个，员工约 9 000 人，每周 220 个航班服务于五个机场，运输车辆约 2 700 辆。

二、服务质量差距分析

服务由于过程中涉及的多个主体自身的复杂性，难以充分表达和有效贯彻实施，从而造成服务传递过程中的种种差距，并影响服务质量。服务质量差距模型（Service Quality Model），也称 5GAP 模型，专门用来分析质量问题的根源。

根据 PZB 服务质量差距模型的分析，顾客差距（差距 5）即顾客期望与顾客感知的服务之间的差距——这是差距模型的核心。要弥合这一差距，就要对以下四个差距进行弥合：差距 1——不了解顾客的期望；差距 2——未选择正确的服务设计和标准；差距 3——未按标准提供服务；差距 4——服务传递与对外承诺不相匹配。

首先，模型说明了服务质量是如何形成的。模型的上半部涉及与顾客有关的现象。期望的服务受顾客的以往经历、个人需求以及口碑沟通的影响；另外，也受到企业营销沟通活动的影响。实际经历的服务，在模型中称为感知的服务，它是一系列内部决策和内部活动的结果。在服务交易发生时，管理者对顾客期望的认识，对确定组织所遵循的服务质量标准起到指导作用。当然，顾客亲身经历的服务交易和生产过程是作为一个与服务生产过程有关的质量因素，生产过程实施的技术措施是一个与服务生产的产出有关的质量因素。分析和设计服务质量时，这个基本框架说明了必须考虑哪些步骤，然后查出问题的根源。要素之间有五种差异，也就是所谓的质量差距。质量差距是由质量管理前后不一致造成的。最主要的差距是期望服务和感知（实际经历）服务差距（差距5）。

服务质量差距模型如图9-1所示。

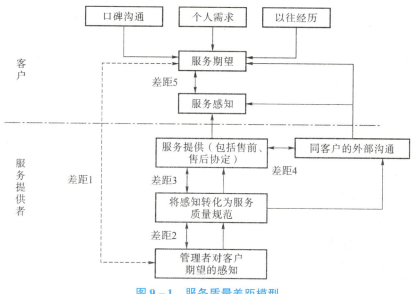

图9-1 服务质量差距模型

五个差距以及它们造成的结果和产生的原因分述如下：

1. 管理者认识的差距（差距1）

服务提供者并非总能理解客户需要什么样的服务，什么样的服务水平是必要的，以及客户期望企业以什么样的途径提供服务等，因此产生了客户的期望与管理者对客户期望的认知之间的差距。产生这一差距的原因有：

(1) 对市场研究和需求分析的信息不准确。

(2) 对期望的解释信息不准确。

(3) 没有需求分析。

(4) 从企业与顾客联系的层次向管理者传递的信息失真或丧失。

(5) 臃肿的组织层次阻碍或改变了在顾客联系中所产生的信息。

这个差距的存在，会误导企业的服务管理方向。尤其是，如果企业的服务质量标准是由这些管理人员制定的，那么，员工的服务行为就要被一个错误的标准所误导，遵照这个标准是不可能让客户满意的。

2. 管理者对客户期望的认知与服务质量标准之间的差距（差距2）

企业管理者试图满足甚至超越客户的期望常常很困难，因为受到多种因素的限制，如资源有限、短期行为、管理不当等。这些因素使管理者对客户期望的认知无法充分落实到所制定的具体服务质量标准上，从而引起管理者对客户期望的认知与服务质量标准之间的差距。具体影响因素包括：

（1）管理人员不重视服务质量。

（2）管理人员缺乏应有的职业知识，致使在设计服务质量标准时出现失误。

（3）服务质量管理不善。

出现这种情况的原因是，最高管理层没有保证服务质量的实现，质量没有被赋予最高优先权。治疗的措施自然是改变优先权的排列。今天，在服务竞争中，客户感知的服务质量是成功的关键因素，因此在管理清单上把服务质量排在前面是非常必要的。

总之，服务生产者和管理者对服务质量达成共识，缩小质量标准差距，远要比任何严格的目标和计划过程重要得多。

3. 服务质量标准与实际传递的服务之间的差距（差距3）

在企业员工向客户传递服务时，他所遵循的服务质量标准并不能完全体现在他所实际提供的服务上，由此产生了服务质量标准与实际传递的服务之间的差距。影响这一差距的因素有以下几个：

（1）标准太复杂或太苛刻。

（2）员工对标准有不同意见，例如一流服务质量可以有不同的行为。

（3）标准与现有的企业文化发生冲突。

（4）服务生产管理混乱。

（5）技术和系统没有按照标准为工作提供便利。

可能出现的问题是多种多样的，通常引起差距的原因是错综复杂的，很少只有一个原因在单独起作用，因此治疗措施不是那么简单。差距原因粗略分为三类：管理和监督；职员对标准规则的认识和对顾客需要的认识；缺少生产系统和技术的支持。

4. 营销沟通的差距（差距4）

这一差距指营销沟通行为所做出的承诺与实际提供的服务不一致。产生的原因是：

（1）营销沟通计划与服务生产没统一。

（2）传统的市场营销和服务生产之间缺乏协作。

（3）营销沟通活动提出一些标准，但组织却不能按照这些标准完成工作。

（4）有故意夸大其词，承诺太多的倾向。

引起这一差距的原因可分为两类：

（1）外部营销沟通的计划与执行没有和服务生产统一起来。

（2）在广告等营销沟通过程中往往存在承诺过多的倾向。

在第一种情况下，治疗措施是建立一种使外部营销沟通活动的计划和执行与服务生产统一起来的制度，达到两个目标：第一，市场沟通中的承诺要更加准确和符合实际；第二，承诺能够做到言出必行。

在第二种情况下，治疗措施可能是更加完善的计划程序，不过管理上严密监督也很有帮助。

5. 感知服务质量差距（差距5）

这一差距指感知的服务与期望的服务不一样，它会导致以下后果：

（1）消极的质量评价（劣质）和质量问题。

（2）口碑不佳。

（3）对公司形象的消极影响。

（4）丧失业务。

第五个差距也有可能产生积极的结果，它可能导致相符的质量或过高的质量。感知服务差距产生的原因可能是本部分讨论的众多原因中的一个或者是它们的组合。当然，也有可能是其他未被提到的因素。

差距分析模型指导管理者发现引发质量问题的根源，并寻找适当的消除差距的措施。差距分析是一种直接有效的工具，它可以发现服务提供者与顾客对服务观念存在的差异。明确这些差距是制定战略、战术以及保证期望质量和现实质量一致的理论基础。这会使顾客给予质量积极评价，提高顾客满意度。

高质量并不意味着高成本

服务改进的原因很大程度上是和成本有关的，一般认为高质量意味高成本，而实际情况恰恰相反，质量越低，成本越高。对质量机制和制造工艺的新研究表明，高质量并不意味着高成本。这已被日本和西方国家在工业产品大生产的范围内证实。计算机、消费用电子产品和家用电器的生产是最好的例证。在过去的20年里，这些产品的质量大幅度提高，而成本在一定的时间内有所下降。

根据Edmunds的数据，美国2019年度汽车销量为1 710万辆，销量榜前五名有三家日系车企——丰田、本田和日产。自20世纪70年代日本小轿车成功地进入美国市场以来，日本汽车公司除了在诸多方面适应美国市场的需要外，非常重要的一点是以其完善的质量管理赢得了美国的消费者。用美国消费者的话说:买一辆"丰田""本田"车,即使几年以后转手,只需支付正常的磨损费用,不会有太多的损失,而美国车则不行,不是发动机出了问题,就是别的什么关键的部位出了毛病,这会造成很大的经济损失。

三、提高服务质量的策略

提高服务质量的方法与技巧很多,这里介绍两种常用的方法,即标准跟进和蓝图技巧。

1. 标准跟进

标准跟进指将企业产品、服务同竞争对手尤其是最具优势的竞争对手进行对比,在比较、检验和学习的过程中逐步提高自身的服务标准和服务质量。标准跟进法最初主要应用于生产企业,服务企业在运用这一方法时可从策略、经营和业务管理方面着手。

(1)策略。将自身的市场策略同竞争者的成功策略进行比较,寻找它们的相关因素。比如,竞争者主要集中在哪些细分市场,竞争者实施的是低成本策略还是价值附加策略,竞争者的投资水平以及资源如何分配于产品、设备和市场开发等方面。通过一系列的比较和分析,企业将会发现以往被忽视的成功的策略因素,从而制定出新的、符合市场和自身资源条件的策略。

(2)经营。主要集中于从降低营销成本和提高竞争差异化的角度了解竞争对手的做法,并制定自己的经营策略。

素材2

小知识

(3)业务管理。在业务管理方面,根据竞争对手的做法,重新评估某些职能部门对企业的作用。比如,在一些服务企业中,与顾客相脱离的后勤部门,缺乏适度的灵活性而无法同前台的质量管理相适应。学习竞争对手的经验后,使二者步调一致,协同动作,无疑会有利于提高服务质量。

2. 蓝图技巧

蓝图技巧又称服务过程分析,指通过分解组织系统和架构,鉴别顾客同服务人员的接触点,从这些接触点出发来提高服务质量。服务企业要提高服务质量和顾客满意度,必须理解影响顾客认知服务产品的各种因素,蓝图技巧则为有效地分析和理解这些因素提供了便利。

蓝图技巧借助流程图分析服务传递过程的各个方面,包括从前台到后勤服务的全过程,主要步骤是:

(1)将服务的各项内容绘入服务作业流程图,使服务过程一目了然地展现出来。

(2)找出容易导致服务失误的接触点。

(3)建立体现企业服务质量水平的执行标准与规范。

（4）找出顾客能看得见的作为企业与顾客的服务接触点的服务展示。在每一个接触点，服务人员都要向顾客提供不同的功能质量和技术质量，而顾客对服务质量感知的好坏将影响企业形象。

由于服务的不可感知性，顾客常因担心服务质量难以符合期望水平在购买时犹豫不决。企业为化解顾客对质量风险的顾虑，可从以下几方面改进工作：第一，突出质量。高层管理人员真正投入质量管理活动，包括履行承诺保证，在资源配置上支持质量管理活动；建立以质量为核心的企业文化，全体员工树立质量第一的服务观点，自觉地为提高服务质量贡献力量。顾客了解到企业内部的质量观及措施，会逐渐消除质量风险顾虑。第二，以人为本。以人为中心的服务，质量决定于人的操作技巧和态度，必须重视员工培训，让员工掌握新的服务技巧，改善服务态度。同时，管理者要创造一种能够得到员工支持的、对优良业绩给予奖励的环境，争取在员工满意的基础上让所有的顾客满意。

单元二　客户服务体系设计

客户服务体系是优秀企业尤其是销售服务企业的重要组成部分，由明确的客户服务理念、相对固定的客户服务人员、规范的客户服务内容和流程等一系列要素构成。客户服务体系以客户为中心，为客户提供真正有价值的服务，以提升企业知名度、美誉度和忠诚度为目的，体现企业"良好的客服形象、良好的专业技术、良好的客户关系、良好的企业品牌"的服务理念。这一理念要求以最专业的服务队伍，及时和全方位地关注客户的每一个服务需求，并通过广泛、全面和快捷的服务，使客户体验到无处不在的满意和可信赖的关心。

世界著名的服务型企业给我们的一个启示就是要有一个科学的客户服务系统，一方面这是提供给客户满意服务的前提，另一方面也是对此的保证。只有在一套科学的服务体系的指导下，客户服务工作才能真正做好，做到位。客户服务系统要有好的效果，要靠高效的运作团队、出色的服务职能部门和科学有效的服务流程。因此，首先企业必须针对自身的实际情况，设计客户服务组织结构，明确客户服务部门的业务操作权限，在管理工作中分工协作；其次是建立岗位职责标准，明确每个工作岗位在企业中所处的层次，以及该职务和其他职务之间的关系，编制岗位说明书，理清每个人的权利和责任，激发整个团队的战斗力，不仅要让每个人有事做，而且每件事都要有合适的人负责；再次是设计服务流程要合理，并且能通过规范的服务标准保证执行的效果。根据以上说明,我们将这些工作规划为任务进行学习。

一、客户服务体系

1. 客户服务体系的建设

从客户服务角度来说,服务无止境,越完善越好。但对一个企业来说,资源却是有限的。所以,一般企业应针对所在行业的特点建立适合自己的客户服务体系。具体实施内容如下:

1)梳理部门职能、公司使命和愿景

根据客户群体需求及自身市场定位,确定公司目标,明确客服的总体目标和战略定位。

2)建立以客户为中心的服务理念

建立主动服务意识,提供优质服务,让客户享受到优质服务,在客户心目中树立品牌形象,发展潜在客户,提高成交率。

3)确定全流程主要工作内容

售前:以专业知识回答客户咨询,对客户信息进行收集、统计、分析,建立完善的客户信息库等。

售中:对产品的配送速度、配送质量、产品质量好坏及时进行跟进、熟练操作演示等。

售后:客户意见的收集与反馈,客户投诉的受理与记录等。

4)根据工作内容确立部门组织框架

客户关系维护:客户信息管理、客户需求等。

售后服务管理:售后的跟进、客户投诉等。

大客户关系管理:大客户审定,大客户回访与维护,大客户满意度调查等。

5)工作流程梳理

根据实际情况制定服务流程及服务标准。

6)确定岗位职责

主要明确公司发生的哪些事情归哪个部分负责实施。

7)服务团队建设

开展人员招聘、培训,做好员工激励。

8)规章制度的制定及完善

服务质量管理制度、售后服务制度、服务礼仪制度等的制定与完善。

2. 影响客户服务体系设计的因素

每个企业都应根据自己的特点设计客户服务工作。对工作影响较大的因素有以下9点:

1）中间商

中间商可代替企业为客户提供某些辅助性服务。委托中间商完成某些客户服务工作，可降低成本费用，为客户提供较好的服务，但也可能削弱企业对这些服务工作的控制。

2）接触程度

客户与员工的接触程度越高，服务工作出现差错的可能性就越大，服务质量管理工作就越复杂。客户与员工的接触程度低，企业经常可通过邮件、电话、网络、电传为客户服务，就较易控制服务质量。

3）高新科技手段

管理人员应分析本企业如何应用高新科技手段，客户接受自动化服务系统的程度。采用高新科技手段，企业能更好地为客户提供预订、确认、咨询、反馈信息、开票、收款等服务。

4）客户类别

组织客户与一般消费者客户对客户服务的要求有很大差别。组织客户的购买量较大，购买金额高，服务性企业经常需要与组织客户的相关联系人接触。

5）服务过程所需时间

服务过程所需的时间越长，客户就越有可能要求企业提供有关信息。比如，客户希望了解项目完成时间、预计费用等。

6）接待能力

企业的接待能力在一定时间内是固定不变的，这些企业为了提升接待能力，可以通过流程改进，如提供预约服务或者排队制度等，为更多的客户服务。

7）客户购买频率

为了鼓励常客反复购买，有些企业管理人员要求服务人员记住常客的姓名，为常客提供优待。这些企业会使用信息系统对常客进行管理，比如提供优惠价。

8）服务工作的复杂程度

有些服务工作相当简单，客户很容易完成。有些服务工作却相当复杂，缺乏经验的客户经常要求服务人员的帮助。复杂的服务还较易发生差错。因此，服务工作比较复杂的企业不仅应为客户提供必要的信息，使客户了解服务程序，以便客户选择服务方法，而且应制订应急计划，解决服务过程中出现的各种问题。

9）购买风险

管理人员必须深入研究客户购买风险和劣质服务的后果。劣质服务不仅使客户浪费时间和金钱，甚至会关系到客户人身安全。发生服务差错的可能性越大，劣质服务的后果就越严重。这就要求管理人员做好培训工作，使服务人员掌握必要的知识与技能，能迅速解决服务工作中出现的各种问题，冷静并熟练地处理好客户的投诉。

二、客户服务组织结构设计

场景导入

2019 年 5 月，由中国指数研究院、中国房地产 TOP10 研究组共同主办的"2019 中国物业服务企业百强研究成果发布会暨第十二届中国物业服务企业家峰会"在北京举行。会上，万科物业荣获 2019 中国物业服务百强企业第一名。

为什么是万科物业？万科物业做对了什么？

2009 年，万科物业调整管理部架构设置，设立由物业事业本部及一线公司组成的物业事业部，使其成为集团独立事业单元。通过一个全国的事业部进行统筹管理，各地运作模式变得更为制度化和体系化。内部变阵的效果立竿见影。2010 年，万科物业的发展获得行业的全面认可。2010 年万科物业首次参评中国物业服务企业百强，荣获评比第一名，此后十年一直蝉联榜首。此后，万科物业积极探索物业服务的维度，接连为物业行业贡献新鲜血液。

启发思考

（1）根据以下万科物业案例材料整理万科物业组织结构图。

（2）了解万科物业各部门的主要职责，编制万科物业管家岗位说明书。

2005 年，市场经济经过了高热发展的时期，开始逐渐趋于稳定，市场分工越来越细化，业务发展更加理性。物业领域经过了一轮又一轮的"火拼"之后也趋于成熟，万科物业察觉到了市场和行业的变化，不再为扩大规模外接项目管理，反而回归内盘，从管理到服务，专注于万科自有的住宅管理。跨入 21 世纪，随着国民经济水平的整体提升，客户的消费心理日趋成熟，对物业服务转为更加标准化、亲情化、人性化的需求。在努力做好安全管理、环境绿化、保洁管理、设施设备维护管理等四项基础业务的基础上，推出"五步一法"的创新服务体系，不仅仅负责社区的管理，还承担起社区建设的责任。2007 年，万科物业将旗下 20 家"物业管理有限公司"统一更名为"物业服务有限公司"，管理精进的同时提升服务品质。由此，万科物业提出了"生活因幸福而改变"的企业使命。万科物业在服务品质和服务口碑上继续深耕。

随着互联网和智能手机的普及和渗透，给人民的生活带来了巨大改变的同时，物业服务也不再满足于传统的发展模式。为适应信息时代的变化，万科物业牵手华为，共同就智慧社区进行研发，成立了联合实验室，着力于研究开发提升物业服务效率、创新社区运营模式的系统功能。2013年，万科物业上线睿服务平台，利用互联网技术，将万科物业积累了20余年的流程和体系"数字化"，借以提高运营效率。2013年11月，万科业主专属App"住这儿"与万科物业员工专属App"乐帮"上线公测，CRM系统、呼叫中心正式上线，标志着万科物业对客户服务迈入标准化、专业化、集约化行列。2016年，万科物业正式开启人、财、物连接的睿服务3.0新时代。万科物业致力于创新的同时，通过"科技助力行业成长——万科物业发展模式研讨班"，将经验、技术分享给同行，与同行一起携手推动行业进步。

1. 客户服务组织结构设计的主要内容

客户服务组织结构设计，是通过对组织资源的整合和优化，确立企业某一阶段的最合理的管控模式，实现组织资源价值最大化和组织绩效最大化。客户服务组织结构设计的主要内容如下：

（1）职能设计：是指企业的经营职能和管理职能的设计。企业作为一个经营单位，根据其战略任务设计经营、管理职能。如果企业的有些职能不合理，就需要进行调整，对其弱化或取消。

（2）框架设计：是企业组织设计的主要部分，运用较多。其内容简单来说就是纵向的分层次，横向的分部门。

（3）协调设计：是指协调方式的设计。框架设计主要研究分工，有分工就必须要有协作。协调方式的设计就是研究分工的各个层次、各个部门之间如何进行合理的协调、联系、配合，以保证高效率的配合，发挥管理系统的整体效应。

（4）规范设计：是指企业的规章制度，它是管理的规范和准则。结构设计本身最后要落实、体现为规章制度。管理规范保证了各个层次、部门和岗位按照统一的要求和标准进行配合和行动。

素材3

客户服务组织结构设计流程图

（5）人员设计：就是管理人员的设计。企业结构设计和规范设计，都要以管理者为依托，并由管理者来执行。因此，必须按照组织设计的要求进行人员设计，配备相应数量和素质的人员。

（6）激励设计：就是设计激励制度，对管理人员进行激励，其中包括正激励和负激励。正激励包括工资、福利等,负激励包括各种约束机制,也就是所谓的奖惩制度。激励制度有利于调动管理人员的积极性,也有利于防止一些不正当和不规范的行为。

2. 客户服务组织结构设计的程序

企业内部的部门是承担某种职能的载体,按一定的原则把它们组合在一起,便表现为组织结构。组织结构设计程序如下:

(1) 分析组织结构的影响因素,选择最佳组织结构模式;
(2) 根据所选的组织结构模式,将企业划分为不同的相对独立的部门;
(3) 为各个部门选择合适的部门结构进行组织机构设置;
(4) 将各个部门组合起来,形成特定的组织结构。

3. 编制岗位说明书

1) 岗位说明书包含的要素

(1) 表头格式:职务名称、归属部门、隶属关系、级别、编号。
(2) 管理结构:描述实施管理的性质、管理人员和员工性质,包括水平、类型、职务权限、直接和间接管理员工的层次和数量,给任职者一个清晰的工作内容和管理范围。
(3) 工作关系:完成此项工作需要与企业其他部门、人员联系的具体要求。
(4) 职责范围:描述该岗位所承担的主要职责和工作任务。
(5) 基本素质要求:描述该岗位所需的相关知识、学历要求、培训经历、相关工作经验以及其他条件。
(6) 其他:如工作环境等。

素材 4

编制客户服务
岗位说明书流程

2) 编制客户服务岗位说明书流程

(1) 客户服务岗位与管理岗位分析调查,以保证说明书符合企业岗位要求和组织目标。常见的岗位分析方法有工作要素分析法、员工状况分析法、职务要求调查法、工作内容日记法等。

(2) 注意岗位说明书编制细节。一是确定职务目标,描述职务目标通常遵循为什么要设计本岗位—本岗位有多大权力—本岗位主要干哪些工作;二是明确岗位职责,按照由主到次顺序书写;三是规定核心能力,核心能力是完成工作的前提和保证;四是确定绩效标准,要规定做到什么程度、达到什么标准;五是要相关责任人签字确认;六是规定有效期。通常岗位说明书每年需要调整一次。

4. 任务完成范例

(1) 范例 1:客户服务组织结构图,如图 9-2 所示。

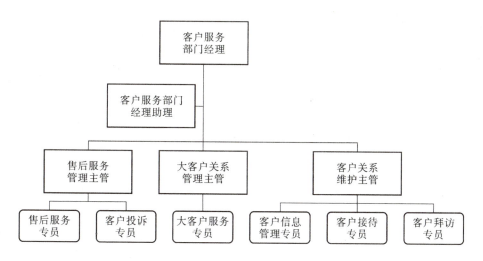

图 9－2　客户服务组织结构图

（2）范例 2：某企业售后服务专员的岗位说明书，见表 9－2。

表 9－2　某企业售后服务专员的岗位说明书

岗位名称	售后服务专员	岗位编号	
所在部门	客户服务部	岗位定级	
直接上级	售后服务管理主管	工资等级	
直接下级		薪酬类型	
所辖人员		岗位分析日期	
职务概要：负责售后服务			
工作任务			
1. 协助售后服务管理主管制订部门年度工作计划 2. 负责退换货、零配件供应等售后工作 3. 负责分析、处理客户投诉 4. 负责建立售后服务档案，并进行总结分析 5. 根据需要，对客户进行多种形式的回访和调查，以获取客户的直接反馈 ……			
权力			
1. 收集市场相关信息、资料、文件的权力 2. 客户投诉处理方案的提议权			
工作协作关系			
内部协调关系	销售部、技术开发部、供应管理部、财务部、行政部		
外部协调关系	客户、经销商		

续表

任职资格		
教育水平	大学专科以上	
专业	营销、管理以及其他相关专业	
培训经历	客户服务、法律知识、公关培训	
经验	1年以上市场营销或客户服务经验	
知识	营销、销售等相关知识，了解行业技术、财务管理、法律等知识	
技能技巧	熟练操作办公自动化软件 对市场营销有深刻认知 熟悉业务活动流程	
个人素质和态度	具备客户服务意识、工作热情高 具有较强的沟通、协调、公关能力，有良好的合作精神 积极主动、性格开朗、讲求效率、乐于接受挑战	
其他		
使用工具/设备	计算机、一般办公设备	
工作环境	常规办公场所	
工作时间特征	正常工作时间，偶尔需要加班	

素材5 想一想

三、客户服务流程设计

场景导入

如果说亨利·福特把流水线引进制造业，从而改造了美国工业，那么麦当劳兄弟则给餐饮业种下了工业化的种子。麦当劳兄弟并非厨师出身，在开烧烤店之前，他们根本没接触过餐饮行业。但从另一个角度来看，这反而成就了他们，当全美国的高级厨师和餐厅老板还沉浸在烹饪手艺中的时候，麦当劳兄弟已经独辟蹊径，通过严格的标准化与流程再造，重塑了美国的餐饮业。

在麦当劳兄弟的餐厅，每一份汉堡都完全相同，它们统一采用十分之一磅的牛肉，以同样的步骤，同样的时间，同样的温度烧烤完成。为此，麦当劳兄弟耗费了大量心血，他们曾在一座网球场上，重新规划了整个服务流程，包括设备最佳的摆放位置，以及工作动线，力求实现效益最大化。他们的目标是：将顾客的等餐时间，从30分钟缩短到30秒。麦当劳兄弟奠定了这家餐厅的基因，从产品，到服务，再到一系列标准化流程，在今天的麦当劳依然清晰可见。当初由兄弟俩设计的流程规划，如今已演变为厚达数千页的操作手册，光是目录就厚达几百页，培训着麦当劳数以万计的员工。

启发思考

（1）请你带着考察服务流程的想法，体验知名企业为你提供的服务，参考相关内容，绘制出所考察企业的服务流程图。

（2）选择服务流程图其中一个细节，撰写服务标准。

---

1. 设计服务流程

1）认识服务流程

一个人到陌生的地方去，通常会准备一张当地的地图，以便给自己指引。同样，当一个顾客打算和某个企业打交道时，他们也是受了某种潜意识的指引。这种潜意识可能是以前和该企业合作的经验，可能是他的个人爱好，可能是他的个人生活经验，还可能是别人的推荐。为了把这种指引用最简单的方式表达出来，为了能随时满足顾客的需求，企业需要某种有效的途径来实现这些目标。而这种有效的途径，实际上就是顾客享受到服务的流程，是企业在每个服务步骤上为顾客提供的一系列服务的总和。

事实上，一个企业依照服务流程对顾客提供服务时，将牵涉到人员配置、技术支持、物品储存等一系列方面，而这并不是企业一朝一夕可以做到的，它需要长时间的投入和付出。但流程一旦固化，这种努力将会释放巨大的投资回报。流程提供了行动指南，避免了每次动作前，执行者都要重新考虑步骤，浪费精力；流程允许执行者将时间和资源集中在目标和结果上，而不是实现目标所要遵循的过程；流程提供给基层服务人员一种参考，能使临时人员迅速融入项目和操作流程中；流程通过提高生产率和锁定目标降低了生产成本。

服务流程包括三个部分：起始阶段、中间过程和终结阶段。

起始阶段：是指顾客与企业中的员工、企业制度、企业的某一部分或整个企业发生接触的阶段，也就是常说的"第一印象"阶段。在这个阶段，顾客对企业会凭经验做出一些判断。

中间过程：随着服务环节的不断推进，越来越多的服务信息堆积在顾客的脑海中。

终结阶段：这个阶段是顾客和企业业务关系的终结。顾客会根据大脑中的印象，对企业的服务做出评价，断定企业的服务是成功的还是失败的。

该服务流程只反映了客户的服务体验，但实际上在设计服务流程的时候，还需要把企业业绩的扩大、发展的进程、决策的制定、企业的职责、企业的经营活动等内容有机地融入进去。这样，才可以帮助企业从顾客的角度出发看问题。企业越能从顾客的角度出发观察、感受自己的服务，就越容易找到自身需要改进的地方。

在一家企业里面，会有多个服务流程在同时进行。流程数量的多少，取决于企业所在行业的性质、买卖商品的类型，以及企业为顾客提供商品和服务的整个运行过程的繁简程度。例如，某小型电脑公司有两套服务流程，一套是顾客到企业的服务流程：客户机器送修—客户服务部打单—维修部维修—客户服务部拷机—客户取机；一套是上门服务流程：客户电话预约—业务接待—工作人员与客户达成共识—上门服务。

2）服务流程设计应考虑的因素

（1）按照重要的服务环节和步骤编制服务流程图。

这不是一项可以花很少时间就可以完成的工作，这和公司的大小、公司的性质等有关。从简单的服务流程图开始，创建各个步骤，并留出空白，便于随时补充、调整和更正。

（2）更新、完善服务流程图。

顾客希望得到越来越好的服务，所以，要求服务流程图应该是可变的，随着顾客的需求和期望的变动而变动，并始终把服务水平保持在一定的标准之上。"凡是你不想为赢得顾客而努力的地方，都是竞争对手乘虚而入的地方。"

（3）从一线服务人员获得反馈信息。

一线服务人员每天都在一线工作，直接地、大量地与顾客接触，满足顾客的需求，解决顾客的问题，并不断提高顾客的期望值。他们比公司中的其他人更了解顾客的需求，更懂得如何为顾客提供满意的服务，所以，客户服务管理人员应该像一个流动的"搜集箱"，拿起纸笔去广泛地收集建议或意见。

（4）以客户的身份去感受服务。

客户服务管理人员应以顾客的身份去经历整个服务流程，并记录下自己认为重要的东西。以客户的角度对公司的服务做出评价。一些公司会派自己的员工去充当顾客，从顾客的角度了解和感受公司的服务，从而完善自己的服务流程。

3）服务流程优化的思路和方法

服务流程优化的方法有两种：系统化改造法和全新设计法。

（1）系统化改造法。

系统化改造法是以现有的服务流程为基础，通过对现有流程的简化、整合等活动来完成重新设计的工作。

（2）全新设计法。

全新设计法是从服务流程所要取得的结果出发，从头开始设计流程。

这两种流程优化的方式取决于企业的具体情况和外部环境。一般来说，外部经营环境以及企业内部相对稳定时，企业多采取系统化改造法，以短期改进为主；在外部经营环境或企业处于剧烈波动状况时，企业会采取全新设计法，为改变现状、促进长远发展而进行比较大幅度的改进工作。从多数企业的具体情况来说，比较适宜的方式是采取系统化改造法，而且最好用流程图的形式表现出来。

2. 服务流程优化

服务流程优化程序包括以下步骤：

（1）组建服务流程优化小组：组织建设是服务流程优化的前提，因而需要建立由专业人员参加的服务流程优化执行小组，并任命一位具有高层决策权的领导担任小组负责人。优化小组的主要任务是：描述、分析和诊断现有的服务流程，提出改进计划，制定并细化新流程的设计或改造方案，最终落实新方案。

（2）确认：在开始进行之前，需要明确企业服务流程优化的目标以及流程优化的范围。

（3）访谈：优化小组要组织优化的服务部门的相关人员描述服务流程现状，进行岗位职责描述，绘制流程。

（4）分析：分析并找出阻碍服务目标实现的制约因素。

（5）制定服务流程优化方案书：优化小组向企业领导汇报并得到确认后，开始设计服务流程优化方案。

（6）初步方案出台后，就需要讨论与分析新的流程效率和效益以及可行性，从而确定优化方案。

四、制定服务标准

素材 7

服务流程优化图

有些人认为服务性企业无法提供标准化服务。标准化服务缺乏人情味，不能适应顾客的需要。另外，他们认为无形的服务是很难预测的。事实上，许多服务工作都是常规性服务工作。麦当劳之所以盛行天下，其实卖的也不过是可乐加汉堡，关键在于麦当劳提出了一系列人性化的标准化措施。

1. 优质服务标准

优质服务标准包括三大要素，它们分别是：人员、硬件和软件。这三者相辅相成，缺一不可，共同构成图 9-3 中的三角形关系，即服务金三角。

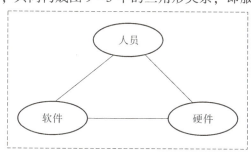

图 9-3 服务金三角

对这三大要素的要求和描述就构成了优质服务标准的基本内容。

1）硬件

所谓硬件，是指服务发生的物理环境的各个方面，服务提供者与顾客的相互活动都在其内部进行。硬件很像有形商品的包装，可以方便或者阻碍服务的进行，也履行着对外传递信息的重要职能。顾客在与你接触前，他的第一印象皆由服务的硬件所形成，可以说硬件为顾客的整个服务体验设定了基调。

一般来说，硬件包括：服务地点、服务设施、大气特征、视觉空间这四个关键领域。

（1）服务地点。

我们先看一个调查结果。"2018年北京市社区商业服务业便利需求"的调查结果见表9-3，表中1~7表示重要性由高到低。

表9-3 社区商业服务业便利需求调查

购买物品	1	2	3	4	5	6	7
日用品	购物距离	商品价格	营业时间	服务质量	产品质量	商品品种	环境卫生

可以看出，购物距离是决定居民对商业是否满意的第一重要因素。调查结果还显示：现在居民购买日用品的平均距离为644米，而居民理想的购物距离是466米，能够忍受的最远距离是1 321米。当然，这只是对日用品行业的调查，不同的行业会有不同的特点。但是，不管你身处哪个行业，在选择服务地点时，都要从顾客的需求出发，必须非常慎重。

（2）服务设施。

服务设施包括设施的质量和数量两个方面，设施的质量直接决定你给顾客提供的服务是好还是坏，设施的数量则决定你提供服务的能力的大小。

（3）大气特征。

大气特征是指服务场所的环境，包括环境的色彩与照明、音响的音量与音高、气味、空气清新度、温度与湿度、环境的清洁度等。

（4）视觉空间。

视觉空间是指服务场所的视觉效果。它将带给顾客"第一印象"，因此非常重要。比如，红色令人振奋，橙色令人兴奋，绿色使人宁静，蓝色使人冷静，紫色使人感到优雅，棕色使人轻松等。除了色彩，视觉空间还应包括：服务场所的VI设计、服务场所的通道设计、服务场所的座位安排、服务场所的设备定位、服务场所的光线、家具的风格与舒适度。

 企业案例9-2

麦当劳VI设计

1952年，麦当劳兄弟请建筑师梅斯顿为他们设计一家标准模型店。设计结果出来后，兄弟俩并不满意。于是他们自己画了一个大拱门，使它显得高一些。孤零零的一个大拱门，看起来十分滑稽，于是又添了一个，形成双拱门。这个造型无意中与店名的第一个字母 M 极为相似。他们用金黄色霓虹灯做成这个双拱门，远远看去十分耀眼。因为在任何天气，任何季节，黄色的视觉识别性都是很高的。于是，黄色成了麦当劳的标准色，而稍暗的红色作为辅助色。整个视觉效果十分协调。

现在，麦当劳拥有 13 000 个连锁店，金色拱门亮相世界各地。可以说，它的 VI 设计功不可没。

2）软件

软件是指服务发生的程序性和系统性。它涉及服务的递送系统，涵盖了工作如何做的所有程序，提供了满足客户需要的各种机制和途径。

服务的软件包括以下七个关键领域。

（1）时间。

向客户提供服务，你的时间标准是什么？这个过程应该花费多长时间？整个过程中，是不是有一些步骤需要设定几个不同的时间标准？及时就意味着迅速高效吗？是否有时服务提供得太匆忙、太迅速，以至于客户感觉太草率？

（2）流畅性。

如何协调服务提供系统的不同部分？它们之间如何相互配合、相互合作、相互整合？你如何控制商品或服务提供到客户的流程？你如何避免流程中的阻塞和停滞现象发生？关于以上问题的可观测指标有哪些？

（3）弹性。

系统的适应程度或灵活程度如何？这一弹性能否按照不断变化的客户需要做及时调整？客户认为其便利程度如何？为使客户服务工作更加轻松和容易，应采取什么措施？你的服务系统是不是围绕客户需求设计出来的？关于这样一种适应系统的可观测指标是什么？

（4）预见性。

你对客户需求预测得如何？你如何在客户尚未提醒之时，抢先一步，向他们提供所需的服务？你如何知道将要发生什么？当你和你的服务团队预测准确时，你是如何知道的？表明你的服务提供系统预测准确的可观测指标是什么？

（5）沟通渠道。

如果服务系统内部以及你和客户之间不能进行有效的信息沟通，那么服务提供系统就不能正常运作。你如何知道信息得到充分、准确和及时的沟通？有效沟通的迹象是什么？当沟通受阻时，你如何知道？你知道时是不是太晚了？能反映服务活动中有效沟通的可测量的标准有哪些？

(6) 客户反馈。

如何了解客户的想法？客户反馈系统如何用于提高服务质量？你如何知道客户是高兴还是不高兴、是满意还是不满意、是幸福还是不幸福？关于有效客户反馈系统的可观测指标有哪些？你如何知道这个系统运行是否正常？

(7) 组织和监管。

有效率的服务程序需要组织，同样，组织需要监管。在服务工作中，谁在做什么工作？你和服务人员是如何组织的？你理想中的组织框架是什么样的？应该如何监管？监管人员在服务提供系统中应该扮演什么角色？服务提供系统的各个方面如何相互协调？能表现出所有部门运作正常的可见或可观测的迹象是什么？

3）人员

服务的硬件和软件是理论的、有规则的，但人员是有感觉、有意识的主体，所以具有变动性，这也是服务中人性的一面。服务的这一面被称为客户服务的个人面。

服务的硬件和软件很容易被竞争对手抄袭和赶超，只有服务的提供者和实现者——一线服务人员所表现出来的服务意识和服务精神，以及他们在服务中的一言一行、一举一动等个性化的东西，才是很难被"抄"和"超"的。

关于服务的个人面有以下七个关键领域。

(1) 仪表。

顾客对一定的服务活动所做出的积极或消极的反应，很大程度上受他所看到的影响。视觉是丰富我们对经历的看法的一种重要感觉。当顾客接触你的服务人员或服务人员去接触顾客时，你希望顾客看到什么？你希望服务人员如何表现？服务人员应该营造什么情绪、气氛或形象？符合仪表要求的外在指标是什么？

(2) 态度、身体和语调。

我们不能直接看到服务人员的态度，所以需要通过他们的身体语言和语调来推测。从这个意义上说，态度是随处可见、展露无遗的，我们的身体语言和语调传递了沟通中的"真实"信息。你的服务团队成员如何通过他们的身体语言传递恰当的服务态度？微笑、眼神接触、姿态以及手势和其他肢体语言是什么样的？你如何描述提供服务时理想的身体语言？如何描述你希望服务团队传递的理想的语气和语调？当它们得以贯彻时，你如何知道？有哪些观测指标？

(3) 关注。

关注是指满足顾客独特的需要和需求。这种关注或关心是敏感的。它认同顾客个性，从而以一种特殊、独特的方式对待每一位顾客。你的全体服务人员以何种方式表示关注？他们如何才能使顾客感觉受到特别优待？哪些不同的顾客群需要保持不断变化的敏感的关注？为满足这些独特的需要，你的服务人员能做些什么？

（4）得体。

得体不仅包括如何发出信息，还包括语言的选择运用。某些语言会把客户赶跑。因此，注意避免使用这样的语言。在不同的环境中，说哪些话比较合适？在与顾客打交道的过程中，哪些话总是要说的？应该怎样称呼顾客？应该在什么时间称呼顾客的名字，频率是多少？

（5）指导。

服务人员如何帮助顾客？他们如何指导顾客做出购买决定，为顾客提出劝告和提供建议？为顾客提供帮助的过程中，应该配备什么资源？服务人员需要具备什么知识水平才能够提供正确的指导？你如何知道他们的知识水平是否达到标准？如何衡量这个标准？

（6）销售技巧。

无论是销售产品还是销售服务，销售都是服务不可分割的一部分。服务的功能是培育和推进销售。因此，你要知道服务人员的销售技巧在多大程度上被重视？你们提供的服务所需要的销售技巧包括哪些内容？有效销售的可观测或可衡量的指标是什么？你的销售标准是什么？

（7）礼貌地解决问题。

应该如何处理顾客的不满？如何使顾客转怒为喜？如何对待粗鲁、难以应付的顾客？顾客总是对的吗？如果是的，你在保持这个标准上能做到什么程度？应该由谁来负责处理顾客的不满和问题？他们的权力范围有多大？你如何知道顾客的问题是否得到了妥善的处理？有哪些相应指标？如何观察和衡量这些指标？

素材 8

总结服务人员七大关键领域指标

以上介绍了优质服务标准的三大要素。在这三大要素中，硬件和软件的因素是比较确定和稳定的，人员的因素就比较易变和复杂，也是最关键的因素。

2. 制定优质服务标准的 SMART 原则

优质服务标准的制定需要遵循一定的原则，即"SMART 原则"，SMART 是五个英文单词首位字母的组合。

1）S——明确性（Specific）

如果仅要求雇员"对客户要友好"，这还不够明确（例如，对某人友好可以指当他打来电话时不挂断电话）。这样说很模糊，太笼统，并且它本身可以有不同的解释。如果规定"电话响时，马上去接电话"，这也不明确。明确的标准应该是这样的："电话响第二声时就应该去接电话。"

2）M——可衡量性（Measurable）

可衡量性指服务标准用定量来表示（例如用数据），你应知道是否达到了你的目的。如信用代理人在接未来客户打来的电话时，设定的标准是电话铃响第二下时就接电话，这就是一个"明确的可衡量性的标准"。

3) A——可实现性（Achievable）

尽管谈论长远目标很时髦，但有些标准应该使雇员感到他们有信心能实现这些标准，否则的话，他们不会去努力尝试。建立标准不仅仅意味着确立目标，更重要的是，它意味着设计一个可实现的工作过程，并且使之能够不断地进行下去，这也包括对你现在的工作方式进行一次根本的结构调整。

4) R——与顾客的需求相吻合（Relevant to Customers）

这是标准中最重要的一个特点。尽管你可以设立数以百万计的服务标准，但你的标准应该体现这样一个中心，即顾客的需求。标准应该体现的另一方面是：影响顾客购物决策的因素是什么？你所确定的标准应该引起雇员的注意，并且得到他们的赞赏。你的标准越与顾客的需求相吻合，那么雇员就越有可能执行这些标准。

5) T——及时性（Timely）

优质服务不仅是为了帮助顾客所采取的行动，它也包括你能否及时地为客户提供服务。对于多数顾客来说，这意味着他打第一个电话后问题就得以解决了，但如果他的问题一个月后才可以解决，那么毫无疑问第一个结果是更有价值的。所以，制定的服务标准里不仅应该有目标，更应有明确的时间限制。

3. 制定优质服务标准的步骤

我们已经知道了优质服务标准的三大要素和制定优质服务标准的原则，下面让我们来看看制定优质服务标准的步骤。

制定优质服务标准是一个不断循环的过程，有四个步骤，如图 9-4 所示。

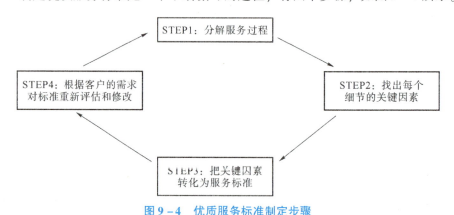

图 9-4　优质服务标准制定步骤

1) 分解服务过程

制定优质服务标准的第一步就是要分解服务过程，也就是把顾客在公司所经历的服务过程细化、再细化，放大、再放大，从而找出会影响顾客服务体验的每一个要素。

服务圈是一个分解服务过程的工具,它就是顾客在某场所(顾客会进行消费的地方)所经历的关键时刻、关键步骤的图。通过这个图去解剖你的服务过程,从而找出关键所在,如图9-5所示。

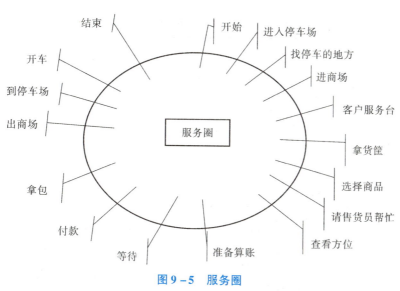

图9-5 服务圈

不同的行业、不同的岗位,服务圈会有所不同,所以画服务圈要结合行业、岗位的特点。画出服务圈的好处是可以帮助你用顾客的眼睛去看问题,用顾客的心态去体验服务过程。画服务圈的工作最好由直接参与某项服务的一线服务人员或高级顾问来做。就像用一台照相机,把顾客从进门到出门的每一个动作都拍下来。

素材9

写一写制定服务标准步骤

2)找出每个细节的关键因素

在第一个步骤里,我们已经运用"服务圈"的方法把服务过程进行了分解。在这个步骤里,我们要找出每个细节的关键因素。

什么是关键因素呢?比如,顾客进了停车场,那么他希望进入的是一个整洁的停车场、停车快捷方便、有专人指引他停车、甚至是有人代他泊车、车子放在停车场是安全的。也就是说,在这个细节中,整洁、方便、热情、安全是这个细节的关键因素。这四个关键因素同时涉及了我们前面讲述的"服务金三角"的三个方面——人员、硬件、软件。

那么,怎样才能找出每个细节的关键因素呢?这就需要对每个细节做影响分析。关键时刻影响分析从顾客角度出发,对服务体验的关键要素予以描述,并对一个组织为营造记忆深刻的正向服务体验做些指导。另外,仅仅是执行一下关键时刻影响分析,或许也能帮助一个组织认识到或进一步强化服务质量乃至顾客之感觉的观念。有时,一个本以为自己良好地控制了关键时刻的组织,却发现顾客根本不这么认为。因此，运用得当的话，关键时刻影响分析可鉴别出需给予关注的问题点，并最终能令一个组织为顾客提供更好的服务体验。

幸运的是，专家们已经研究出影响服务体验的 26 个关键因素，见表 9-4，这对我们来说是一个福音，我们只要对号入座就行了。

表 9-4　影响服务体验的 26 个关键因素

序号	内容
1	物美价廉的感觉
2	优雅的举止
3	清洁的环境
4	令人感觉愉快的环境
5	温馨的感觉
6	可以帮助顾客成长的事物
7	让顾客得到满足
8	方便
9	提供售后和售前服务
10	认识并熟悉顾客
11	商品具有吸引力
12	兴趣
13	提供完整选择
14	站在顾客的角度看问题
15	没有刁难顾客的隐藏制度
16	倾听
17	全心处理个别顾客的问题
18	效率和安全的兼顾
19	放心
20	显示自我尊严
21	能被认同与接受
22	受到重视
23	有合理的、能迅速处理顾客抱怨的渠道
24	不想等待太久
25	专业的人员
26	前后一致的待客态度

3）把关键因素转化为服务标准

在前面提到的细节中发生的一些细微的事情可能都会影响到某一个关键因素。比如，超市停车场的安全栏杆，它每天都千百次地抬起、放下，绝大多数时候是运动自如、无故障的，但是如果这次它出现问题了，就会使这位顾客产生负面的服务体验——这家超市服务的"方便"性不太好。所以，我们要把影响顾客服务体验的关键因素标准化、具体化，具体到服务圈里的每一个细节中去。

依照表格我们可以把26个关键因素中剩余的25个都标准化，当你做完这些之后，你的优质服务标准也就初具规模了。

4）根据顾客的需求对标准进行重新评估和修改

这是最重要的一个步骤，标准制定出来后，这个标准是否合理、按照这个标准执行是否能达到提供优质服务的初衷，不是由企业说了算的，最有发言权的是顾客。所以，我们要根据顾客的需求来对标准进行重新评估和修改。

很多公司在制定服务标准的时候，更多考虑的是这套标准对公司有什么好处，如何方便公司的运作，如何方便公司的管理，而不是从顾客的角度去考虑。

顾客的需求也不是一成不变的，而是在变化着的。这方面有很多例子。比如，以前看房子要自己搭车去，后来有一家房地产公司提供了看楼专线巴士，引起了轰动，也引来同行的竞相效仿，结果是"看楼专线巴士"这一服务变成了房地产业的基本服务标准。又如，"小区穿梭巴士"这一服务，在开始推出的时候，受到了业主的高度赞赏，在这一服务被普遍推广之后，就变成了基础服务标准。也就是说，如果没有这一项服务的话，业主就会感到不满意，或者说，这个小区给人的感觉是档次不够高。

有一项调查显示：与五年前相比，顾客更注意自己所得到的服务，也对服务有了更多的要求。他们对服务更加不满意，需要更好的服务质量，并且认为服务水平并未完善。许多客户服务人员却还不在乎是否提供给了顾客优质的服务。

4. 制定优质服务标准时应避免的误区

我们在制定服务标准的时候，还应该规避下面六个误区。

1）标准越严越好

很多公司认为标准越严越好，结果小餐馆制定出五星级酒店的标准。其实这是非常危险的一种做法。小餐馆制成大酒店的标准将两头不讨好：吓跑原来的顾客，又无法把出入高档酒店的顾客吸引过来，甚至会因为达不到制定的标准而招致嘲笑。其实，顾客不会留意一家快餐店的地板上有一支吸管，也不会期望去麦当劳吃汉堡包的时候有服务员为你引座或使用精致的瓷器来用餐。当然，也有些指标既符合大公司也适用于小公司。例如，整洁、友好和礼貌以及食品的卫生等指标，无论是大酒店还是小餐馆都是越严越好。

所以，符合顾客的期望、切合实际的可操作的标准就是好的标准。

2）标准要符合"行规"

很多公司一说要制定服务标准，就像搞运动一样，会找出所有的行业标准，还有其他相关公司的标准，反正越多越好，最后制定出一部"标准"的、哪一家公司都适用的标准来。记住，没有特色的标准等于没有标准。美国自1978年开放对航空公司的管制，让航空公司自由竞争以来，总共有1 201家航空公司破产。自1990年开始，东方、泛美等大型航空公司纷纷倒闭，美国西方航空公司则申请破产重整，大陆和环球也曾两度申请重整。航空业从1990—1994年共亏损128亿美元，比他们在前60年间所赚的钱还多。西南航空公司则是唯一一家在这段时间内年年有盈余的航空公司。虽然西南航空公司的成功有很多原因可解释，但是我们还是可以从它的服务标准中见微知著。

比如，公司只有波音737这种机型：

提供最低廉的票价；

不提供昂贵的餐点；

只提供免费的软饮、果汁和花生米；

不提供国际航线服务；

空服员不穿制服，只穿运动衫和短裤，等等。

由于不供应餐点，他们可以把原本设置厨房的空间改为座位。由于只有737一种机型，因此所有西南航空的驾驶员和空服员都能飞公司的所有飞机，所有的修护员都能修所有的飞机，所有的飞机用同样的零件库存，在买新飞机时也可以谈个好价格。

所有这些，都曾经被看做是离经叛道、不符合传统要求的，可顾客是怎样看的呢？有一位叫蒙托亚的顾客给西南航空的董事长写信道："亲爱的凯勒，谈起不搞花样，我宁愿要合理的机票，也不要那些比牢板还差的餐点，有水、饮料和咖啡就够了。"所以，我们要界定目标，不要随便接受传统的标准，而是制定出有自己特色的标准来。

3）以平均数为目标

很多公司制定了这样的标准"92%的维修要求都要准时到达""电话平均响3声就要接听""对顾客提出答复的标准时间为1~3天"。

这些标准都不适宜，原因是这个平均数包含具有伤害性的极端情形。即使这个标准相当中肯——如果顾客确实期望3天内交货的话，平均3天交货的服务标准也包含着一天交货及延误多天交货的情形。前者会增加成本，但不一定使顾客满意度提高，后者会使顾客饱受困扰，并认为服务水准降低。

解决的方法是制定出绝对的标准，并且要百分之百达到标准。例如，规定所有订单都要在接到后3天内从工厂发出，而且只要未达到这个标准，就立刻采取紧急措施。

4）标准没必要让顾客知道

很多公司制定出标准之后就束之高阁，或者只是在内部员工的范围公布，这又是一个误区。其实，标准要得到执行就少不了监督，而最好的监督来自顾客。

5）标准越细致越好

标准并不是越细致越好。其实万变不离其宗，那就是以顾客为中心、满足顾客的需求。

6）为了"标准"而标准

为了"标准"而标准，是在制定服务标准时的又一误区。它会让人迷失制定标准的初衷，忘记制定标准的目的，甚至因此而遭到惨重的损失。

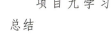

素材10

项目九学习总结

[实训项目九] 客户服务标准的制定

一、实训目的

通过实践，考察服务流程，掌握如何进行合理的客户服务标准制定。

二、实训要求和内容

（1）自由组合成小组，每组4~6人。请你带着考察服务流程的想法，体验知名企业为你提供的服务，参考相关内容，绘制出所考察企业的服务流程图。

（2）选择服务流程图其中一个细节，为其撰写相应的服务标准。

三、实训成果与检测

小组成员一起讨论关于客服标准拟定需要注意的具体细节，并进行课堂讨论和汇报。

参考文献

[1] 中国就业培训技术指导中心. 客户服务管理师（基础知识）[M]. 北京：中国劳动社会保障出版社，2016.

[2] 中国就业培训技术指导中心. 客户服务管理师（国家职业资格一级）[M]. 北京：中国劳动社会保障出版社，2016.

[3] 中国就业培训技术指导中心. 客户服务管理师（国家职业资格二级）[M]. 北京：中国劳动社会保障出版社，2016.

[4] 中国就业培训技术指导中心. 客户服务管理师（国家职业资格三级）[M]. 北京：中国劳动社会保障出版社，2016.

[5] 苏朝晖. 客户关系管理——客户关系的建立与维护（第4版）[M]. 北京：清华大学出版社，2020.

[6] 陶峻，赵冰. 客户关系管理实践教程[M]. 北京：清华大学出版社，2012.

[7] 周洁如. 客户关系管理经典案例及精解[M]. 上海：上海交通大学出版社，2017.

[8] [日]清水均. 客户服务培训法[M]. 王荣，译. 北京：电子工业出版社，2016.

[9] 曹宗平，王鸣. 客户服务管理同步综合练习[M]. 北京：科学出版社，2019.

[10] 王国玲. 客户服务与管理[M]. 北京：中国人民大学出版社，2018.

[11] 陈静俊，楼晓东. 客户服务与管理（第2版）[M]. 北京：中国人民大学出版社，2017.

[12] 曹宗平，罗燕，叶小梅，等. 客户服务管理[M]. 北京：科学出版社，2019.

[13] 赵文明. 客户服务管理工具箱[M]. 北京：中国铁道出版社，2015.

[14] [美]托马斯. 索维尔. 吴建新译. 经济学的思维方式[M]. 成都：四川人民出版社，2019.

[15] 汪琼. 高校教师应该知道的120个教学问题[M]. 北京：北京大学出版社，2011.